Edgar Rice Burroughs

TARZAN

Die Rückkehr

nexx verlag

Edgar Rice Burroughs
Tarzan – Die Rückkehr

ISBN/EAN: 978-3-95870-681-1

1. Auflage

Englischer Originaltitel »The Return of Tarzan« von 1924,
ins Deutsche übersetzt von Tony Kellen (1869-1948).

Wir haben für Sie die Originaltexte an die aktuelle Rechtschreibung und heutigen Lesegewohnheiten angepasst.

Cover: Gestaltung und Motiv: www.buerosued.de,
Layout: nexx verlag, 2024

www.nexx-verlag.de

Hersteller
nexx verlag gmbh
Terra Wohnpark 7
78052 Villingen-Schwenningen

Kontakt
kontakt@nexx-verlag.de

Inhalt

Der Streit auf dem Dampfer

Wundervoll! sagte die Gräfin de Coude leise vor sich hin.

Was ist wundervoll? fragte der Graf, wobei er sich nach seiner jungen Frau umdrehte. Er schaute umher, um den Grund für ihre Bewunderung zu entdecken.

Oh, gar nichts, mein Lieber, erwiderte die Gräfin, aber ihre ohnehin rosigen Wangen wurden dabei noch etwas roter. Ich dachte nur gerade an die prachtvollen Wolkenkratzer von New York zurück.

Die schöne Gräfin lehnte sich behaglich in ihren Sessel zurück und nahm die Zeitschrift, die sie auf den Schoß hatte fallen lassen, wieder auf.

Auch ihr Mann vertiefte sich wieder in sein Buch, doch kam es ihm merkwürdig vor, dass seine Frau die Gebäude, die sie noch vor drei Tagen hässlich fand, jetzt plötzlich wundervoll fand.

Nach einigen Minuten legte der Graf das Buch wieder aus der Hand.

Es ist sehr langweilig, Olga, sagte er. Ich will mal sehen, ob ich nicht ein paar Herren finde, die sich genauso langweilen, und vielleicht mit mir Karten spielen möchten.

Du bist nicht sehr galant, rief die junge Frau lachend, aber da ich mich genauso langweile, kann ich es dir nicht verübeln. Geh nur und spiele mit deinen langweiligen Karten, wenn es dir Spaß macht.

Als der Graf weg war, sah sie verstohlen nach einem großen jungen Mann, der sich unweit von ihr bequem auf einem Liegestuhl ausgestreckt hatte.

Wundervoll! murmelte sie noch einmal.

Die Gräfin Olga de Coude war erst zwanzig Jahre alt, ihr Mann aber schon vierzig. Sie war ihm treu ergeben. Aber da sie nicht gefragt worden war, war sie in den Mann, den ihr das Schicksal – oder vielmehr ihr adliger russischer Vater – als Lebensgefährten ausgesucht hatte, verständlicherweise nicht gerade leidenschaftlich verliebt.

Aus dem Ausruf der Bewunderung beim Anblick des stattlichen jungen Mannes darf man aber nicht schließen, dass sie ihrem Gatten auf irgendeine Weise untreu gewesen wäre. Es war einfach zweifellos ein Vergnügen, ihn anzusehen.

Gerade als ihr verstohlener Blick über sein Gesicht huschte, stand er auf und verließ das Deck.

Die Gräfin winkte einen vorübergehenden Steward heran. Wer ist dieser Herr? fragte sie.

Er ist als Herr Tarzan aus Afrika eingetragen, gnädige Frau! lautete die Antwort.

Das nenne ich mal einen großen Besitz, dachte die junge Frau lächelnd, und ihre Neugier war jetzt noch gestiegen.

Als Tarzan langsam auf das Rauchzimmer zuging, kam er an zwei Männern vorbei, die vor der Tür aufgeregt miteinander flüsterten. Er hätte sie nicht einmal beachtet, wenn nicht der eine von ihnen einen sonderbaren Blick auf ihn geworfen hätte. Die beiden erinnerten Tarzan an die Schurken, die ihm aus rührseligen Dramen der Pariser Theater in Erinnerung geblieben waren. Beide waren dunkelhäutig, was, ebenso wie ihr Achselzucken und ihre verstohlenen Blicke, die Ähnlichkeit noch größer erscheinen ließ. Jedenfalls hatten sie wohl nichts Gutes im Sinn.

Tarzan trat in das Rauchzimmer und setzte sich etwas abseits von den Anwesenden hin. Er war nicht in der Stimmung, sich mit anderen zu unterhalten.

Während er seinen Absinth schlürfte, ließ er die vergangenen Wochen seines Lebens an sich vorüberziehen. Immer wieder fragte er sich, ob es klug gewesen war, dass er zugunsten eines Mannes, dem er in keiner Weise zu Dank verpflichtet war, auf sein Geburtsrecht verzichtete. Zwar betrachtete er Clayton als einen Freund, aber das war nicht der eigentliche Grund. Nicht William Cecil Clayton, Lord Greystoke, zuliebe hatte er seine Geburt verleugnet. Es war der Frau zuliebe, die er und Clayton liebten, und die eine seltsame Laune des Schicksals diesem, statt ihm, bestimmt hatte.

Dass sie ihn liebte, machte es ihm doppelt schwer, aber er sagte sich, er hätte nicht mehr tun können, als das, was er in jener Nacht auf der kleinen Eisenbahnstation in den fernen Wäldern von Wisconsin getan hatte. Ihm war vor allem ihr Glück wichtig, und seine kurze Erfahrung mit den zivilisierten Menschen hatte ihn gelehrt, dass ein Leben ohne Geld und Stellung für die meisten von ihnen unerträglich war.

Jane Porter war nun einmal in diese Zivilisation hineingeboren worden; hätte Tarzan diesem Mann Titel und Vermögen weggenommen, hätte er auch sie zweifellos in ein Leben gestürzt, das ihr elend und qualvoll erschienen wäre.

Tarzans Gedanken schweiften aus der Vergangenheit in die Zukunft. Er versuchte, sich auf die Rückkehr in den Dschungel zu freuen, in den grausamen wilden Dschungel, in dem er geboren wurde und wo er von seinen 22 Jahren 20 verlebt hatte. Aber welches von der Myriade Lebewesen des Dschungels würde ihn bei seiner Rückkehr schon willkommen heißen? Keines! Nur Tantor, den Elefanten, konnte er vielleicht seinen Freund nennen, die andern würden ihn verfolgen oder vor ihm fliehen – so, wie sie es früher auch getan hatten.

Nicht einmal die Affen seines Stammes würden ihn wohl willkommen heißen.

Wenn die Zivilisation auch nicht viel für Tarzan getan hatte, so hatte sie ihm doch bis zu einem gewissen Grad beigebracht, sich nach der Gesellschaft anderer Menschen zu sehnen und das Wohltuende von Kameradschaft zu schätzen. Es war jetzt schwer für ihn, sich eine Welt ohne einen Freund vorzustellen, ohne ein lebendes Wesen, mit dem er sich durch die mittlerweile gelernten Sprachen verständigen konnte. Und so schaute Tarzan recht trübselig in die Zukunft.

Als er so, in Gedanken versunken, dasaß, fiel sein Blick auf einen Spiegel vor ihm, und darin sah er einen Tisch, an dem vier Männer saßen, die Karten spielten. Gerade stand einer auf, um wegzugehen und es näherte sich ein anderer, der sich höflich anbot, den leeren Platz auszufüllen, damit das Spiel weitergehen konnte. Es war der Kleinere von den beiden, die Tarzan miteinander flüsternd vor dem Rauchzimmer gesehen hatte.

Das hatte die Neugier Tarzans geweckt und er konnte nicht umhin, im Spiegel das Bild der Spieler zu beobachten. Tarzan kannte nur den Namen eines der Spieler, nämlich desjenigen, der gegenüber dem neu hinzugekommenen saß. Es war Graf Raoul de Coude, den ihm ein zuvorkommender Steward kürzlich als eine der Berühmtheiten auf dem Schiff bezeichnet hatte und der wohl eine hohe Stellung im französischen Kriegsministerium innehatte.

Der andere Dunkelhäutige, der wie ein Bösewicht aussah, war mittlerweile ebenfalls hereingekommen und stand jetzt direkt hinter dem Stuhl des Grafen. Tarzan sah, dass er sich umdrehte und verstohlen umherschaute, er bemerkte Tarzans wachsame Augen aber nicht. Heimlich zog der Mann etwas aus seiner Tasche, aber da er es mit der Hand bedeckte, konnte Tarzan nicht sehen, was es war.

Langsam näherte sich die Hand dem Grafen, um ihm dieses etwas in die Tasche zu schieben. Der Mann blieb so stehen, dass er die Karten des Franzosen beobachten konnte. Das gab Tarzan zu denken. Er passte jetzt genau auf und ließ sich keine Einzelheit des Vorfalls entgehen.

Das Spiel ging danach noch etwa zehn Minuten weiter, bis der Graf von dem Mann, der zuletzt zum Spiel gekommen war, einen hohen Betrag gewann. Dann sah Tarzan, wie der Mann, der hinter dem Stuhl des Grafen stand, seinem Verbündeten verstohlen zunickte. Sofort erhob sich der Spieler und zeigte mit dem Finger auf den Grafen.

Hätte ich gewusst, dass der Herr hier ein Falschspieler ist, sagte er, wäre ich nicht so schnell bereit gewesen, mich an diesem Spiel zu beteiligen!

Im Nu sprangen der Graf und die beiden anderen Spieler auf.

Der Graf war blass geworden.

Was wollen Sie damit sagen, mein Herr? schrie er. Wissen Sie, mit wem Sie sprechen?

Ich weiß, dass ich das letzte Mal mit einem spreche, der beim Kartenspiel betrügt, erwiderte der andere.

Der Graf neigte sich sofort über den Tisch und versetzte dem Mann eine Ohrfeige, ehe die andern dazwischen gehen konnten.

Hier liegt ein Irrtum vor, Herr! rief einer der anderen Spieler. Das ist der Graf de Coude!

Sollte ich mich irren, sagte der, der ihn beschuldigt hatte, will ich mich gern entschuldigen, aber bevor ich das tue, soll der Herr Graf erklären, wozu er die Karten braucht, die er in seine Seitentasche gesteckt hat.

Der Mann, den Tarzan beim Hineinschieben der Karten beobachtet hatte, versuchte den Wortwechsel zu benutzen, um sich aus dem Rauchzimmer hinauszuschleichen; aber zu seinem Ärger fand er den Ausgang plötzlich von einem großen grauäugigen Fremden versperrt.

Sie entschuldigen, rief er, wobei er versuchte, an ihm vorbei zu schlüpfen.

Sie warten! sagte Tarzan.

Aber warum, mein Herr? fragte der andere ungeduldig. Lassen Sie mich vorbei!

Sie warten, sagte Tarzan, denn Sie können diese Sache zweifellos aufklären!

Der Dunkelhäutige hatte jetzt seine Zurückhaltung verloren und wollte Tarzan mit einem leisen Fluch zur Seite stoßen. Der lachte kurz auf, packte den Kerl am Mantelkragen und schob ihn zum Tisch zurück, was dieser fluchend und wild um sich schlagend zu verhindern versuchte.

So machte Nikolas Rokoff die erste Erfahrung mit den Muskeln, die Tarzan zum Sieg über Numa, den Löwen, und Terkop, den großen Menschenaffen, verholfen hatten.

Der Mann, der de Coude beschuldigt hatte, und die zwei anderen Spieler sahen den Grafen erwartungsvoll an. Mehrere andere Passagiere waren infolge des Wortwechsels hinzugekommen und alle warteten gespannt, was passieren würde.

Der Mensch ist verrückt, sagte der Graf. Meine Herren, ich bitte Sie, untersuchen Sie mich.

Die Beschuldigung ist lächerlich, sagte einer der beiden anderen Spieler.

Sie brauchen Ihre Hand nur in die Manteltasche des Grafen zu stecken, und Sie werden sehen, dass ich recht habe, versicherte der Spielpartner, der die Beschuldigung ausgesprochen hatte. Und als die andern noch zögerten, rief er aus: Na los! Ich werde es sonst selbst tun. Dabei ging er auf den Grafen zu.

Nein, mein Herr, sagte de Coude. Ich werde mich nur von einem Gentleman untersuchen lassen.

Es ist nicht nötig, den Grafen zu untersuchen. Die Karten sind in seiner Tasche. Ich habe selbst gesehen, wie sie hineingesteckt wurden.

Alle drehten sich erstaunt zu demjenigen um, der diese Worte gesprochen hatte. Sie sahen einen gutgebauten jungen Mann, der einen Menschen am Mantelkragen heranschleppte.

Es ist eine Verschwörung, rief de Coude ärgerlich. Es sind keine Karten in meinem Mantel! Und dabei griff er in seine Tasche.

Es herrschte tiefes Schweigen in der kleinen Gruppe. Der Graf wurde leichenblass und zog langsam seine Hand heraus, in der er tatsächlich drei Karten hielt.

Entsetzt sah er sie schweigend an, wobei sein Gesicht aufflammte. In den Gesichtern der Anwesenden mischte sich nun Mitleid mit Verachtung.

Der rief der grauäugige Unbekannte: Es ist eine Verschwörung, meine Herren. Der Graf wusste nicht, dass diese Karten in seiner Tasche waren. Sie wurden ohne sein Wissen während des Spieles hineingesteckt. Von meinem Stuhl dort hinten aus sah ich alles im Spiegel. Dieser Mann, den ich vom Flüchten abgehalten habe, hat die Karten in die Tasche des Grafen gesteckt.

De Coude schaute zuerst auf Tarzan, dann auf den Mann, den dieser mit der Faust festhielt.

Mein Gott, Nikolas! rief er. Du?

Dann wandte er sich an den Mann, der ihn beschuldigt hatte, und sah ihn einen Augenblick scharf an.

Und Sie, mein Herr ... ohne Ihren Bart habe ich Sie nicht erkannt, Pawlowitsch! Jetzt verstehe ich!

Was sollen wir mit ihnen anfangen? fragte Tarzan. Dem Kapitän übergeben?

Nein, mein Herr, erwiderte der Graf hastig. Es ist eine persönliche Angelegenheit, und ich bitte Sie, sie auf sich beruhen zu lassen. Es genügt, dass ich von der Beschuldigung entlastet wurde. Je weniger wir mit solchen Leuten zu tun haben, umso besser ist es. Aber, wie kann ich Ihnen danken? Erlauben Sie, dass ich Ihnen hier meine Karte überreiche, und falls sich mir einmal eine Gelegenheit bietet, Ihnen eine Gefälligkeit zu erweisen, erinnern Sie sich daran, dass ich zu Ihren Diensten stehe.

Tarzan hatte Rokoff losgelassen. Er und sein Verbündeter Pawlowitsch, beeilten sich, das Rauchzimmer zu verlassen.

Vorher zischte Rokoff Tarzan zu: Das werden Sie noch bereuen!

Tarzan lachte, verneigte sich dann vor dem Graf und überreichte ihm auch seine Karte.

Der Graf las:

Mr. Jean C. Tarzan

Herr Tarzan, sagte er, Sie werden sich vielleicht noch einmal wünschen, mir diesen Freundschaftsdienst niemals erwiesen zu haben, denn ich kann Ihnen sagen: Sie haben sich die Feindschaft von zwei der größten Verbrecher von ganz Europa zugezogen. Gehen Sie ihnen aus dem Weg, wo Sie nur können.

Mein lieber Graf, erwiderte Tarzan mit ruhigem Lächeln. Ich habe Feinde gehabt, die mehr zu fürchten waren, und doch bin ich noch am Leben, und es hat mir noch keiner etwas anhaben können. Ich glaube nicht, dass einer von den beiden es fertigbringen wird, mir ein Leid zuzufügen.

Wir wollen es nicht hoffen, mein Herr, sagte de Coude, aber es wird auf alle Fälle nichts schaden, wenn Sie auf der Hut sind und wenn Sie wissen, dass Sie sich heute jemanden zum Feind gemacht haben, der nie vergisst und nie vergibt, und in dessen bösartigem Hirn immer neue Schurkereien ersonnen werden, um sich an denen zu rächen, die seine Pläne vereitelt haben oder ihm sonst irgendwie zu nahegetreten sind. Wenn man Nikolas Rokoff einen Teufel nennt, beleidigt man damit den Satan.

Am Abend, als Tarzan seine Kabine betrat, fand er einen zusammengefalteten Zettel auf dem Boden, der offenbar unter der Tür hereingeschoben worden war. Er öffnete es und las:

Herr Tarzan,

Sie waren sich zweifellos der Schwere Ihrer Beleidigung nicht bewusst, sonst hätten Sie sich sicher nicht zu Ihrer heutigen Handlung hinreißen lassen. Ich will annehmen, dass Sie in Unkenntnis gehandelt haben und nicht die Absicht hatten, mich zu beleidigen. Deshalb will ich Ihnen erlauben, sich zu entschuldigen, und wenn ich Ihre Versicherung erhalten habe, dass Sie sich nicht mehr in fremde Angelegenheiten einmischen werden, will ich die Sache auf sich beruhen lassen.

Andernfalls ... – doch ich bin sicher, dass Sie so klug sein werden, den vorgeschlagenen Weg einzuschlagen.

Hochachtungsvoll
Nikolas Rokoff

Einen Augenblick spielte ein grimmiges Lächeln um Tarzans Lippen, aber dann dachte er nicht weiter daran und ging zu Bett.

In einer nahegelegenen Kabine sprach zur gleichen Zeit die Gräfin de Coude mit ihrem Gatten.

Was ist los, mein lieber Raoul? Du bist den ganzen Abend so ruhig gewesen. Macht dir etwas Sorgen?

Olga, Nikolas ist an Bord dieses Schiffes. Wusstest du das?

Nikolas? rief sie aus. Das ist unmöglich, Raoul! Das kann nicht sein! Nikolas ist doch in Deutschland verhaftet worden.

Das dachte ich auch, bis ich ihn heute sah – ihn und den andern Erzgauner, Pawlowitsch. Olga, ich kann diese Verfolgung nicht länger ertragen. Selbst um deinetwillen nicht. Früher oder später werde ich ihn den Behörden ausliefern. Ich habe mich schon halbwegs entschlossen, dem Kapitän alles zu erklären. Auf einem französischen Dampfer wäre es leicht, uns diesen Verfolger dauerhaft vom Hals zu schaffen.

Oh nein, Raoul! rief die Gräfin, wobei sie vor ihm niederkniete. Tu das nicht! Denke an das Versprechen, das du mir gegeben hast. Sage mir, Raoul, dass du das nicht tun wirst.

De Coude nahm die Hände seiner Frau in die seinen und betrachtete ihre bleichen Züge.

Wie du wünschst, Olga, sagte er schließlich. Ich kann es zwar nicht verstehen. Er hat jeden Anspruch auf deine Liebe und Achtung verwirkt. Er ist eine Gefahr für dein Leben, deine Ehre und für das Leben und die Ehre deines Mannes. Mögest du es nie bereuen, ihn verteidigt zu haben.

Ich verteidige ihn nicht, Raoul, unterbrach sie ihn heftig. Ich hasse ihn ebenso sehr wie du, aber – oh Raoul – Blut ist dicker als Wasser.

Ich hätte heute gerne die Beschaffenheit seines Blutes geprüft, sagte de Coude wütend. Die beiden haben heute vorsätzlich versucht, meine Ehre zu beschmutzen, Olga. Und dann erzählte er, was im Rauchzimmer passiert war.

Ohne diesen Fremden, fuhr er fort, wäre es ihnen geglückt, denn wer hätte meinem Wort geglaubt, da die verwünschten Karten ja tatsächlich in meiner Tasche waren? Ich hätte es ja beinahe selbst geglaubt, hätte nicht dieser Herr Tarzan deinen feinen Nikolas zu uns herangeschleppt und den ganzen feigen Anschlag aufgeklärt.

Herr Tarzan? fragte die Gräfin sichtlich überrascht.

Ja, kennst du ihn?

Ich habe ihn gesehen. Ein Steward zeigte ihn mir.

Ich wusste nicht, dass er eine Berühmtheit ist, sagte der Graf.

Olga de Coude wechselte schnell das Thema. Es wäre schwer gewesen, zu erklären, weshalb sie den Steward nach dem Namen des attraktiven Tarzan gefragt hatte ...

Ein rätselhafter Überfall

Erst spät am folgenden Nachmittag sah Tarzan die Reisegefährten wieder, in deren Angelegenheiten ihn seine Ehrlichkeit verwickelt hatte. Und dann stieß er auch ganz unerwartet wieder auf Rokoff und Pawlowitsch – in einem Augenblick, der den beiden sicher unerwünscht war.

Sie standen auf dem Deck und befanden sie sich gerade in einem heftigen Streit mit einer Dame. Die Dame war vornehm gekleidet, ihre schlanke Gestalt ließ auf ein jüngeres Alter schließen, aber ihr Gesicht konnte Tarzan nicht sehen, da sie dicht verschleiert war.

Sie stand zwischen den beiden Männern. Diese hatten Tarzan den Rücken zugekehrt, und so konnte er sich ihnen nähern, ohne dass sie ihn bemerkten. Er sah, dass Rokoff zu drohen und zu bitten schien. Worum es ging verstand er nicht, sie sprachen in einer fremden Sprache, aber er konnte er erkennen, dass sich die junge Frau fürchtete.

Rokoffs Haltung war schließlich so drohend, dass der Affenmensch hinter dem Trio stehen blieb, da er befürchtete, der grobe Mensch könnte handgreiflich werden. Im selben Augenblick fasste Rokoff sie dann auch schon am Handgelenk. Da wurde er plötzlich mit stahlhartem Griff an den Schultern gefasst und mit solchem Schwung zur Seite geworfen, dass er erst gar nicht wusste, wie ihm geschah. Erst als er aufblickte, sah er in die kalten grauen Augen des Fremden, der ihm am Tag zuvor schon in die Quere gekommen war.

Verdammt! schrie er wütend. Was fällt Ihnen ein? Sind Sie verrückt, dass Sie mich schon wieder belästigen?

Das ist meine Antwort auf Ihr Briefchen, mein Herr! flüsterte ihm Tarzan zu. Und dann schleuderte er den Kerl mit solcher Wucht von sich, dass er gegen die Reling stürzte.

Verdammt! Das kostet dich das Leben! Rokoff sprang auf, wobei er versuchte, einen Revolver aus seiner Tasche zu ziehen.

Die junge Dame fuhr entsetzt zurück.

Nikolas! rief sie, Nein, tu das nicht, tu das nicht! Und dem Fremden schrie sie zu: Schnell, fliehen Sie, sonst wird er Sie töten!

Aber statt zu fliehen, ging Tarzan auf Rokoff zu. Machen Sie sich nicht unglücklich! sagte er.

Rokoff war durch die erlittene Demütigung derartig in Rage geraten, dass er den Revolver auf Tarzans Brust richtete. Der Hahn knackte, aber der erste Schuss versagte. Noch ehe er ein zweites Mal abdrücken konnte, hatte Tarzan den Revolver mit raschem Griff erfasst und ihn über die Reling ins Meer geworfen.

Einen Augenblick standen die beiden da und sahen einander an. Dann schrie Rokoff:

Zweimal haben Sie sich nun berufen gefühlt, sich in Dinge einzumischen, die Sie nichts angehen. Zweimal haben Sie mich gedemütigt. Die erste Beleidigung habe ich hingenommen, weil ich annahm, dass Sie in Unkenntnis handelten, aber das hier wird nicht vergessen werden!

Dass Sie ein Feigling und ein Schurke sind, mein Herr, erwiderte Tarzan, ist alles, was ich von Ihnen zu wissen brauche.

Er drehte sich um, um die Dame zu fragen, ob Rokoff ihr weh getan habe, aber sie war verschwunden.

Dann setzte er seinen Spaziergang auf Deck fort, ohne auch nur einen Blick auf Rokoff und seinen Gefährten zu werfen.

Tarzan hätte gerne gewusst, was da im Gange war oder welche Pläne die beiden Männer hatten. Die verschleierte Dame kam ihm bekannt vor, aber da er ihr Gesicht nicht gesehen hatte, war er nicht sicher, wer sie war. Was ihm an ihr aufgefallen war, war ein besonders schöner Ring an der Hand, die Rokoff festgehalten hatte. Er beschloss deshalb, von nun an auf die Finger der weiblichen Passagiere zu achten, um die geheimnisvolle Dame zu finden.

Als Tarzan seinen Stuhl auf dem Verdeck wieder aufgesucht hatte, musste er über die zahlreichen Beispiele menschlicher Grausamkeiten, Selbstsucht und Gehässigkeit nachdenken, deren Augenzeuge er gewesen war – seit dem Tag, an dem er vor vier Jahren zum ersten Mal ein anderes menschliches Wesen im Dschungel erblickt hatte: den glatten schwarzen Kulonga, dessen Pfeil Kala, die große Äffin, getötet und den jungen Tarzan seiner Mutter beraubte.

Er dachte an die Ermordung Kings durch den Matrosen Snipes mit dem Rattengesicht, an die Aussetzung des Professors Porter und dessen Gefährten durch die Meuterer der »Arrow«, an die Grausamkeit der schwarzen Krieger und Frauen Mbongas gegenüber ihren Gefangenen und an die kleinliche Missgunst der bürgerlichen und militärischen Beamten der Westküsten-Kolonie, wo er zum ersten Mal Kontakt mit der zivilisierten Welt hatte.

Mein Gott, sagte er zu sich selbst, sie sind doch alle gleich. Betrügen, morden, lügen, streiten – und alles für Dinge, die die Tiere im Dschungel nicht besitzen möchten: Geld. Und zu alledem sind sie auch noch durch törichte Gewohnheiten eingeengt, Gewohnheiten, die sie zu Sklaven ihres unglücklichen Lebens machen, während sie fest glauben, dass sie, die Herren der Schöpfung, die einzig wahren Freuden des Lebens genießen. Es ist eine törichte Welt, eine irre Welt, und Tarzan war ein Narr gewesen, auf die Freiheit und das Glück im Dschungel zu verzichten, um in diese Welt einzutreten.

Plötzlich hatte er das Gefühl, beobachtet zu werden. Tarzan drehte sich so schnell herum, dass die Augen der jungen Dame, die ihn heimlich angesehen hatte, keine Zeit hatten, sich zu senken, bevor die grauen Augen des Affenmenschen sie fragend anblickten. Tarzan sah, dass sich ein roter Schimmer über ihr jetzt abgewendetes Gesicht ausbreitete.

Er lächelte in sich hinein. Die Dame war sehr jung und sehr hübsch. Sie kam ihm bekannt vor, und er fragte sich, wo er sie wohl schon gesehen hatte.

Sie stand auf und verließ das Deck. Dabei strich sie mit einer Hand durch die Haarfülle ihres Nackens – diese eigentümliche Bewegung, die Frauen machen, wenn sie vermuten, dass sie beobachtet werden – und da sah Tarzan den wunderschönen Ring, den er kurz vorher an dem Finger der verschleierten Dame bemerkt hatte.

Sie war also die junge Frau, die Rokoff belästigt hatte. Tarzan hätte gern gewusst, wer sie war und in welchem Verhältnis eine solche Frau zu dem groben Russen stand.

Am Abend schlenderte er nach dem Abendessen nach vorne und unterhielt sich bis nach Eintritt der Dunkelheit mit dem zweiten Offizier. Als dieser durch seine Pflicht in Anspruch genommen wurde, lehnte sich Tarzan an die Reling und sah dem Spiel des Mondlichtes auf den sanft dahinrollenden Wellen zu. Er wurde durch einen Kran verdeckt, so dass ihn die zwei Männer, die sich ihm näherten, nicht sehen konnten. Während sie vorübergingen, fing Tarzan genug von ihrem Gespräch auf, um sich veranlasst zu sehen, ihnen zu folgen. Er wollte erfahren, welche Teufelei sie dieses Mal ausheckten. Er hatte die Stimmen Rokoffs und Pawlowitschs erkannt.

Es waren nur wenig Worte, die Tarzan auffangen konnte: ... und wenn sie schreit, dann würge sie, bis ... das Weitere hatte er nicht mehr verstanden, aber das Gehörte genügte, um die beiden Männer im Auge zu behalten. Er folgte ihnen bis zum Rauchzimmer, wo sie am Eingang stehen blieben, offenbar, um sich zu überzeugen, ob jemand, den sie suchten, dort war.

Dann gingen sie aufs Promenadendeck zu den Kabinen erster Klasse. Hier musste Tarzan besser aufpassen, um nicht entdeckt zu werden. Als die beiden Männer vor einer der polierten Hartholztüren stehen blieben, schlich er sich in den Schatten eines Ganges, kaum zwölf Schritte von ihnen entfernt.

Auf ihr Klopfen fragte eine weibliche Stimme auf Französisch: Wer ist da?

Ich bin es, Olga – Nikolas! war die Antwort von Rokoffs Stimme. Lass mich herein!

Warum hörst du nicht auf, mich zu verfolgen, Nikolas? kam die Stimme durch die dünne Tür. Ich habe dir nie etwas zuleide getan.

Komm, komm, Olga, drängte der Mann in versöhnlichem Ton. Ich will nur kurz mit dir sprechen. Ich tue dir nichts und will auch nicht reinkommen, aber was ich dir sagen will, kann ich nicht durch die Tür schreien.

Tarzan hörte, wie die Sperrklinke drinnen knackte. Er trat etwas aus seinem Versteck heraus, um zu sehen, was geschah, sobald die Tür geöffnet war, denn er dachte an die unheilvollen Worte, die er einige Minuten vorher auf dem Deck gehört hatte.

Rokoff stand direkt vor der Tür. Pawlowitsch hatte sich an die getäfelte Wand am Ende des Ganges gedrückt. Die Tür wurde geöffnet. Rokoff trat halb in den Raum und stand mit dem Rücken zur Tür, wobei er im Flüsterton mit der Frau sprach, die Tarzan nicht sehen konnte. Dann hörte er die Stimme der Dame, leise, doch laut genug, um ihre Worte zu verstehen. Nein, Nikolas, sagte sie. Drohe so viel du willst, ich werde niemals in diese Forderung einwilligen. Bitte, verlass das Zimmer; du hast versprochen, nicht hereinzukommen.

Gut, Olga, ich werde nicht eintreten, aber du wirst noch tausendfach bereuen, mir diesen Gefallen, um den ich dich bitte, nicht getan zu haben. Am Ende werde ich doch gewinnen, und so könntest du mir Mühe und Zeit und dir und deinem ...

Niemals, Nikolas! unterbrach ihn die weibliche Stimme. Dann sah Tarzan, wie Rokoff sich umdrehte und Pawlowitsch ein Zeichen gab. Dieser sprang schnell auf den Eingang der Kabine zu und rannte an Rokoff vorbei, der die Tür für ihn offenhielt. Dann trat Rokoff schnell heraus, die Tür fiel zu. Tarzan hörte das Knacken des Schlosses, als Pawlowitsch drinnen den Schlüssel umdrehte. Rokoff blieb vor der Tür stehen; er beugte sich vor um die Worte erlauschen wollte, die drinnen gesprochen wurden. Ein hässliches Lächeln umspielte seine bärtigen Lippen.

Tarzan konnte hören, wie die Frau dem Eindringling befahl, ihre Kabine zu verlassen. Ich werde meinen Mann rufen lassen, schrie sie. Er wird kein Erbarmen mit Ihnen haben. Pawlowitschs höhnisches Lachen drang durch die Tür.

Der Proviantmeister wird Ihren Gatten holen, Madame, sagte der Mann. Er wurde schon darüber informiert, dass Sie einen fremden Mann in Ihrer Kabine empfangen haben.

Pah! rief die Frau. Mein Mann weiß, was er davon zu halten hat.

Sicher weiß er es, aber der Offizier und die Journalisten, die auf geheimnisvolle Weise bei der Ankunft davon hören werden, wissen es nicht. Und sie werden denken, dass es eine schöne Geschichte für die Zeitungen ist, und das werden auch all Ihre Freunde denken, wenn sie diese am nächsten Freitag, zu ihrem Frühstück in den Zeitungen lesen werden. Es wird dem Interesse an der Geschichte sicher auch keinen Abbruch tun, wenn die Leser erfahren werden, dass der Mann, zu dem Madame unschickliche Beziehungen unterhält, ein russischer Bedienter ist – der Kammerdiener ihres Bruders, um ganz genau zu sein.

Alexei Pawlowitsch, entgegnete die weibliche Stimme kühl und furchtlos, Sie sind ein Feigling. Wenn ich Ihnen einen bestimmten Namen ins Ohr flüstere, werden Sie sich Ihre Drohungen besser noch einmal überlegen. Dann werden Sie meine Kabine sofort verlassen, und mich niemals wieder belästigen.

Dann folgte kurzes Schweigen, und Tarzan schloss daraus, dass die Frau dem Schurken das angedeutete Wort ins Ohr flüsterte.

Das Schweigen dauerte nur einen Augenblick, dann hörte man einen Fluch aus dem Munde des Mannes – das Schlurfen von Füßen – den Schrei einer Frau, dann war wieder Stille.

Der Schrei war kaum verklungen, als der Affenmensch aus seinem Versteck hervorsprang. Rokoff wollte fortlaufen, aber Tarzan packte ihn am Kragen. Keiner sprach ein Wort, aber beide fühlten instinktiv, dass in dem Raum ein Mord geschehen würde, und Tarzan war sicher, dass es nicht in Rokoffs Absicht lag, es soweit kommen zu lassen.

Ohne lange zu überlegen, warf sich der Affenmensch mit seiner riesigen Schulter so gegen die Tür, dass diese in zahlreiche Splitter zersprang und drang er in die Kabine ein, Rokoff hinter sich herschleppend.

Vor ihm, auf einem Bett, lag die junge Frau und auf ihr Pawlowitsch, dessen Finger ihren Hals zusammendrückten, während die Hände seines Opfers ihm wirkungslos ins Gesicht schlugen und verzweifelt an den Fingern zerrten, die sie erwürgen wollten.

Bei dem Lärm, der durch Tarzans Einbruch entstanden war, sprang Pawlowitsch auf und starrte auf Tarzan. Die Frau richtete sich zitternd auf dem Bett auf. Eine Hand hielt sie an ihren Hals, und ihr Atem ging in kurzen Stößen. Trotz ihrer Blässe und ihres aufgelösten Haares erkannte Tarzan sie als die junge Dame, die er heute früh dabei überraschte, wie sie ihn beobachtete.

Was soll das bedeuten? fragte Tarzan, sich an Rokoff wendend.

Der Mann verharrte in mürrischem Schweigen.

Drücken Sie auf den Knopf, fuhr der Affenmensch fort. Wir brauchen einen Schiffsoffizier hier, die Sache ist jetzt weit genug gegangen.

Nein, nein, rief die Frau, wobei sie aufsprang. Tun Sie das nicht! Ich bin sicher, dass man nicht die Absicht hatte, mir wirklich ein Leid zuzufügen. Ich verärgerte diesen Mann, und da verlor er die Selbstbeherrschung – das ist alles. Ich möchte die Angelegenheit auf sich beruhen lassen, mein Herr.

Es lag ein so flehender Ausdruck in ihrer Stimme, dass Tarzan ihrer Bitte nachkam, obwohl er überzeugt war, dass hier etwas vor sich ging, worüber die zuständigen Behörden unterrichtet werden müssten.

Sie wünschen also, dass ich nichts in der Sache tue? fragte er. Nein, nichts, sagte sie.

Wollen Sie sich also noch weiterhin von diesen zwei Schurken belästigen lassen?

Sie schien um eine Antwort verlegen zu sein, und sah verwirrt und unglücklich aus. Tarzan bemerkte auf Rokoffs Lippen ein triumphierendes Lächeln. Die junge Frau fürchtete sich offenbar vor den beiden, und wagte es nicht, ihren tatsächlichen Wunsch im Beisein der beiden auszudrücken. Dann, sagte Tarzan, werde ich auf meine eigene Verantwortung handeln.

Und sich an Rokoff wendend, fuhr er fort:

Sie und Ihren Helfershelfer werde ich ab jetzt bis ans Ende der Fahrt im Auge behalten, und sollte ich erfahren, dass diese junge Dame auch nur im Entferntesten noch einmal belästigt wird, werde ich Sie zur Rechenschaft ziehen, und das wird für keinen von Ihnen eine angenehme Erfahrung werden. Und nun hinaus!

Bei diesen Worten packte er Rokoff und Pawlowitsch beim Kragen und schob sie durch den Eingang, wobei er jedem noch einen Fußtritt versetzte.

Dann wandte er sich wieder zu der jungen Dame um, die ihn mit großen erstaunten Augen ansah.

Und Sie, gnädige Frau, sagte er, würden mir einen großen Gefallen tun, wenn Sie mich benachrichtigen würden, sobald einer der Halunken Sie wieder belästigt.

Oh mein Herr, antwortete sie, ich hoffe, dass Sie für Ihre freundliche Tat nicht zu leiden haben werden. Sie haben sich einen sehr bösen Feind gemacht, der vor nichts zurückschrecken wird, um seinen Hass zu befriedigen. Sie müssen sehr auf der Hut sein, Herr ...

Gestatten, gnädige Frau, mein Name ist Tarzan.

Also, Herr Tarzan, Sie wollen, bitte, nicht denken, dass ich Ihnen für Ihren tapferen, ritterlichen Schutz, den Sie mir erwiesen haben, nicht aufrichtig dankbar bin, weil ich nicht einwilligen wollte, dass Sie die Schiffsoffiziere benachrichtigen. Gute Nacht, Herr Tarzan! Ich werde nie vergessen, was ich Ihnen schulde.

Und mit einem lieblichen Lächeln, das eine Reihe schöner Zähne zeigte, verneigte sie sich grüßend vor Tarzan, der ihr gute Nacht bot und die Kabine verließ.

Er zerbrach sich den Kopf darüber, warum zwei Menschen – die junge Dame und der Graf de Coude – die unter den Schändlichkeiten Rokoffs und seines Genossen zu leiden hatten, nicht wollten, dass die Übeltäter dem Gericht ausgeliefert werden.

Bevor er zu Bett ging, kehrten seine Gedanken noch oft zu der schönen jungen Frau zurück, in deren Schicksal er eingegriffen hatte. Dass sie verheiratet war, bewies der goldene Ring am dritten Finger ihrer linken Hand. Unwillkürlich dachte er darüber nach, wer der glückliche Mann wohl sein mochte.

Tarzan sah keine der Personen des Dramas wieder. Bis zum Spätnachmittag des letzten Tages der Fahrt. Da sah er sich plötzlich der jungen Frau gegenüber, als sie sich aus entgegengesetzten Richtungen ihren Liegestühlen näherten.

Sie grüßte ihn mit freundlichem Lächeln und sprach fast unmittelbar von dem Vorfall in ihrer Kabine. Es schien, als wolle sie nicht, dass ihre Bekanntschaft mit Rokoff und Pawlowitsch sie in einem ungünstigen Licht erscheinen ließ.

Ich hoffe, sagte sie, dass Sie mich nicht nach den Vorkommnissen am Dienstagabend beurteilen. Ich habe sehr darunter gelitten. Heute ist das erste Mal, dass ich mich seitdem wieder aus der Kabine wage. Ich habe mich geschämt.

Man beurteilt die Gazelle nicht nach den Löwen, die sie angreifen, erwiderte Tarzan. Ich habe die beiden im Rauchzimmer in Aktion gesehen und weiß, dass sie nur Unschuldige angreifen. Männer wie diese kleben am Hässlichen und hassen alles, was edel und gut ist.

Es ist sehr gütig von Ihnen, es so auszulegen, antwortete sie lächelnd. Ich habe die Geschichte mit dem Kartenspiel schon gehört. Mein Mann erzählte mir von dem Vorfall, von der Kraft und der Unerschrockenheit des Herrn Tarzan, dem er sich zu größtem Dank verpflichtet fühlt.

Der Graf ist Ihr Gatte? fragte Tarzan.

Ja, ich bin die Gräfin de Coude.

Ich bin reichlich belohnt durch das Wissen, dass ich der Gattin des Grafen de Coude einen Dienst erweisen konnte.

Mein Herr, ich stehe schon so tief in Ihrer Schuld, dass ich meine Rechnung wohl nie werde begleichen können; darum bitte ich Sie, mich nicht noch mehr zu verpflichten.

Dabei lächelte sie ihn so freundlich an, dass Tarzan sich sagte: Für ein solches Lächeln würde ein Mann noch viel mehr tun.

Zuletzt sprachen sie über die schnellen Freundschaften, die auf den Ozeandampfern entstehen und die oft genauso schnell wieder beendet werden.

Tarzan fragte sich denn auch, ob er die junge Gräfin jemals wiedersehen werde.

An diesem Tag sah er sie nicht mehr, und auch am folgenden Tag bei der Landung konnte er sie in dem Gedränge nicht finden. Aber beim gestrigen Abschied auf Deck hatte in ihrem Blick ein Ausdruck gelegen, den er nicht vergessen konnte.

Was in der Rue Maule in Paris geschah

Bei seiner Ankunft in Paris begab sich Tarzan sofort in die Wohnung seines alten Freundes Paul d'Arnot. Der Leutnant freute sich, ihn wiederzusehen, machte ihm aber bald Vorwürfe darüber, dass er so töricht war, auf den Titel und die Reichtümer zu verzichten, die ihm von Rechts wegen zustanden.

Sie müssen verrückt sein, mein Freund, sagte d'Arnot, dass Sie nicht nur auf Reichtum und Stellung verzichten, sondern auch auf die Gelegenheit, aller Welt zu zeigen, dass das Blut von zwei der angesehensten englischen Familien in Ihren Adern fließt.

Ich habe nie an Ihre Abstammung von der Äffin geglaubt, schon damals nicht. Jetzt aber kennen wir das Tagebuch Ihres Vaters. Er hat das schreckliche Leben darin geschildert, das er mit Ihrer Mutter an der afrikanischen Küste führen musste. Er erzählt von Ihrer Geburt und ist ein überzeugender Beweis für Ihre wahre Abstammung – sogar der Abdruck Ihrer Kinderhand ist darin. Das alles haben wir schwarz auf weiß vor uns, da ist es einfach unglaublich, dass Sie trotzdem auf Besitz und Titel verzichten.

Ich brauche keinen besseren Namen als Tarzan, erwiderte der Affenmensch, und was den Besitz betrifft, so habe ich nicht die Absicht, mittellos zu bleiben. Die nächste – und wie ich hoffe letzte – Anforderung an Ihre uneigennützige Freundschaft ist die, eine Anstellung für mich zu finden.

Ach was, sagte d'Arnot, Sie wissen, dass ich es nicht so meine. Habe ich Ihnen nicht ein Dutzend Mal gesagt, dass ich genug Geld für zwanzig Männer habe und dass die Hälfte meines Vermögens Ihnen gehört? Und selbst wenn ich Ihnen alles gäbe, würde es niemals den Wert haben, den ich auf Ihre Freundschaft lege, Tarzan. Wie könnte Geld das ausgleichen, was Sie für mich in Afrika getan haben? Ich werde nie vergessen, dass ich ohne Sie am Marterpfahl von Mbongas Menschenfressern geendet hätte. Und Ihrer Aufopferung und

Pflege verdanke ich es, dass ich von den schrecklichen Wunden genesen bin. Ich habe erst später verstanden, welche Entsagung es für Sie war, bei mir auszuharren, während Ihr Herz zur Küste drängte.

Als wir dort ankamen und sahen, dass Miss Porter und ihre Gefährten fortgegangen waren, wurde mir erst wirklich bewusst, was Sie für einen völlig Fremden getan hatten. Ich versuche auch nicht, Sie mit Geld zu bezahlen, Tarzan, aber da Sie gegenwärtig Geld brauchen, stelle ich Ihnen selbstverständlich so viel zur Verfügung, wie Sie wünschen. Das ist kein Opfer, das ich Ihnen bringe, sondern lediglich der Ausdruck meiner Dankbarkeit und meiner Freundschaft.

Nun, sagte Tarzan lachend, wir wollen uns wegen des Geldes nicht streiten. Ich brauche es zum Leben, aber es wäre mir lieber, wenn ich es erarbeiten könnte. Sie können mir keinen besseren Beweis Ihrer Freundschaft geben, als wenn Sie eine Anstellung für mich suchen. Ich kann nicht untätig bleiben. Was mein Geburtsrecht betrifft, so ist es in guten Händen. William Clayton hat mich nicht beraubt, denn er glaubt, der rechtmäßige Lord Greystoke zu sein, und er wird voraussichtlich ein besserer englischer Lord sein als ein Mann, der im afrikanischen Dschungel geboren und aufgewachsen ist. Sie wissen, dass ich auch jetzt noch nicht wirklich zivilisiert bin. Wenn ich in Zorn gerate und es mir rot vor den Augen wird, fegen die Instinkte des wilden Tieres das wenige, das ich mir an Kultur angeeignet habe, völlig hinweg.

Und hätte ich verraten, wer ich bin, hätte ich der Frau, die ich liebe, den Reichtum und die Stellung weggenommen, die ihr ihre Heirat mit Clayton jetzt sichert. Das konnte ich doch nicht tun, nicht wahr, Paul?

Ohne eine Antwort abzuwarten, fuhr er fort: Das Geburtsrecht ist auch von keiner großen Wichtigkeit für mich. Ich erkenne im Menschen wie im Tier nur den Wert an, den sie dank ihrer geistigen oder körperlichen Überlegenheit haben. Und ich bin glücklich, wenn ich an Kala als meine Mutter denke, denn sie war in ihrer, wenn auch wilden, Art immer gut zu mir. Sie muss mich von jenem Tag an, an dem meine arme

Mutter starb, genährt haben. Kala kämpfte für mich gegen die wilden Bewohner des Waldes und selbst gegen manche Mitglieder unseres Stammes mit dem ganzen Mut wahrer Mutterliebe.

Und ich liebte sie, Paul. Ich wusste nicht, wie sehr ich sie liebte, bis der Speer und der vergiftete Pfeil von Mbongas schwarzem Krieger sie von meiner Seite gerissen hat. Ich war noch ein Junge, als das geschah, und ich warf mich über ihren toten Körper, um meinen Schmerz auszuweinen, wie ein Kind um seine eigene Mutter geweint haben würde. Ihnen, mein Freund, wäre sie als ein hässliches Geschöpf erschienen, aber für mich war sie schön. Und so bin ich vollkommen zufrieden, für immer der Sohn von Kala, der Äffin, zu bleiben.

Ich bewundere Sie wegen Ihrer Treue, sagte d'Arnot, aber die Zeit wird kommen, da Sie froh sein werden, Anspruch auf Ihre Abstammung zu erheben. Denken Sie daran, was ich Ihnen sage, und wir wollen hoffen, dass es dann noch ebenso leicht sein wird, den Nachweis zu führen, wie heute. Sie dürfen nicht vergessen, dass Professor Porter und Mr. Philander die einzigen Menschen auf der Welt sind, die beschwören können, dass das kleine Skelett, das in der Hütte zusammen mit dem Ihres Vaters und Ihrer Mutter gefunden wurde, das eines jungen Menschenaffen war und nicht der Sprössling von Lord und Lady Greystoke. Dieses Zeugnis ist äußerst wichtig. Beide sind alte Männer und leben vielleicht nicht mehr lange. Und dann: haben Sie nie daran gedacht, dass Miss Porter, wenn sie einmal die Wahrheit erfahren würde, ihre Verlobung mit Clayton auflösen könnte? Sie könnten mit Leichtigkeit Ihren Titel, Ihre Besitzungen und die Frau, die Sie lieben, erringen, Tarzan. Haben Sie nie daran gedacht?

Tarzan schüttelte den Kopf. Sie kennen sie nicht, sagte er. Nichts könnte sie fester an ihr Versprechen binden, als ein etwaiges Unglück, das über Clayton käme. Sie ist aus einer alten amerikanischen Familie des Südens, und denen aus den Südstaaten geht ihre Treue über alles!

~~~
~~~

Die zwei folgenden Wochen benützte Tarzan, um seine kurze Bekanntschaft mit Paris zu vertiefen. Tagsüber besuchte er Buchhandlungen und Bildergalerien. Er las alles, was ihm in die Hände kam, und wenn er darüber nachdachte, wie ungeheuer groß das Gebiet des Wissens ist, erschrak er, dass sich der einzelne Mensch doch eigentlich nur einen verschwindend kleinen Teil dieses Wissens aneignen kann. Trotzdem lernte er tagsüber soviel er nur konnte. Abends aber ging er aus, um sich zu zerstreuen und zu vergnügen. An Gelegenheiten dazu fehlte es in Paris nicht.

Wenn er Zigaretten rauchte und Absinth trank, dann geschah das nur, weil er die Kultur annahm, wie er sie vorfand, und weil er lediglich dasselbe tun wollte, wie seine zivilisierten Brüder. Dieses Leben war für ihn etwas Neues und Verlockendes, außerdem fühlte er eine große Sehnsucht in der Brust, von der er wusste, dass sie nie gestillt werden würde. So wollte er durch Studium und Zerstreuung sowohl die Vergangenheit vergessen, als auch seine Gedanken von der Zukunft ablenken.

Eines Abends saß er in einem Kabarett, schlürfte seinen Absinth und bewunderte die Kunst eines berühmten russischen Tänzers, als er bemerkte, dass ihn zwei böse schwarze Augen ansahen. Ehe Tarzan den Mann genauer betrachten konnte, hatte dieser sich umgedreht und war in der Menge am Ausgang des Saales verschwunden. Tarzan war aber sicher, dass er diese Augen früher schon einmal gesehen hatte und dass sie ihn nicht zufällig angeschaut hatten. Schon eine ganze Weile hatte er das unbehagliche Gefühl gehabt, dass er beobachtet wurde. Wohl aus seinem tierischen Instinkt heraus hatte er sich plötzlich umgedreht und den Beobachter ertappt.

Er dachte aber nicht weiter darüber nach, und als er die Musikhalle verließ, bemerkte er nicht, dass ein dunkelhäutiger Mensch versuchte, sich im Schatten eines gegenüberliegenden Eingangs zu verbergen.

Tarzan wusste nicht, dass ein Unbekannter ihm in letzter Zeit ständig in die Vergnügungslokale gefolgt war. Er war nur selten alleine ausgegangen, aber an diesem Abend war d'Arnot durch eine Verpflichtung verhindert.

Als Tarzan den gewohnten Heimweg einschlagen wollte, eilte der Beobachter aus seinem Versteck über die Straße und überholte ihn in raschem Schritt.

Tarzan war gewöhnt, durch die Rue Maule nach Hause zu gehen. Da sie sehr still und dunkel war, erinnerte sie ihn mehr an seinen geliebten afrikanischen Dschungel als die lauten, glänzenden Straßen der Umgebung. Wer Paris kennt, wird sich an das abstoßende Aussehen der engen Rue Maule erinnern. Wer sie aber noch nicht gesehen hat, braucht nur einen Polizisten danach zu fragen, und er wird ihm sagen, dass es in ganz Paris keine Straße gibt, die man nach Einbruch der Dunkelheit so sehr meiden sollte wie die Rue Maule.

Tarzan war schon ein gutes Stück an den schmutzigen alten Miethäusern der üblen Straße entlanggegangen, als er aus dem dritten Stock eines gegenüberliegenden Hauses Hilferufe hörte. Es war eine Frauenstimme. Kaum waren die ersten Schreie verhallt, als Tarzan auch schon die Treppe hinaufeilte, um der Frau zu Hilfe zu kommen.

Am Ende des Ganges war eine Tür leicht angelehnt, und Tarzan hörte aus dem Inneren wieder denselben Hilferuf, wie eben auf der Straße. Im nächsten Augenblick stand er in der Mitte eines schwach erleuchteten Zimmers. Auf einem hohen altmodischen Kaminsims brannte eine Öllampe, die ihr mattes Licht auf ein Dutzend abstoßender Gestalten warf. Außer einer etwa dreißigjährigen Frau waren es lauter Männer. Das Gesicht der Frau, durch niedrige Leidenschaften und Ausschweifung gekennzeichnet, mochte einst hübsch gewesen sein. Sie stand an die hinterste Wand geduckt und hielt die eine Hand am Hals.

Helfen Sie mir, mein Herr! flehte sie mit leiser Stimme, als Tarzan das Zimmer betrat. Man will mich umbringen!

Als Tarzan sich nach den Männern umsah, erkannte er die verschlagenen Gesichter von Gewohnheitsverbrechern. Er wunderte sich, dass sie nicht versuchten, weg zu laufen. Eine Bewegung hinter ihm veranlasste ihn, sich umzudrehen. Ein Mann schlich sich heimlich aus dem Zimmer, und obwohl Tarzan ihn nur ganz flüchtig sah, erkannte er in ihm Rokoff.

Im selben Augenblick bemerkte er aber auch, dass sich ein großer Mensch mit gezücktem Messer von hinten an ihn herangeschlichen hatte. Als dieser sich entdeckt sah, stürzten sich die Spießgesellen gemeinsam von allen Seiten auf Tarzan. Einige zogen ihre Messer, andere ergriffen Stühle, während der Große mit dem Messer zu einem so mächtigen Stoß ausholte, dass es um Tarzan geschehen gewesen wäre, wenn es ihn getroffen hätte.

Aber Tarzan, der es im wilden Dschungel mit der gewaltigen Kraft und der Schlauheit von Terkop und Numa aufgenommen hatte, war viel zu klug und gewandt und er verfügte über zu starke Muskeln, als dass er so leicht zu überwältigen gewesen wäre.

Zuerst wehrte er sich gegen seinen gefährlichsten Widersacher. Er stürmte mit solcher Wucht auf ihn ein, dass ihm das Messer aus der Hand fiel, und während er die Waffe mit einer plötzlichen Drehung aufhob, versetzte er dem Mann einen solchen Schlag unter das Kinn, dass er niederstürzte.

Sofort wandte er sich gegen die anderen. Das war nur Sport für ihn. Er schwelgte in der Freude am Kampf. Die dünne Hülle der Kultur war von ihm abgefallen, und zehn starke Schurken waren nun mit einem wilden Tier in einem kleinen Raum eingeschlossen, gegen dessen Muskeln ihre schwachen Kräfte völlig wirkungslos waren. Draußen am Ende des Ganges stand Rokoff, der den Ausgang des Streites abwartete. Bevor er ging, wollte er sich überzeugen, dass Tarzan tot war, aber er wollte nicht während des Mordes im Zimmer sein.

Die Frau stand noch immer an derselben Stelle wie in dem Augenblick, wo Tarzan hereingekommen war, aber in den wenigen Minuten, die seither verstrichen waren, hatte sich ihr

Gesichtsausdruck unzählige Male verändert. Scheinbar verzweifelt, hatte es einen listigen Ausdruck angenommen, als Tarzan sich plötzlich umdrehte, um dem ersten Angriff von hinten zu begegnen. Dann folgte ein Ausdruck der Überraschung und dann der des Schreckens. Und das war absolut verständlich, denn der feine Herr, den ihre Schreie hereingelockt hatten und der dort den Tod finden sollte, hatte sich plötzlich in einen wilden Teufel verwandelt.

Mein Gott! schrie sie, das ist ja ein wildes Tier!

Er schien an zwölf Stellen gleichzeitig zu sein, denn in gewaltigen Sprüngen eilte er im Zimmer hin und her, und erinnerte die Frau dabei an einen Panther, den sie im Tiergarten gesehen hatte.

Mit Schmerzensschreien flüchteten die Männer, einer nach dem anderen, so schnell sie konnten in den Gang, und bevor der erste blutend aus dem Zimmer taumelte, hatte Rokoff genug gesehen, um zu wissen, dass es nicht Tarzan sein würde, der in dieser Nacht in diesem Haus erschlagen würde. Und so eilte der Russe zum nächsten Telefon, um der Polizei mitzuteilen, dass im dritten Stock des Hauses Rue Maule 27 gerade ein Mann im Begriff war, einen Mord zu begehen.

Als die Polizisten ankamen, fanden sie drei Männer stöhnend im Zimmer liegen und eine erschrockene Frau auf einem schmutzigen Bett, das Gesicht in ihren Armen vergraben. Tarzan hatte die Schritte der heraufstürmenden Polizisten gehört, und zuerst gedacht, es käme Verstärkung für die Gauner.

Was ist hier geschehen? fragte einer der Polizisten.

Tarzan erklärte kurz, was vorgefallen war, aber als er sich zu der Frau umdrehte, damit sie seine Aussage bestätigen sollte, wurde er durch ihre Antwort in höchstes Erstaunen versetzt.

Er lügt! rief sie in schrillem Ton den Polizisten zu. Er kam in mein Zimmer, als ich alleine war, und sicher nicht in einer guten Absicht. Als ich ihn zurückwies, wollte er mich töten, und er hätte es sicher getan, wenn auf meine Hilferufe hin nicht diese Herren, die eben an Ihnen vorbeigingen, herbeigeeilt wären. Er ist ein Teufel, meine Herren; er allein hätte beinahe zehn Mann getötet!

Tarzan war über die Undankbarkeit dieser Frau so verblüfft, dass er im ersten Augenblick nicht recht wusste, was er dazu sagen sollte. Die Polizisten glaubten der Frau auch nicht ohne weiteres, denn sie hatten schon allerlei Erfahrungen mit ihr und ihren Zuhältern gemacht. Aber sie waren Polizisten, keine Richter, und so beschlossen sie, alle Personen, die sich in dem Raum befanden, zu verhaften und es den zuständigen Richtern zu überlassen, die Unschuldigen von den Schuldigen zu trennen.

Sie sollten aber gleich merken, dass es zwei grundverschiedene Dinge waren, diesem wohlgekleideten jungen Mann zu sagen, er sei verhaftet, und ihn auch wirklich festzunehmen.

Ich habe niemand angegriffen, sagte er ruhig, sondern mich nur verteidigt. Ich weiß nicht, weshalb die Frau eine solche Aussage macht. Sie kann keine Feindschaft gegen mich haben, denn bevor ich auf ihre Hilferufe hin in dieses Zimmer kam, habe ich sie noch nie gesehen.

Kommen Sie, sagte einer der Polizisten, es ist Sache der Richter, das alles aufzuklären.

Als er nun auf ihn zuging, um ihm die Hand auf die Schulter zu legen, lag er gleich darauf zusammengekrümmt in einer Ecke des Zimmers. Nun stürzten sich seine Kollegen auf den Affenmenschen, aber auch sie bekamen eine Vorstellung davon, wie er vorher die Gauner erledigt hatte. Das geschah so schnell, dass sie nicht einmal die Möglichkeit hatten, ihre Revolver zu ziehen.

Während des kurzen Kampfes hatte Tarzan durch das offene Fenster eine Telegrafenstange vor dem Haus gesehen. Als der verletzte Polizist am Boden lag, gelang es einem seiner Kollegen endlich, seinen Revolver zu ziehen und auf Tarzan zu feuern. Der Schuss ging aber vorbei und bevor der Polizist ein zweites Mal feuern konnte, hatte Tarzan die Lampe vom Kamin heruntergeworfen, so dass das Zimmer plötzlich in völlige Dunkelheit gehüllt war.

Das einzige, was die Polizisten noch erkennen konnten, war eine geschmeidige Gestalt, die wie ein Panther durch das offene Fenster auf die Telegrafenstange sprang. Als die Polizisten wieder aufgestanden und auf die Straße hinuntergeeilt waren, war ihr Verdächtiger nirgends mehr zu sehen.

Der Polizist, der unten auf der Straße geblieben war, schwor, dass niemand zu einem der Fenster oder zur Tür herausgekommen sei.

Als sie die Frau und die Männer, die nicht geflüchtet waren, zur Polizeiwache brachten, behandelten sie diese nicht allzu sanft. Es ärgerte sie, berichten zu müssen, dass ein einzelner unbewaffneter Mann sie alle zu Boden geschlagen hatte und ihnen so leicht entwischt war.

Als Tarzan sich an der Stange vor dem Fenster festhielt, sah er, dass unten ein Polizist stand. Aber oben war keiner, und so kletterte er hinauf.

Der Mast reichte bis an das Dach des Hauses, und so war es für ihn ein leichtes, auf das Dach zu klettern. Von dem Dach sprang er auf ein anderes, und so setzte er seinen Weg über den Häusern fort, bis er an einer Querstraße einen anderen Mast entdeckte, an dem er sich herunterlassen konnte.

Eine Weile lief er noch weiter. Dann verschwand er in einem Nachtkaffee. Dort ging er in die Toilette, um die Spuren seiner Wanderung über die Dächer zu entfernen. Als er einige Minuten später herauskam, schlenderte er gemütlich heimwärts.

Bald darauf kam er auf einen hellerleuchteten Boulevard, den er überqueren musste.

Als er eben unter einer Bogenlampe stand, um ein Auto vorüberfahren zu lassen, hörte er eine sanfte weibliche Stimme seinen Namen aussprechen. Als er aufschaute, blickte er in die lächelnden Augen der Gräfin Olga de Coude, die sich aus ihrer Limousine herausneigte.

Er verbeugte sich, um auf den freundlichen Gruß zu antworten, aber als er sich wiederaufrichtete, war das Auto schon weitergesaust.

Rokoff und die Gräfin de Coude am selben Abend! sagte er zu sich selbst. Paris ist wohl doch nicht so groß, wie ich geglaubt hatte.

Die Erklärungen der Gräfin

Ihr Paris ist gefährlicher, als mein wilder Dschungel, Paul, schloss Tarzan den Bericht, den er am Morgen nach seinem Zusammenstoß mit den Gaunern und der Polizei in der Rue Maule seinem Freund erstattete. Weshalb lockten sie mich eigentlich hierher? Waren sie hungrig?

D'Arnot lachte und fragte neckend: Nicht wahr, es ist schwer, sich über die Verhältnisse des Dschungels hinwegzusetzen und die gesittete Lebensart bei Licht zu betrachten?

Das ist in der Tat eine gesittete Art, spottete Tarzan. Im Dschungel kommen keine mutwilligen Scheußlichkeiten vor. Dort töten wir, um Fleisch zu erbeuten, um uns zu verteidigen, um ein Weibchen zu erobern oder die Jungen zu beschützen. Aber hier? Ihr gesitteten Menschen seid brutaler als Tiere. Ihr tötet mutwillig und noch schlimmer als das, ihr nutzt die Brüderlichkeit eines Menschen als Lockmittel, um ihn ins Verderben zu stürzen. Um einem menschlichen Hilferuf zu folgen, eilte ich in das Zimmer hinauf, wo dann die Mörder auf mich lauerten.

Ich dachte nicht, und konnte noch lange nachher nicht verstehen, dass eine Frau moralisch so tief sinken könnte, einen Mann, der sie retten wollte, ins Verderben zu locken. Aber es muss so gewesen sein, denn die Anwesenheit Rokoffs und die Beschuldigung, die diese Frau gegen mich erhob, lassen sich nicht anders erklären. Rokoff musste gewusst haben, dass ich öfter durch die Rue Maule ging. Er lauerte mir auf. Sein ganzer Plan war sorgfältig ausgearbeitet bis zur letzten Einzelheit, sogar bis zur Aussage dieser Frau, für den Fall, dass der Anschlag missglücken würde – wie es ja tatsächlich eintrat. Das ist alles ganz klar.

Jawohl, sagte d'Arnot, aber es zeigt Ihnen auch, wie sehr ich recht hatte, Ihnen zu sagen, man sollte die Rue Maule abends meiden. Sie wollten es mir nicht glauben.

Und ich halte diese Straße auch jetzt noch für die sehenswerteste in Paris. Ich werde nie wieder versäumen, durch sie zu gehen, denn sie hat mir die erste wirkliche Unterhaltung gebracht, seitdem ich Afrika verlassen habe!

Sie kann Ihnen noch eine ganz andere Art von Unterhaltung einbringen, die Ihnen vermutlich weniger zusagen wird, sagte d'Arnot. Die Polizei ist noch nicht mit Ihnen fertig. Ich kenne die Pariser Polizei genügend, um Ihnen zu versichern, dass sie nicht sobald vergessen wird, was Sie ihr zugefügt haben. Früher oder später wird sie Sie erwischen, mein lieber Tarzan, und dann wird sie den wilden Waldmenschen hinter eisernen Stäben einsperren. Wie wird Ihnen das gefallen?

Tarzan werden sie nie hinter eisernen Stäben einsperren, erwiderte dieser grimmig.

Der Ton dieser Worte ließ d'Arnot seinen Freund scharf ansehen. Der Ausdruck dessen Gesichts machte den jungen Franzosen sehr besorgt, besorgt um dieses große Kind, das kein Gesetz über seiner eigenen physischen Stärke akzeptieren wollte. Er sah ein, dass etwas geschehen musste, um die Polizei mit Tarzan zu versöhnen, bevor das Ganze in einer Tragödie endete.

Sie müssen noch viel lernen, Tarzan, sagte er ernst. Die menschlichen Gesetze müssen beachtet werden, ob sie Ihnen gefallen oder nicht. Sich diesen zu widersetzen kann Ihnen – und auch Ihren Freunden – sehr große Probleme bereiten. Ich kann der Polizei den Sachverhalt erklären, und ich will das noch heute tun. Aber danach müssen Sie dem Gesetz gehorchen. Wenn der Vertreter des Gesetzes zu Ihnen sagt: Kommen Sie, dann müssen Sie kommen, und wenn er sagt: Gehen Sie, so müssen Sie gehen. Jetzt wollen wir zu meinem guten Freund in der Polizeidirektion gehen und die Angelegenheit aufklären. Kommen Sie!

Eine halbe Stunde später betraten sie die Polizeiwache. Der Leiter war sehr freundlich. Er erinnerte sich noch sehr gut an den Besuch vor einigen Monaten, den die beiden ihm wegen der Fingerabdrücke gemacht hatten.

D'Arnot erzählte die Ereignisse vom vorigen Abend. Als er geendet hatte, umflog ein grimmiges Lächeln den Mund des Polizeileiters. Er drückte auf einen Knopf, und während er auf den Beamten wartete, suchte er auf seinem Tisch nach einem Papier, das er schließlich fand.

Hier, Joubon, sagte er zu dem eintretenden Schreiber, lassen Sie diese Polizisten sofort zu mir kommen! Er übergab ihm das Blatt, dann wandte er sich wieder an Tarzan.

Sie haben einen schweren Fehltritt begangen, mein Herr, sagte er nicht unfreundlich, und ohne die Erklärung Ihres guten Freundes hier wäre ich geneigt, Ihre Handlungsweise streng zu verurteilen. Ich bin aber dabei, etwas bisher Unübliches zu tun. Ich habe die Polizisten, die Sie vorige Nacht verprügelt haben, hierher befohlen. Sie sollen sich Leutnant d'Arnots Erzählung anhören, und dann überlasse ich es ihnen, zu bestimmen, ob Anklage gegen Sie erhoben werden soll oder nicht.

Sie müssen noch viel lernen, um sich in der Zivilisation zurechtzufinden. Sie müssen sich daran gewöhnen, auch solche Dinge gelten zu lassen, die Ihnen sonderbar oder unnütz erscheinen, solange Sie nicht imstande sind, die Gründe dafür zu verstehen. Die Polizisten, die Sie angegriffen haben, taten nur ihre Pflicht. Sie hatten in der Sache nichts zu entscheiden. Sie setzen täglich ihr Leben aufs Spiel, um das Leben oder das Eigentum anderer zu beschützen. Sie würden dasselbe auch für Sie tun. Es sind brave Leute, und sie sind tödlich gekränkt, dass ein einzelner unbewaffneter Mann sie geschlagen hat.

Machen Sie ihnen verständlich, warum Sie es getan haben. Wenn ich mich nicht irre, sind Sie ein rechtschaffender Mensch.

Die Unterhaltung wurde durch das Erscheinen der vier Polizisten unterbrochen. Als ihr Blick auf Tarzan fiel, sah man, dass sie höchst erstaunt waren.

Meine Herren, sagte der Polizeidirektor, hier ist der Mann, mit dem Sie vorige Nacht in der Rue Maule zusammengetroffen sind. Er ist freiwillig gekommen, um die Sache aufzuklären. Ich bitte Sie, der Erzählung von Leutnant d'Arnot aufmerksam zuzuhören, die Ihnen einen Teil der Lebensgeschichte dieses Mannes schildern wird. Das wird sein Verhalten Ihnen gegenüber erklären. Beginnen Sie, mein lieber Leutnant.

D'Arnot sprach eine halbe Stunde lang zu den Polizisten. Er erzählte ihnen einiges aus dem wilden Dschungelleben Tarzans. Er erklärte, wie er sich selbst verteidigen und wie ein wildes Tier kämpfen musste. Es wurde den Polizisten dann auch klar, dass er bei seinem Angriff auf sie eher von seinem Instinkt als von seinem Verstand geleitet worden war.

Ihr Stolz ist verletzt, sagte d'Arnot zum Schluss. Dieser Mann hat Sie überwältigt, und das kränkt Sie. Aber Sie brauchen sich nicht zu schämen. Sie bräuchten Ihre Niederlage nicht zu rechtfertigen, wenn Sie mit einem afrikanischen Löwen oder mit einem großen Gorilla aus dem Dschungel in einem engen Raum eingesperrt gewesen wären. Und Sie haben mit diesem Mann gekämpft, dessen eiserne Muskeln gegenüber diesen Schrecken des schwarzen Erdteils stets siegreich waren. Es ist also keine Schande, der übermenschlichen Kraft Tarzans zu unterliegen.

Und dann, als die Polizisten dastanden und abwechseln Tarzan und ihren Vorgesetzten ansahen, tat der Affenmensch das einzige, was noch nötig war, um den letzten Rest des Ärgers zu beseitigen. Mit ausgestreckter Hand ging er auf sie zu.

Es tut mir ehrlich leid, was ich getan habe, sagte er, lassen Sie uns Freunde sein!

Das war das Ende der Geschichte – außer dass Tarzan noch lange Gegenstand vieler Unterhaltungen in den Polizeistationen war und sich die Zahl seiner Freunde um vier tapfere Polizisten vergrößert hatte.

~~~
~~~

Bei der Rückkehr in seine Wohnung fand d'Arnot einen Brief von seinem englischen Freund William Cecil Clayton, Lord Greystoke. Die beiden waren in brieflichem Kontakt geblieben, seit sie auf der missglückten Expedition zur Befreiung der von dem Affen Terkop geraubten Jane Porter Freundschaft geschlossen hatten.

In etwa zwei Monaten wollen sie in London heiraten, sagte d'Arnot, als er den Brief durchgelesen hatte. Er brauchte Tarzan nicht zu sagen, wen er mit dem »sie« meinte. Tarzan antwortete nicht darauf, und auch den ganzen Rest des Tages war er schweigsam und nachdenklich.

Am Abend gingen sie in die Oper. Tarzan war während der Vorstellung ganz in seinen trüben Gedanken versunken. Er achtete kaum auf das Dargebotene auf der Bühne. Er sah nur die liebliche Vision eines schönen amerikanischen Mädchens und hörte nichts als die traurige süße Stimme, die ihm versicherte, dass seine Liebe erwidert werde. Und jetzt sollte sie einen anderen heiraten!

Er versuchte, sich aus den unliebsamen Gedanken aufzurütteln. Im selben Augenblick fühlte er, dass Augen auf ihn gerichtet waren, und als er aufblickte, sah er das lächelnde Gesicht der Gräfin Olga de Coude. Als Tarzan ihren Gruß erwiderte, war er überzeugt, dass der freundliche Ausdruck ihres Gesichtes eine Einladung bedeutete.

In der nächsten Pause begab er sich in ihre Loge.

Ich habe mir so sehr gewünscht, Sie zu sehen, sagte sie. Es hat mich sehr geärgert, dass wir Ihnen nach dem, was Sie für meinen Mann und mich getan haben, keine Erklärung dafür geben konnten, weshalb wir keine Schritte unternahmen, um eine Wiederholung der Angriffe der beiden Männer zu verhindern. Das muss Ihnen gewiss als Undankbarkeit erschienen sein.

Sie irren sich, erwiderte Tarzan. Ich habe nur mit lebhaftem Vergnügen an Sie gedacht. Sie schulden mir keine Erklärung. Sind Sie noch weiter belästigt worden?

Die Verfolgung hat noch nicht aufgehört, antwortete sie. Ich fühle, dass ich mit jemandem darüber sprechen muss, und ich weiß niemanden, mit dem ich mich so gut aussprechen könnte, wie mit Ihnen. Sie müssen mir das erlauben. Es kann auch für Sie von Nutzen sein, denn ich kenne Nikolas Rokoff genug, um zu wissen, dass Sie ihn nicht das letzte Mal gesehen haben. Er wird Mittel und Wege finden, sich an Ihnen zu rächen. Was ich Ihnen sagen werde, kann Ihnen vielleicht gute Dienste leisten, um seinen Racheplänen zu entgehen. Mehr kann ich Ihnen hier nicht verraten, aber morgen um fünf Uhr werde ich für Sie zu Hause sein.

Das wird mir wie eine Ewigkeit vorkommen – bis morgen um fünf, sagte er und wünschte ihr eine gute Nacht.

Aus einer Ecke des Theaters hatten Rokoff und Pawlowitsch ihn in der Loge der Gräfin gesehen, und beide hatten gelächelt.

Am folgenden Nachmittag um halb fünf klingelte ein dunkelhäutiger bärtiger Mann am Dienstboteneingang des Palastes des Grafen de Coude. Der Diener, der zum Öffnen kam, zog die Augenbrauen hoch, als er sah, wer dort stand. Beide sprachen leise.

Zuerst zögerte der Lakai bei dem Vorschlag, den der Mann ihm machte, aber dann nahm er etwas aus der Hand des Fremden entgegen. Danach drehte er sich um und führte den Besucher auf einem weitläufigen Umweg in einen kleines, von Vorhängen verhängtes Nebenzimmer des Salons, in dem die Gräfin den Nachmittagstee zu geben pflegte.

Eine halbe Stunde später wurde auch Tarzan in das Zimmer geführt, und im selben Augenblick erschien die Gräfin lächelnd und ging ihm mit ausgestreckten Händen entgegen.

Ich freue mich sehr, dass Sie gekommen sind, sagte sie.

Nichts hätte mich zurückhalten können, antwortete er.

Einige Augenblicke sprachen sie über die Oper, über einige Themen, die die Aufmerksamkeit von Paris erregten, über das

Vergnügen, ihre kurze Bekanntschaft, die unter so seltsamen Umständen begonnen hatte, zu erneuern, und das brachte sie schließlich auf das Thema, das ihnen beiden am meisten am Herzen lag.

Sie werden sich gefragt haben, sagte die Gräfin, weshalb Rokoff uns eigentlich verfolgt. Die Sache ist ganz einfach. Der Graf kennt einige wichtige Geheimnisse des Kriegsministeriums. Er hat oft Papiere im Besitz, für die ausländische Mächte ein Vermögen ausgeben würden – Staatsgeheimnisse, für deren Kenntnis die Agenten dieser Mächte Mörder oder noch schlimmere Subjekte beauftragen würden.

Jetzt versucht er wieder, etwas in die Hände zu bekommen, das einem Russen Ruhm und Reichtum eintragen würde. Rokoff und Pawlowitsch sind russische Spione. Sie schrecken vor nichts zurück, um sich dieses Dokument zu beschaffen. Der Vorfall auf dem Dampfer – ich meine die Geschichte mit dem Kartenspiel – hatte den Zweck, meinen Gatten zu erpressen.

Wäre er des Falschspielens überführt worden, wäre seine Karriere wohl beendet gewesen. Er hätte aus dem Kriegsministerium ausscheiden müssen. Er wäre auch gesellschaftlich ruiniert gewesen. Sie wären nur dann bereit gewesen, einzugestehen, dass der Graf das Opfer eines Komplottes geworden ist, wenn er ihnen diese Geheimpapiere überlassen hätte.

Als Sie diesen Plan durchkreuzt hatten, versuchten die Beiden statt den Namen des Grafen meinen Namen zu beschmutzen. Als Pawlowitsch in meine Kabine eindrang, erklärte er mir dieses Vorhaben. Wenn ich ihnen die gewünschte Auskunft verschaffen würde, versprachen sie, nichts weiter zu tun; andernfalls würde Rokoff, der draußen stand, einen Steward darüber informieren, dass ich mich mit einem Mann hinter der verschlossenen Tür meiner Kabine getroffen hätte. Er drohte, es jedem zu sagen, dem er auf dem Schiff begegnete, und bei unserer Ankunft wollte er die ganze Geschichte den Journalisten erzählen.

Ist das nicht schrecklich? Nun weiß ich aber zufällig etwas über diesen Herrn Pawlowitsch, das, wenn es der Polizei von St. Petersburg erfahren würde, ihn in Russland an den Galgen bringen würde. Ich drohte ihm, Anzeige zu erstatten und flüsterte ihm einen Namen ins Ohr. Da sprang er mir – und dabei machte sie eine Bewegung mit der Hand – wie ein Verrückter an die Gurgel, und hätte mich erwürgt, wenn Sie nicht eingegriffen hätten.

Diese Scheusale! rief Tarzan aus.

Sie sind nicht bloß Scheusale, mein Freund, sagte sie, es sind wirkliche Teufel. Ich sorge mich um Sie, weil Sie sich deren Hass zugezogen haben. Ich bitte Sie, ständig auf der Hut zu sein. Versprechen Sie mir, dass Sie mir zuliebe vorsichtig sein werden, denn ich könnte es nicht ertragen, wenn Sie meinetwegen Unannehmlichkeiten erleiden müssten.

Ich fürchte die beiden nicht, antwortete er. Ich habe schon schlimmere Feinde überlebt als Rokoff und Pawlowitsch.

Er sah, dass sie von dem Vorfall in der Rue Maule nichts wusste, und er sagte auch kein Wort davon, um sie nicht zu verängstigen.

Weshalb, fuhr er fort, übergeben Sie die Schurken nicht den Behörden, um Ruhe vor ihnen zu haben?

Einen Augenblick zögerte sie mit der Antwort. Dann sagte sie: Es gibt dafür zwei Gründe. Der eine ist der, der auch den Grafen zurückhält, in dieser Sache etwas zu tun. Der andere ist der Grund, den ich bisher niemanden mitgeteilt habe. Ich frage mich nur ... dann zögerte sie, wobei sie ihn betrachtete.

Was fragen Sie sich? sagte er lächelnd.

Ich frage mich, wie es kommt, dass ich Ihnen das mitteilen möchte, was ich noch nicht einmal gewagt habe, meinem Mann zu verraten. Ich glaube, dass Sie mich verstehen werden und dass Sie mir den richtigen Weg zeigen können. Ich hoffe, dass Sie mich nicht zu streng beurteilen werden.

Ich fürchte nur, dass ich ein schlechter Richter wäre, erwiderte Tarzan lächelnd, denn wenn Sie sich eines Mordes schuldig gemacht hätten, würde ich sagen, das Opfer könnte dankbar dafür sein, einen so süßen Tod erlitten zu haben.

Oh mein Lieber, antwortete sie, so schlimm ist es nicht. Aber ich will Ihnen zuerst den Grund nennen, aus dem der Graf diese Männer nicht verfolgt, und wenn ich dann noch genug Mut habe, will ich Ihnen auch verraten, weshalb ich selbst es nicht wage. Der erste Grund ist der, dass Nikolas Rokoff mein Bruder ist. Wir sind Russen. Nikolas ist stets ein schlimmer Mensch gewesen, soweit meine Erinnerung zurückreicht. Er wurde aus der russischen Armee, wo er Hauptmann war, unehrenhaft entlassen. Es gab damals einen Skandal, aber nach einiger Zeit wurde die Sache vergessen, und mein Vater besorgte ihm mit seinen Verbindungen eine Anstellung in der Spionage-Abteilung des Geheimdienstes.

Nikolas wurden bald etliche schreckliche Verbrechen zugeschrieben, aber er verstand es immer, einer Strafe zu entgehen. Zuletzt gelang es ihm stets dadurch, dass er sein Opfer durch eine Falschaussage des Verrats am Zaren anklagte, und da die russische Polizei immer bereit ist, eine derartige Beschuldigung zu glauben, ließ sie seine Aussage gelten, und er ging straffrei aus.

Hat er nicht durch die an Ihnen und Ihrem Gatten versuchten Verbrechen alle Rechte der Verwandtschaft verwirkt? fragte Tarzan. Die Tatsache, dass Sie seine Schwester sind, hat ihn nicht davon abgehalten, zu versuchen, Ihre Ehre zu beschmutzen. Sie brauchen keine Rücksicht mehr auf ihn zu nehmen, gnädige Frau.

Ach, sagte sie, es kommt noch der andere Grund hinzu. Wenn ich ihm auch als meinem Bruder keine Rücksicht mehr schulde, bleibt die Furcht, die ich vor ihm habe, weil er eine gewisse Episode aus meinem Leben kennt.

Nach einer kurzen Pause fuhr sie fort:

Ich glaube, es ist am besten, ich erzähle Ihnen alles, denn ich fühle, dass ich es Ihnen früher oder später doch einmal sagen werde. Ich wurde in einem Kloster erzogen. In dieser Zeit lernte ich einen Mann kennen, den ich für einen Ehrenmann hielt. Ich wusste damals noch wenig von den Menschen und der Liebe. Ich bildete mir in meinem unerfahrenen Kopf ein, dass ich diesen Mann liebte, und auf sein Drängen brannte ich mit ihm durch. Wir wollten heiraten.

Ich war genau drei Stunden mit ihm zusammen – am hellen Tag und in der Öffentlichkeit, auf Eisenbahnstationen und im Zug. Als wir unseren Bestimmungsort erreichten, wo wir getraut werden sollten, stiegen mit uns zwei Polizisten aus, die ihn verhafteten. Auch mich hielten sie fest, aber als ich ihnen meine Geschichte erzählt hatte, ließen sie mich frei, doch musste ich in Begleitung einer Nonne in das Kloster zurückkehren. Wie es scheint, war der Mann, der um mich geworben hatte, kein Gentleman, sondern ein Deserteur, den die Polizeien aller Länder Europas suchten.

Die Sache wurde von der Leitung des Klosters vertuscht. Nicht einmal meine Eltern erfuhren davon. Aber später lernte Nikolas den Gauner kennen und erfuhr von ihm die ganze Geschichte. Jetzt droht er mir, er werde sie dem Grafen erzählen, wenn ich nicht tue, was er verlangt.

Tarzan lachte.

Sie sind noch immer ein kleines Mädchen! Die Geschichte, die Sie mir erzählt haben, kann Ihren Ruf nicht im Geringsten beflecken, und wenn Sie nicht in Ihrem Herzen noch ein junges Mädchen wären, würden Sie sich das selbst sagen. Gehen Sie noch heute Abend zu Ihrem Gatten und erzählen Sie ihm die ganze Geschichte, genau so, wie Sie mir sie berichtet haben. Wenn ich mich nicht sehr irre, wird er Sie wegen Ihrer Angst auslachen und dann sofort die nötigen Schritte unternehmen, um Ihren kostbaren Bruder ins Gefängnis befördern zu lassen, wo er hingehört.

Ich wünschte nur, ich hätte den Mut dazu, sagte sie, aber ich bin ängstlich. Ich habe früh gelernt, die Männer zu fürchten.

Zuerst meinen Vater, dann Nikolas, dann die Pater im Kloster. Fast alle meine Freundinnen fürchten ihre Gatten, wie sollte ich da nicht auch den meinen fürchten?

Ich versteh nicht, weshalb Frauen die Männer fürchten sollen, sagte Tarzan mit einem nachdenklichen Ausdruck im Gesicht. Ich bin mehr vertraut mit dem Dschungelvolk, und dort ist öfters das Umgekehrte der Fall. Nein, ich kann nicht verstehen, weshalb zivilisierte Frauen den Mann fürchten sollen, da dieser doch geschaffen ist, sie zu beschützen. Ich könnte mich nicht an den Gedanken gewöhnen, dass eine Frau mich fürchten würde.

Ich kann mir auch nicht vorstellen, mein Freund, dass irgendeine Frau Sie fürchten würde, sagte Olga de Coude leise. Ich kenne Sie erst seit kurzer Zeit, und es mag dumm sein, das zu sagen, aber Sie sind von allen Männern, die ich je kennengelernt habe, der einzige, den ich wohl nie fürchten würde. Das ist merkwürdig, zumal Sie sehr kräftig sind. Ich war erstaunt, mit welcher Leichtigkeit Sie Nikolas und Pawlowitsch in jener Nacht aus meiner Kabine hinausbefördert haben. Das war einfach großartig.

Als Tarzan sie kurz darauf verließ, wunderte er sich über den festen Handdruck, mit dem sie ihn verabschiedete, und über den nachdrücklichen Ton, mit dem sie ihm das Versprechen abnahm, morgen wiederzukommen.

Die Erinnerung an ihre halbverschleierten Augen und ihren reizenden Mund, als sie ihn bei seinem Abschied lächelnd ansah, verließ ihn den ganzen Tag nicht. Olga de Coude war wirklich eine schöne Frau, und Tarzan war ein einsamer junger Mann, dessen Herz sich nach Liebe sehnte.

Als sich die Gräfin, nachdem Tarzan gegangen war, im Zimmer umdrehte, stand sie plötzlich Nikolas Rokoff gegenüber.

Seit wann bist du hier? schrie sie, wobei sie erschrocken zurückwich.

Schon länger als dein Geliebter, antwortete er, wobei er einen boshaften Blick auf sie warf.

Hör auf! befahl sie. Wie kannst du es wagen, mir so etwas zu sagen – deiner Schwester!

Gut, liebe Olga, wenn er nicht dein Geliebter ist, will ich mich entschuldigen, aber es ist nicht dein Fehler, wenn er es nicht ist. Hätte er nur ein Zehntel meiner Frauenkenntnis, lägst du jetzt in seinen Armen. Er ist ein dummer Narr, Olga. Jawohl, all deine Reden und Handlungen waren eine offene Einladung, und er schien es nicht einmal zu merken.

Die Gräfin hielt sich die Ohren zu.

Sei ruhig, sagte sie. Es ist unverschämt von dir, mir so etwas zu sagen! Du kannst mir drohen, soviel du willst – du weißt, dass ich eine anständige Frau bin. Von heute an sollst du es nicht mehr wagen, mich zu belästigen, denn ich werde Raoul alles erzählen. Er wird schon wissen, was er zu tun hat, und dann nimm dich in Acht!

Du wirst ihm gar nichts sagen, erklärte Rokoff. Ich weiß jetzt Bescheid und mit Hilfe eines deiner Diener, dem ich vertrauen kann, wird in dem Bericht für deinen Mann keine pikante Einzelheit fehlen. Die andere Geschichte passt ja gut dazu! Wir haben jetzt etwas Greifbares in Händen – eine wirkliche Affäre! Und du bist eine treue Frau? Schäme dich, Olga!

Dabei lachte er brutal.

So kam es, dass die Gräfin ihrem Gatten nichts erzählte und dass sich die Sache noch verschlimmerte. Während die Gräfin früher nur eine unbestimmte Furcht hatte, nahm diese jetzt greifbare Gestalt an.

Die verfehlte Verschwörung

Seit einem Monat verkehrte Tarzan nun schon regelmäßig mit der schönen Gräfin de Coude, die er verehrte und die ihn immer gerne als Gesellschaft um sich hatte. Oft fanden sich auch andere Mitglieder der kleinen Gesellschaft ein, die sie nachmittags zum Tee empfing, aber sie versuchte es so einzurichten, dass sie mit Tarzan auch eine Stunde allein sein konnte.

Eine Zeitlang war sie erschrocken über die Andeutungen, die Rokoff gemacht hatte. Bis dahin hatte sie den starken jungen Mann lediglich als einen Freund betrachtet, aber infolge der Anspielungen ihres Bruders grübelte sie nun über die seltsame Anziehungskraft nach, die der grauäugige Fremde auf sie ausübte. Sie hatte aber nicht die Absicht, ihn zu lieben, und sie wollte auch nicht, dass er sich in sie verlieben sollte.

Sie war viel jünger als ihr Gatte und sehnte sich nach der Freundschaft eines Mannes ihres Alters.

Die Gräfin fühlte, dass Tarzan sie verstand, denn er war nur zwei Jahre älter als sie, und er war ein ehrenhafter, ritterlicher Mensch. Sie fürchtete sich nicht vor ihm. Dass sie ihm trauen konnte, hatte sie von Anfang an instinktiv gefühlt.

Rokoff hatte diese wachsende Vertraulichkeit aus der Ferne mit boshafter Freude beobachtet. Seitdem er wusste, dass Tarzan erfahren hatte, dass er ein russischer Spion ist, hatte sich zu seinem Hass gegen den Affenmenschen die Furcht gesellt, von ihm verraten zu werden. Er wartete nur noch auf eine günstige Gelegenheit zu einem neuen Schlag gegen ihn. Er wollte sich für immer von Tarzan befreien und sich gleichzeitig für die Demütigungen und die Durchkreuzung seiner Pläne rächen.

Tarzan war jetzt zufriedener als vor der Zeit, in der er durch die Ankunft der Porter-Gesellschaft in seinem friedlichen Dschungel gestört worden war.

Er freute sich über den gesellschaftlichen Umgang mit Olgas Bekannten, während seine Freundschaft mit ihr eine Quelle des Glücks für ihn war. Sie verscheuchte seine trüben Gedanken und war Balsam für sein gequältes Herz.

Manchmal begleitete d'Arnot ihn bei seinen Besuchen im Hause de Coudes, denn er kannte Olga und den Grafen schon seit langem. Gelegentlich erschien auch der Graf, aber seine Geschäfte und die nie endenden Fragen der Politik hielten ihn gewöhnlich bis spät in die Nacht von seinem Haus fern.

Rokoff spionierte Tarzan fast ständig nach. Er versuchte herauszufinden, ob der Affenmensch nicht auch nachts in de Coudes Palast ging, aber das gelang ihm nicht. Es kam zwar vor, dass Tarzan die Gräfin von der Oper nach Hause begleitete; aber er verabschiedete sich stets an der Haustür, was ihren Bruder sehr ärgerte.

Da es unmöglich schien, Tarzan so in eine Falle zu locken, dachten sich Rokoff und Pawlowitsch einen neuen Plan aus.

Tagelang verfolgten sie aufmerksam die Zeitungen und beobachteten alle Gänge de Coudes und Tarzans. Schließlich fanden sie eine passende Gelegenheit, ihren Plan auszuführen. In einem Morgenblatt stand eine kurze Notiz über einen Herrenabend, der am folgenden Tag beim deutschen Botschafter stattfinden sollte. Unter den eingeladenen Gästen wurde auch de Coude erwähnt. Wenn er der Einladung folgte, war er sicher bis nach Mitternacht außer Haus.

Am Abend des Festessens wartete Pawlowitsch auf dem Bürgersteig vor dem deutschen Botschaftsgebäude, um die ankommenden Gäste zu beobachten. Er brauchte nicht lange zu warten, bis de Coude aus seinem Wagen stieg und an ihm vorbei in das Gebäude ging. Das genügte ihm. Pawlowitsch eilte nach Hause, wo Rokoff ihn erwartete.

Um elf Uhr nahm Pawlowitsch den Hörer vom Telefon. Er nannte eine Nummer, und als die Verbindung hergestellt war, sagte er:

Bitte, verbinden Sie mich mit der Wohnung von Leutnant d'Arnot.

Eine Stimme meldete sich.

Ich habe eine Mitteilung für Herrn Tarzan, wenn er sich ans Telefon bemühen möchte.

Eine Minute lang war es still.

Sind Sie das, Herr Tarzan? Hier spricht François, Diener der Gräfin de Coude. Vielleicht erinnern Sie sich an mich? Ich habe eine dringende Botschaft von der Frau Gräfin. Sie bittet Sie, sofort zu ihr zu kommen – sie ist in Verlegenheit, mein Herr.

Nein, mein Herr, ich weiß nichts Näheres. Darf ich der Frau Gräfin sagen, dass Sie bald hier sein werden?

Danke, mein Herr.

Pawlowitsch legte den Hörer wieder auf und lachte Rokoff an. Dieser ordnete an:

Tarzan wird etwa dreißig Minuten brauchen, bis er bei de Coudes Palast ist. Wenn Du die deutsche Botschaft in einer Viertelstunde erreichst, könnte de Coude in etwa fünfundvierzig Minuten zu Hause sein. Es hängt alles davon ab, ob Tarzan, dieser Narr, noch fünfzehn Minuten bleiben wird, nachdem er herausgefunden hat, dass ihm ein Streich gespielt worden ist. Aber ich würde mich sehr irren, wenn Olga ihn so schnell gehen ließe. Hier ist das Briefchen für de Coude. Und jetzt los!

Pawlowitsch beeilte sich, zur deutschen Botschaft zu gelangen. Am Eingang übergab er einem Bediensteten den Brief.

Dieser Brief ist für den Grafen de Coude. Es ist sehr dringend. Sie müssen dafür sorgen, dass er ihn sofort bekommt!

Dabei ließ er eine Silbermünze in die offene Hand des Bediensteten fallen.

Danach kehrte er zu seiner Wohnung zurück.

Einen Augenblick später entschuldigte sich de Coude bei seinem Gastgeber, als er den Briefumschlag öffnete. Er wurde blass und seine Hand zitterte, als er folgendes las:

Geehrter Graf de Coude!

Jemand, der die Ehre Ihres Namens retten möchte, greift zu diesem Mittel, um Ihnen mitzuteilen, dass die Heiligkeit Ihres Hauses in diesem Augenblick entweiht wird.

Ein gewisser Mann, der schon seit Monaten ständiger Besucher während Ihrer Abwesenheit ist, weilt jetzt bei Ihrer Frau. Wenn Sie sofort zum Damenzimmer der Gräfin eilen, werden Sie sie dort zusammen finden.

Ein Freund

Zwanzig Minuten, nachdem Pawlowitsch mit Tarzan telefoniert hatte, rief Rokoff seine Schwester an. Ihre Zofe nahm das Telefon ab, das im Damenzimmer der Gräfin stand.

Als Rokoff mit ihr sprechen wollte, antwortete das Mädchen:

Madame hat sich schon zurückgezogen.

Ich habe aber eine sehr dringende Nachricht, die ich nur der Gräfin selbst mitteilen kann, erwiderte Rokoff. Wenn sie schon zu Bett ist, sagen Sie ihr, sie möchte aufstehen, etwas überziehen und ans Telefon kommen. Ich werde in fünf Minuten wieder anrufen.

Dann legte er den Hörer wieder auf. Einen Augenblick später kam Pawlowitsch herein.

Hat der Graf den Brief? fragte Rokoff.

Er ist schon auf dem Heimweg, sagte Pawlowitsch.

Gut! Die Gräfin wird gerade im Negligee in ihrem Damenzimmer sitzen und in einer Minute wird der treue Jacques Herrn Tarzan zu ihr führen, ohne ihn anzumelden. Die Besprechung wird einige Minuten dauern. Olga wird in ihrem Nachtkleid bezaubernd aussehen. Sie wird überrascht, aber nicht ungehalten sein. Der Graf wird in etwa fünf Minuten in eine sehr hübsche Liebesszene hineinplatzen.

Ich glaube, wir haben alles wunderbar inszeniert, mein lieber Alexei. Wir wollen ausgehen und einen schönen Absinth auf das Wohl von Herrn Tarzan trinken. Dabei wollen wir nicht vergessen, dass der Graf de Coude ein Meister des Degens und bei weitem der beste Schütze in ganz Frankreich ist!

~~~

Als Tarzan de Coudes Palast erreichte, erwartete Jacques ihn am Eingang.

Kommen Sie herein, mein Herr! sagte er und führte ihn die breite Marmortreppe hinauf. Im nächsten Augenblick hatte er eine Tür geöffnet, und während er einen schweren Vorhang beiseite zog, geleitete er Tarzan in einen halbdunklen Raum. Dann verschwand er.

Am Ende des Zimmers sah Tarzan Olga vor ihrem kleinen Schreibtisch sitzen, auf dem ein Telefon stand. Sie klopfte ungeduldig auf die polierte Tischplatte. Sie hatte sein Eintreten nicht bemerkt.

Olga, sagte er, was ist geschehen?

Erschrocken aufschreiend, drehte sie sich zu ihm um.

Jean! schrie sie. Was tun Sie hier? Wer hat Sie hereingelassen? Was soll das?

Tarzan war wie vom Blitz getroffen, aber sofort hatte er einen Verdacht.

Haben Sie mich denn nicht rufen lassen, Olga?

Sie rufen lassen? Um diese Zeit – mitten in der Nacht? Mein Gott, Jean, glauben Sie denn, dass ich verrückt bin?
~~~

François rief mich an, ich solle sofort zu Ihnen kommen; Sie wären in Verlegenheit und verlangten nach mir.

François? Wer in aller Welt ist François?

Er sagte, er sei Ihr Diener. Er tat so, als ob ich ihn kennen müsse.

Ich habe keinen Diener, der François heißt. Es hat sich jemand einen Scherz mit Ihnen erlaubt, Jean! Olga lachte.

Ich fürchte, dass es ein sehr böser Scherz ist, Olga.

Was meinen Sie? Glauben Sie, dass ...

Wo ist der Graf? unterbrach er sie.

In der deutschen Botschaft.

Das ist wieder ein Streich Ihres ehrenwerten Bruders. Der Graf wird davon erfahren. Er wird die Dienstboten befragen. Und alles wird darauf schließen lassen, dass ... nun, der Graf wird denken, was Rokoff ihm weißmachen will.

Dieser Schurke! rief Olga. Sie war aufgestanden und nahe an Tarzan herangetreten. Ängstlich schaute sie zu ihm hinauf. In ihren schönen Augen lag ein fragender Ausdruck. Sie zitterte, und um Halt zu finden, griff sie nach seinen breiten Schultern.

Was sollen wir tun, Jean? sagte sie leise. Es ist schrecklich! Morgen wird ganz Paris es lesen – dafür wird er sorgen.

In ihrem Blick, ihrer Haltung, ihren Worten lag der Hilferuf einer bedrängten Frau. Tarzan nahm eine der kleinen, warmen Hände, die an seiner Brust lagen, in seine eigenen. Das geschah ganz unwillkürlich, und ebenso legte er seinen schützenden Arm auf die Schultern der jungen Frau.

Das Ergebnis war elektrisch. Niemals war er ihr so nahe gewesen.

Wie überraschte Schuldige sahen sie einander plötzlich in die Augen. Olga de Coude drückte sich fester in Tarzans Arme und schlang ihre um seinen Hals.

Da nahm Tarzan die schweratmende Frau in seine starken Arme und bedeckte ihre heißen Lippen mit Küssen.

~~~

Nachdem er den Brief gelesen hatte, entschuldigte Raoul de Coude sich eilig bei seinem Gastgeber. Er gab irgendeinen Grund für sein Fortgehen an. Es war ihm alles wie verschleiert vor den Augen bis zu dem Augenblick, wo er auf der Schwelle seines Hauses stand. Dann wurde er kaltblütig und ging ruhig und vorsichtig weiter. Aus irgendeinem Grund hatte Jacques die Haustür schon geöffnet, noch bevor er die Treppe auch nur halbwegs hochgelaufen war. In diesem Augenblick fiel es ihm nicht weiter auf, doch erinnerte er sich später daran.

Leise ging er die Treppe hinauf bis zum Damenzimmer. In der Hand hatte er einen schweren Spazierstock. Er war entschlossen, den Räuber seiner Ehre niederzuschlagen.

Olga sah ihn zuerst. Mit einem Schrei des Entsetzens riss sie sich aus Tarzans Armen, und der Affenmensch drehte sich gerade noch rechtzeitig um, um einen schrecklichen Schlag abzuwehren. Einmal, zweimal, dreimal sauste der Stock mit Blitzeseile auf ihn nieder, und jeder Schlag trug dazu bei, den Affenmenschen mehr in das Leben des Dschungels zurückzuversetzen.

Mit dem Knurren eines Riesenaffen sprang er auf den Mann zu. Er riss ihm den Stock aus der Hand und zerbrach ihn, als ob es ein Streichholz wäre. Dann sprang er ihn wie ein rasendes Tier an.

Olga de Coude schaute der schrecklichen Szene entsetzt zu; dann sprang sie auf Tarzan zu, der im Begriff war, ihren Gatten zu erwürgen und ihn dabei schüttelte, wie ein Terrier eine Ratte.

Sie riss verzweifelt an seinen großen Händen.
~~~

Heilige Mutter Gottes! schrie sie, Sie töten ihn, Sie töten ihn! Jean, Sie töten meinen Mann!

Tarzan war blind vor Wut. Plötzlich schleuderte er den Körper auf den Boden, und dann erhob er das brüllende Siegesgeschrei, das er im Urwald stets angestimmt hatte, wenn er ein wildes Tier erlegt hatte.

Der schreckliche Ton erklang bis in den Keller und unters Dach, und die Bedienten zitterten vor Angst. Die Gräfin sank bebend neben dem Körper ihres Gatten auf die Knie.

Langsam schwand die rote Wut vor Tarzans Augen. Die Dinge nahmen wieder Gestalt an, und er fing wieder an, wie ein zivilisierter Mensch auszusehen. Sein Blick fiel auf die kniende Frau.

Olga! flüsterte er.

Sie schaute auf; aber während sie geglaubt hatte, in die wahnsinnigen Augen eines Mörders zu sehen, erblickte sie Tarzan traurig und zerknirscht.

Oh Jean! rief sie. Sehen Sie, was Sie getan haben! Er war mein Mann. Ich liebte ihn, und Sie haben ihn getötet!

Tarzan hob den schlaffen Körper des Grafen de Coude behutsam auf und trug ihn auf ein Bett. Dann legte er sein Ohr an die Brust des Mannes.

Etwas Kognak, Olga! sagte er.

Sie brachte ihn und flößte dem Grafen etwas davon ein. Jetzt kam ein schwacher Hauch aus seinem Mund. Der Kopf drehte sich, und de Coude stöhnte.

Er wird nicht sterben, sagte Tarzan. Gott sei Dank!

Warum haben Sie das getan, Jean? fragte sie verzweifelt.

Ich weiß es nicht. Er schlug mich und da ergriff mich die Wut. Ich habe es so bei den Affen meines Stammes gelernt. Ich habe Ihnen meine Geschichte niemals erzählt, Olga. Es wäre besser gewesen, Sie hätten sie gekannt. Dann wäre es nicht so weit gekommen. Ich habe meinen Vater nie gesehen. Die einzige Mutter, die ich je gekannt habe, war eine wilde Menschenäffin.

Bis zu meinem fünfzehnten Jahr habe ich nie ein menschliches Wesen gesehen. Ich war zwanzig Jahre alt, als ich den ersten weißen Menschen sah. Es ist noch nicht viel mehr als zwei Jahre, da war ich noch ein nacktes Raubtier im afrikanischen Dschungel.

Beurteilen Sie mich nicht zu streng. In einer so kurzen Zeit kann ein einzelner Mensch sich nicht so verändern, wie es die Menschheit in zahllosen Zeitaltern getan hat.

Ich urteile nicht über Sie, Jean. Es ist meine Schuld. Gehen Sie jetzt – er darf Sie nicht sehen, wenn er wieder zu sich kommt. Adieu!

Bekümmert und mit gesenktem Kopf ging Tarzan aus dem Palast des Grafen de Coude.

Sobald er draußen war, nahmen seine Gedanken Gestalt an, und bald wusste er, was er jetzt zuerst tun wollte. Zwanzig Minuten später betrat er ein Polizeibüro unweit der Rue Maule. Hier fand er einen der Polizisten, mit denen er vor mehreren Wochen zusammengestoßen war.

Der Polizist freute sich, den Mann wiederzusehen, der ihn damals so grob behandelt hatte. Nach einem kurzen Gespräch fragte Tarzan ihn, ob er schon einmal etwas von Nikolas Rokoff und Alexei Pawlowitsch gehört habe.

Schon oft genug, mein Herr! Beide stehen auf unseren Fahndungslisten, aber da im Moment nichts gegen sie vorliegt, begnügen wir uns, sie zu überwachen, um sie – sobald wir ihnen etwas nachweisen können – zu fassen. Weshalb fragen Sie?

Ich kenne sie, sagte Tarzan. Ich möchte Herrn Rokoff in einer kleinen geschäftlichen Angelegenheit sprechen. Ich wäre Ihnen dankbar, wenn Sie mir seine Adresse geben würden.

Einige Minuten später verabschiedete er sich von dem Polizisten, in der Tasche hatte er einen Zettel, auf dem die gewünschte Adresse stand. Die Gauner wohnten in einem ziemlich vornehmen Viertel – in der Nähe einer Haltestelle von Autodroschken.

Rokoff und Pawlowitsch waren in ihre Wohnung zurückgekehrt und unterhielten sich über ihre Intrige. Sie hatten zwei Morgenzeitungen angerufen, von denen sie jeden Augenblick Reporter erwarteten, die sie über den Skandal, der morgen in ganz Paris Aufsehen erregen sollte, unterrichten würden.

Auf der Treppe waren schwere Schritte zu hören.

Oh, diese Zeitungsmenschen sind wirklich pünktlich! sagte Rokoff, und als es an ihrer Tür klopfte, rief er: Herein!

Das Lächeln erstarrte, als er in die harten grauen Augen des Besuchers blickte.

Verdammt! rief er, wobei er aufsprang. Wie kommen Sie hierher?

Setzen Sie sich hin, sagte Tarzan so leise, dass man es kaum hören konnte, aber in einem solchen Ton, dass Rokoff sich wieder hinsetzte und Pawlowitsch es nicht wagte, aufzustehen.

Sie wissen, was mich hierherführt, fuhr er in demselben leisen Ton fort. Eigentlich sollte ich Sie vernichten, aber da Sie Olgas Bruder sind, werde ich das jetzt nicht tun. Ich gebe Ihnen die Möglichkeit, Ihr Leben noch einmal zu retten. Pawlowitsch ist dabei unwichtig, denn er ist nur ein kleines Werkzeug in Ihren Händen, und so werde ich ihn nicht töten, solange ich Sie am Leben lasse.

Wenn ich Sie beide lebend in diesem Zimmer zurücklassen soll, müssen Sie jetzt zweierlei tun: Erstens schreiben Sie ein vollständiges Geständnis Ihrer Beteiligung an dem Komplott von heute Abend und unterzeichnen es. Zweitens werden Sie kein Wort von dieser Angelegenheit an die Presse weitergeben. Andernfalls wird keiner von Ihnen mehr am Leben sein, wenn ich wieder zu dieser Tür hinausgehe. Haben Sie das verstanden?

Ohne eine Antwort abzuwarten, fuhr er fort: Beeilen Sie sich. Da ist Tinte, Papier und Feder.

Rokoffs Gesicht nahm einen trotzigen Ausdruck an. Er wollte Tarzan zeigen, dass er seine Drohungen nicht fürchtete. Im selben Augenblick aber fühlte er Tarzans Hand um seinen Hals. Pawlowitsch, der versuchte wegzulaufen, wurde in die Höhe gehoben und in eine Ecke geschleudert, wo er liegen blieb.

Als Rokoff anfing, im Gesicht blau zu werden, ließ Tarzan ihn los und schob ihn auf den Stuhl zurück.

Rokoff starrte den Mann, der ihm gegenüberstand, finster an. Jetzt kam Pawlowitsch wieder zu sich, und hinkte auf Tarzans Befehl mühsam zu seinem Stuhl zurück.

Jetzt schreiben Sie, sagte der Affenmensch. Wenn es nötig ist, Sie noch einmal so zu behandeln, wird es vielleicht nicht mehr so glimpflich ablaufen.

Rokoff nahm eine Feder und fing an zu schreiben.

Achten Sie darauf, dass Sie keine Einzelheit vergessen und dass Sie jeden Namen erwähnen! mahnte Tarzan.

Es klopfte an der Tür.

Herein! rief Tarzan.

Ein feiner, junger Mann trat ein. Ich bin vom »Matin«, sagte er. Ich hörte, dass Herr Rokoff eine Geschichte für mich hat.

Das muss ein Irrtum sein, mein Herr, sagte Tarzan. Sie haben doch keine Geschichte für ihn, oder, mein lieber Nikolas?

Rokoff sah mit einem hässlichen, finsteren Blick auf.

Nein, brummte er, ich habe keine Geschichte für ihn – noch nicht.

Auch später nicht, mein lieber Nikolas.

Der Reporter sah das drohende Leuchten in Tarzans Augen nicht, wohl aber Rokoff.

Überhaupt nicht, wiederholte Tarzan, und sich zu dem Zeitungsmann wendend:

Ich bedauere, dass Sie sich umsonst bemüht haben. Ich wünsche Ihnen einen guten Abend.

Er geleitete den jungen Mann hinaus und schloss die Tür hinter ihm.

Eine Stunde später verließ Tarzan, mit einem ziemlich umfangreichen Geständnis in der Tasche, Rokoffs Wohnung.

Sich noch einmal umdrehend, sagte er: An Ihrer Stelle würde ich Frankreich verlassen, sonst werden Sie mich früher oder später zwingen, Sie zu beseitigen, und das wird so geschehen, dass Ihre Schwester dadurch nicht bloßgestellt wird.

Ein Duell

D'Arnot schlief bereits, als Tarzan in die Wohnung zurückkehrte. Tarzan weckte ihn nicht, aber am folgenden Morgen erzählte er ihm die Ereignisse vom vorigen Abend, ohne eine einzige Einzelheit wegzulassen.

Was für ein Narr bin ich doch gewesen, schloss er. De Coude und seine Frau waren beide meine Freunde. Und wie habe ich ihnen ihre Freundschaft gedankt? Ich hätte den Grafen beinahe umgebracht und den Namen einer anständigen Frau befleckt. Und womöglich habe ich das Glück einer Ehe zerstört.

Lieben Sie Olga de Coude? fragte d'Arnot.

Ohne ihr gegenüber unredlich zu handeln, kann ich Ihnen sagen, dass ich sie nicht liebe und dass sie mich nicht liebt. Für einen Augenblick waren wir das Opfer einer plötzlichen Leidenschaft. Es war keine Liebe, und es wäre vorübergegangen, wie es über uns gekommen ist, selbst wenn de Coude nicht zurückgekehrt wäre. Wie Sie wissen, bin ich in Bezug auf Frauen wenig erfahren. Olga de Coude ist sehr schön; ihr, dem dunklen Licht, der verführerischen Umgebung und dem Ruf einer Hilflosen nach Schutz, all dem hätte ein kultivierterer Mann vielleicht widerstanden, aber bei mir ist die Kultur noch nicht durch die Haut gedrungen.

Paris ist kein Ort für mich. Ich werde aus einer Fallgrube in die nächste hineinstolpern. Die Einschränkungen, denen sich die Menschen hier unterwerfen, sind mir lästig. Es kommt mir immer vor, als ob ich in Gefangenschaft wäre. Ich kann es nicht ertragen, mein Freund, und deshalb habe ich die Absicht, in meinen Dschungel zurückzukehren und das Leben zu führen, das Gott für mich bestimmt hat.

Nehmen Sie es sich nicht so zu Herzen, antwortete d'Arnot. Sie haben sich viel besser benommen, als es die meisten »gesitteten« Männer unter ähnlichen Umständen getan hätten. Was das Verlassen von Paris betrifft, nehme ich an, dass Raoul de Coude Ihnen in dieser Angelegenheit binnen kurzem etwas zu sagen haben wird.

D'Arnot irrte sich nicht. Eine Woche später gegen elf Uhr, als d'Arnot und Tarzan beim Frühstück saßen, wurde ein Herr Flaubert angemeldet. Es war ein würdevoller, höflicher Herr. Mit vielen tiefen Verbeugungen überbrachte er Tarzan die Herausforderung des Grafen de Coude.

Würde Herr Tarzan die große Freundlichkeit haben, es so einzurichten, dass er einen Freund zu Herrn Flaubert sendete – sobald es ihm beliebt, um die Einzelheiten zur gemeinsamen Zufriedenheit aller Beteiligten zu besprechen?

Gewiss. Herr Tarzan wird sich freuen, seine Vertretung unbeschränkt in die Hände seines Freundes, des Herrn Leutnants d'Arnot, zu legen.

Und so wurde verabredet, dass d'Arnot am Nachmittag um zwei Uhr bei Herrn Flaubert vorsprechen sollte, und der höfliche Herr Flaubert verließ sie wieder unter vielen Bücklingen.

Als sie wieder allein waren, sah d'Arnot Tarzan fragend an. Nun? sagte er.

Jetzt muss ich meinen Sünden auch noch einen Mord hinzufügen oder mich selbst töten lassen, sagte Tarzan. Ich mache schnell Fortschritte!

Welche Waffe wollen Sie wählen? fragte d'Arnot. De Coude ist als ein Meister des Degens bekannt und auch ein vorzüglicher Schütze.

Dann möchte ich vergiftete Pfeile aus zwanzig Schritt oder Speere in derselben Entfernung wählen, sagte Tarzan lachend. Aber da de Coude darauf wohl nicht eingehen wird, wählen Sie Pistolen, Paul.

Er wird Sie töten, Jean.

Daran zweifle ich nicht, antwortete Tarzan. Eines Tages muss ich so oder so sterben.

Wir würden besser Degen wählen, sagte d'Arnot. Er wird sich damit begnügen, Sie zu verwunden, und dabei ist die Gefahr einer tödliche Wunde geringer.

Pistolen! sagte Tarzan in entschiedenem Ton.

D'Arnot versuchte es ihm auszureden, aber ohne Erfolg, und so blieb es bei den Pistolen.

Nachmittags fand die Unterredung mit Flaubert statt, und d'Arnot kehrte kurz nach vier Uhr zurück. Es ist alles arrangiert, sagte er. Morgen früh bei Tagesanbruch, an der Straße nicht weit von Etampes, dort ist eine einsame Stelle. Aus persönlichen Gründen zog Herr Flaubert sie vor, und ich hatte keine Einwände.

Gut! war Tarzans einzige Bemerkung. Er sprach das Thema nicht mehr an.

Abends schrieb er aber noch mehrere Briefe, bevor er zu Bett ging. Nachdem er sie adressiert und versiegelt hatte, steckte er sie alle in einen an d'Arnot gerichteten Umschlag.

Als er zu Bett ging, hörte d'Arnot Tarzan einen Gassenhauer summen. Er fluchte vor sich hin, denn er war sicher, dass die Sonne am nächsten Morgen auf einen toten Tarzan scheinen würde. Es berührte ihn schmerzlich, Tarzan so gleichgültig zu sehen.

~~~

Das ist eine sehr ungehörige Stunde für Leute, die einander umbringen wollen, bemerkte der Affenmensch, als er noch bei Dunkelheit aus dem bequemen Bett gejagt wurde. Er hatte gut geschlafen, und darum kam es ihm, als man ihn rücksichtsvoll weckte, vor, als ob sein Kopf das Kissen kaum berührt hätte. Seine Bemerkung war an d'Arnot gerichtet, der fertig angezogen in der Tür vor Tarzans Schlafzimmer stand.

D'Arnot hatte während der ganzen Nacht kaum geschlafen. Er war nervös und ziemlich aufgeregt.
~~~

Sie scheinen ja wie ein Kind geschlafen zu haben, sagte er.

Tarzan lachte. Offensichtlich nehmen Sie mir das übel, meinte er.

Nein, Jean, so meine ich es nicht, erwiderte d'Arnot, der selbst lächeln musste. Aber Sie nehmen die ganze Sache mit einer so entsetzlichen Gleichgültigkeit, dass man sich darüber ärgern muss. Man könnte glauben, dass Sie zu einem Scheibenschießen gehen, aber nicht, um einem der besten Schützen Frankreichs gegenüberzutreten.

Tarzan zuckte die Achseln. Ich gehe, ein großes Unrecht zu sühnen, Paul. Und die Sühne kann nur erfolgen, wenn mein Gegner sein Ziel erreicht. Und da kann ich zuversichtlich sein, denn Sie sagen ja selbst, dass der Graf de Coude ein vorzüglicher Schütze ist.

Das soll heißen, dass Sie hoffen, getötet zu werden? rief d'Arnot entsetzt aus.

Ich kann nicht sagen, dass ich das hoffe, aber Sie müssen zugeben, dass es wenig Grund zur Annahme gibt, dass ich nicht getötet werde.

Schweigend bestiegen sie d'Arnots Wagen und schweigend sausten sie mit großer Geschwindigkeit über die Straße nach Etampes.

Jeder war mit seinen eigenen Gedanken beschäftigt. D'Arnot war traurig, denn er hatte Tarzan von Herzen gern. Die Freundschaft zwischen den beiden Männern, deren früheres Leben und deren Erziehung so grundverschieden war, hatte im Laufe der Zeit noch zugenommen, denn sie waren beide Männer, denen die gleichen Ideale von Männlichkeit, Mut und Ehre vorschwebten. Sie verstanden einander, und jeder war stolz auf die Freundschaft des anderen.

Tarzan war ganz in Gedanken über die Vergangenheit versunken, in frohe Erinnerungen an sein einstiges Dschungelleben. Er dachte an die zahllosen Stunden seiner Kindheit, die er mit übereinandergeschlagenen Beinen an dem Tisch in der Hütte seines Vaters zugebracht hatte, seinen kleinen braunen Körper über die fesselnden Bilderbücher gebeugt, aus denen er ohne jegliche Hilfe das Geheimnis der gedruckten Sprache entziffert hatte, lange noch bevor Laute der menschlichen Sprache an sein Ohr gedrungen waren. Ein Lächeln der Befriedigung flog über sein Gesicht, als er an jenen einzigartigen Tag dachte, den er alleine mit Jane Porter im Herzen seines Urwaldes verbracht hatte.

Plötzlich wurden seine Träume durch das Anhalten des Wagens unterbrochen. Sie waren am Ziel angekommen. Jetzt dachte Tarzan wieder an die Gegenwart. Er wusste, dass er bald sterben würde, aber er hatte keine Furcht vor dem Tod. Für einen Bewohner des Dschungels ist der Tod etwas Alltägliches. Das erste Naturgesetz treibt ihn dazu, am Leben zu bleiben und dafür zu kämpfen, aber es lehrt ihn auch, den Tod nicht zu fürchten.

D'Arnot und Tarzan waren zuerst vor Ort. Eine Weile später kamen de Coude, Flaubert und als Dritter ein Arzt.

Einen Augenblick sprachen d'Arnot und Flaubert flüsternd miteinander. Der Graf de Coude und Tarzan wurden von den Sekundanten aufgefordert, sich bereit zu halten. D'Arnot und Flaubert hatten die Pistolen untersucht. Die beiden Männer, die sich einen Augenblick später gegenüberstehen sollten, standen schweigend da, während Flaubert die Bedingungen vorlas, die sie zu beachten hatten.

Sie mussten Rücken an Rücken stehen. Auf ein Zeichen Flauberts hatten sie in entgegengesetzte Richtungen zu gehen, jeder die Pistole an der Seite, und wenn jeder zehn Schritte gemacht hatte, würde d'Arnot Halt rufen. Dann sollten sie sich umdrehen und nach Belieben schießen, bis einer fiel oder bis jeder die vorgesehenen drei Schüsse abgefeuert hatte.

Flaubert winkte jetzt d'Arnot zu, und jeder wies seinem Duellanten die Stellung an.

Sind Sie bereit, meine Herren? fragte Flaubert.

Jawohl, erwiderte de Coude.

Tarzan nickte bloß.

Flaubert gab das Zeichen. Er und d'Arnot traten ein paar Schritte aus der Schusslinie zurück. Die beiden gingen langsam auseinander. Sechs! Sieben! Acht! In d'Arnots Augen standen Tränen. Neun! Noch ein Schritt, und der arme Leutnant musste das verhasste Signal geben. Es kam ihm vor, als ob er das Todesurteil über seinen besten Freund aussprechen würde.

Schnell drehte de Coude sich um und feuerte. Tarzan machte eine kleine Bewegung. Seine Pistole hing noch immer an seiner Seite. De Coude zögerte, wartete, ob sein Gegner niederstürzen würde. Der Graf war ein so sicherer Schütze, dass er gar nicht daran zweifelte, getroffen zu haben. Doch Tarzan machte keine Anstalten, seine Pistole hoch zu nehmen. De Coude feuerte noch einmal, aber die Gleichgültigkeit des Affenmenschen brachte den besten Schützen Frankreichs aus der Fassung. Dieses Mal bewegte sich Tarzan gar nicht, aber de Coude wusste, dass er wieder getroffen hatte.

Er erklärte sich Tarzans Verhalten so: Er wollte kaltblütig die ersten Schüsse abwarten in der Hoffnung, dass sie ihm keine ernste Wunde beibringen würden, und dann wollte er ihn niederschießen. Dem Grafen lief ein Schauer über den Rücken. Was musste das für ein Mann sein, der mit zwei Kugeln im Körper dastand und auf die dritte wartete!

De Coude zielte diesmal sorgfältig, aber seine Konzentration hatte nachgelassen, er schoss vorbei. Nicht ein einziges Mal hatte Tarzan seine Pistole erhoben.

Einen Augenblick sahen sich die beiden direkt in die Augen. Auf Tarzans Gesicht zeigte sich ein rührender Ausdruck der Enttäuschung, auf de Coudes Gesicht aber wachsendes Entsetzen.

Er konnte es nicht länger ertragen.

Heilige Mutter Gottes! Schießen Sie doch! schrie er.

Aber Tarzan hob die Pistole nicht. Stattdessen schritt er auf de Coude zu, und als sich d'Arnot und Flaubert, seine Absicht missverstehend, zwischen sie stürzten, erhob er die linke Hand zur Abwehr.

Keine Sorge, ich werde ihm nichts zuleide tun.

Das war sehr ungewöhnlich, aber sie blieben stehen. Tarzan ging bis dicht an de Coude heran.

Mit Ihrer Pistole scheint etwas nicht in Ordnung zu sein, sagte er. Nehmen Sie meine, und versuchen Sie es noch einmal.

So bot Tarzan dem erstaunten Grafen seine Pistole an.

Mein Gott, mein Herr! schrie dieser, sind Sie verrückt?

Nein, mein Freund, erwiderte der Affenmensch, aber ich habe den Tod verdient. Es ist der einzige Weg, das Unrecht, das ich einer vortrefflichen Frau zugefügt habe, zu sühnen. Nehmen Sie meine Pistole und bringen Sie es zu Ende.

Das wäre Mord! erwiderte de Coude. Aber welches Unrecht haben Sie meiner Frau angetan? Sie schwor mir, dass ...

Das meine ich nicht, sagte Tarzan rasch. Das ganze Unrecht, das zwischen uns beiden geschah, haben Sie gesehen. Aber das war genug, um einen Schatten auf Ihren Namen zu werfen und das Glück eines Mannes zu zerstören, gegen den ich keine Feindschaft hegte. Die Schuld war ganz allein meine, und so hoffte ich, heute Morgen dafür zu sterben.

Sie sagen, dass Sie alleine die Schuld tragen? fragte de Coude erregt.

Ganz alleine, mein Herr. Ihre Frau ist rein. Sie liebt nur Sie. Das Unrecht war auf meiner Seite. Aber was mich hingeführt hat, war weder die Schuld der Gräfin noch die meinige. Hier ist ein Schriftstück, aus dem dies klar hervorgeht.

Dabei zog Tarzan die Blätter aus der Tasche, auf denen Rokoff seine Schuld eingestanden und unterzeichnet hatte.

De Coude nahm und las sie. D'Arnot und Flaubert waren nähergetreten. Keiner sprach ein Wort, bis de Coude die Erklärung zu Ende gelesen hatte, worauf er Tarzan ansah.

Sie sind ein tapferer und ritterlicher Mann! sagte er. Ich danke Gott, dass ich Sie nicht getötet habe.

De Coude war ein sehr impulsiver Mensch. Er umarmte Tarzan und küsste ihn. Nun umarmte auch Flaubert Leutnant d'Arnot.

Es war aber niemand da, der den Arzt umarmen konnte. Wahrscheinlich war dieser darüber verärgert, denn er sagte, nun werde es ihm doch wohl endlich erlaubt sein, Tarzans Wunden zu untersuchen.

Dieser Herr wurde mindestens einmal getroffen, sagte er, vielleicht auch dreimal.

Zweimal, sagte Tarzan. Einmal in die linke Schulter und dann in die linke Seite. Ich denke, es sind beides nur Fleischwunden.

Der Arzt aber bestand darauf, dass er sich auf den Rasen legte, und machte sich an ihm zu schaffen, bis die Wunden gereinigt und das fließende Blut gestillt war.

Das Ergebnis des Duells war, dass sie alle zusammen als die besten Freunde in d'Arnots Wagen nach Paris zurückfuhren.

De Coude war durch die Versicherung der Treue seiner Frau so erleichtert, dass er keinen Ärger mehr für Tarzan empfand. Tatsächlich hatte dieser mehr Schuld auf sich genommen, als es eigentlich der Wahrheit entsprach – aber wenn er hier ein wenig log, mag es ihm verziehen sein, denn er log einer Frau zuliebe und er log als Gentleman.

Man verordnete dem Affenmenschen ein paar Tage Bettruhe. Er hielt das zwar nicht für nötig, aber der Arzt und d'Arnot hatten sich die Sache so zu Herzen genommen, dass er ihnen zuliebe im Bett liegen blieb.

Es ist drollig, sagte er zu d'Arnot, im Bett liegen zu müssen wegen eines Nadelstiches. Als Bolgani, der Gorilla-König, mich fast in Stücke riss, als ich noch ein kleiner Junge war, hatte ich kein schönes weiches Bett, um mich hineinzulegen. Nur das feuchte, modernde Gras des Dschungels. Unter irgendeinem Gebüsch versteckt, lag ich wochenlang in den Armen Kalas, die mich pflegte. Arme, treue Kala, die die Insekten von meinen Wunden fernhielt und mich vor den Raubtieren schützte! Wenn ich um Wasser bat, brachte sie mir es in ihrem Maul – das war die einzige Weise, die sie kannte. Da gab es keine sterilisierte Gaze, kein antiseptisches Verbandszeug – da gab es nichts, was unseren lieben Doktor nicht zur Verzweiflung getrieben hätte, wenn er es gesehen hätte. Und doch wurde ich gesund. Und jetzt muss ich wegen einer kleinen Schramme im Bett liegen.

Aber die Zeit ging rasch vorüber, und ehe Tarzan sich versah, durfte er das Bett wieder verlassen. De Coude hatte ihn mehrmals besucht, und als er herausfand, dass Tarzan sich um eine Anstellung bemühte, versprach er ihm, einen Posten zu beschaffen.

Am ersten Tag, an dem es Tarzan erlaubt war, wieder auszugehen, erhielt er von de Coude eine Mitteilung, er möchte am Nachmittag im Geschäftszimmer des Grafen vorsprechen.

De Coude begrüßte ihn mit dem aufrichtigen Glückwunsch, dass er wieder auf den Beinen sei. Von dem Zweikampf und dem Grund dafür hatte seit jenem Morgen keiner von beiden mehr gesprochen.

Ich glaube, dass ich etwas Passendes für Sie gefunden habe, Herr Tarzan, sagte der Graf. Es ist eine verantwortungsvolle Aufgabe, die auch beträchtlichen Mut und Tapferkeit erfordert. Ich kann mir keinen Geeigneteren für diesen Posten vorstellen. Er bringt zwar viel Arbeit mit sich, aber später kann er zu einer besseren Stelle, wahrscheinlich im diplomatischen Dienst, führen.

Zuerst werden Sie für kurze Zeit Spezialagent im Dienste des Kriegsministeriums sein. Kommen Sie, ich will Sie zu dem

Herrn führen, der Ihr Vorgesetzter sein wird. Er kann Ihnen die Aufgaben besser erklären als ich, und dann können Sie beurteilen, ob die Stelle Ihnen zusagt oder nicht.

De Coude führte Tarzan in das Büro des Generals Rochere, dem Tarzan zugeteilt werden sollte. Dort verließ der Graf ihn, nachdem er dem General noch eine Beschreibung der Eigenschaften Tarzans, die ihn für die betreffende Beschäftigung besonders geeignet erscheinen ließen, gegeben hatte.

Eine halbe Stunde später kam Tarzan aus dem Büro. Er war jetzt im Besitz des ersten Amtes seines Lebens. Am nächsten Tag sollte er zur Entgegennahme weiterer Anweisungen wieder vorsprechen, denn General Rochere hatte ihm gesagt, er müsse sich bereithalten, Paris vielleicht schon morgen für unbestimmte Zeit zu verlassen.

Mit gehobenem Gefühl eilte er nach Hause, um d'Arnot die Nachricht zu überbringen. Nun war er also doch für etwas zu gebrauchen in der Welt! Jetzt sollte er auch Geld verdienen und – das schönste von allem – er konnte reisen und die Welt sehen.

Er konnte kaum erwarten, bis er nach Hause kam und d'Arnot mit der Neuigkeit überraschte. Der Leutnant war aber keineswegs erfreut darüber.

Wie es scheint, freuen Sie sich, Paris verlassen zu können, sagte er. Vielleicht werden wir uns jetzt monatelang nicht mehr sehen. Tarzan, Sie sind undankbar! Und dabei lachte er.

Nein, Paul, erwiderte Tarzan. Ich bin bloß ein großes Kind. Ich habe ein neues Spielzeug, und darüber bin ich glücklich.

Und so kam es, dass Tarzan schon am nächsten Tag Paris verließ, um nach Marseille und Oran zu reisen.

Die Tänzerin von Sidi Aissa

Es hatte nicht den Anschein, als ob Tarzans erster Auftrag besonders interessant oder wichtig sein würde. Die Regierung hatte einen Leutnant der Spahis *(Anm.: ein aus hauptsächlich indigenen Soldaten bestehendes Regiment der französischen Armee in Algerien, Tunesien und Marokko)* im Verdacht, unlautere Beziehungen zu einer anderen europäischen Großmacht zu unterhalten.

Dieser Leutnant Gernois, der gegenwärtig in Sidi-bel-Abbes *(Anm.: Hauptstadt von Algerien)* stationiert war, war vor kurzem noch im Generalstab tätig gewesen. Dort war ein Schriftstück von großer militärischer Bedeutung auf dem üblichen Geschäftsweg in seine Hände gelangt. Die Regierung glaubte nun, der Offizier habe den Inhalt dieses Schriftstückes an diese andere europäische Großmacht verraten.

Der Verdacht gegen den Leutnant war allerdings nur durch die Andeutung einer bekannten Pariserin in einem Anfall von Eifersucht geäußert worden. Aber ein Generalstab ist stets misstrauisch, sobald es sich um seine Geheimnisse handelt, und ein Verrat von militärischen Geheimnissen ist eine so ernste Sache, dass schon dem kleinsten Hinweis nachgegangen werden muss. Und so kam es, dass Tarzan, getarnt als amerikanischer Jäger und Reisender, nach Algerien ging, um diesen Leutnant Gernois zu überwachen.

Er hatte sich darauf gefreut, sein geliebtes Afrika wieder zu sehen, aber im Norden sah der schwarze Erdteil so anders aus wie ein westafrikanischer Dschungel, dass bei ihm kein heimatliches Gefühl aufkommen konnte und er ebenso gerne wieder in Paris gewesen wäre.

In Oran verbrachte er einen Tag damit, durch die engen, krummen Gassen des Araberviertels zu wandern. Am nächsten Tag kam er in Sidi-bel-Abbes an, wo er den Zivil- und Militärbehörden sein Beglaubigungsschreiben überreichte, das aber keine Information über den Zweck seiner Mission beinhaltete.

Tarzan beherrschte das Englisch mittlerweile gut genug, um bei den Arabern und Franzosen als Amerikaner durchzugehen, und das war alles, was von ihm verlangt wurde. War er mit einem Engländer zusammen, sprach er Französisch, um sich nicht zu verraten. Gelegentlich sprach er auch englisch mit Fremden, die diese Sprache verstanden, bei denen aber keine Gefahr bestand, dass sie seine leichten Mängel in der Betonung und der Aussprache bemerken würden.

Er wurde mit vielen französischen Offizieren bekannt und war bald gerne bei ihnen gesehen. Er lernte auch Gernois kennen, der etwa vierzig Jahre alt war, ein schweigsamer, verdrießlich aussehender Mann, der mit seinen Kameraden wenig oder gar keinen gesellschaftlichen Umgang pflegte.

Ein Monat lang geschah nichts Bemerkenswertes. Gernois bekam anscheinend keine Besuche, und bei seinen gelegentlichen Ausgängen in die Stadt schien er keine Verbindungen zu suchen, die irgendwie verdächtig erscheinen würden. Tarzan fing schon an zu hoffen, dass der gegen den Offizier gehegte Verdacht unbegründet sei, als Gernois plötzlich nach Bu Saada in der Kleinen Sahara, weit im Süden, abkommandiert wurde.

Eine Kompanie Spahis und drei Offiziere sollten eine andere Abteilung dort ablösen. Zufällig war einer der drei Offiziere, Hauptmann Gerard, ein besonderer Freund Tarzans, und so erregte es keinen Verdacht, als der Affenmensch erklärte, er wolle ihn nach Bu Saada begleiten, da er dort Gelegenheit haben werde, auf die Jagd zu gehen.

In Buira verließ die Kompanie die Eisenbahn, den Rest des Weges musste sie im Sattel verbringen.

Als Tarzan in Buira ein Pferd erhandelte, sah er flüchtig in der Tür eines einheimischen Kaffeehauses einen Mann in europäischer Kleidung, aber als er näher hinschaute, hatte der Mann sich umgedreht und war im Inneren der niedrigen, schmutzigen Hütte verschwunden. Es schien Tarzan zwar, als ob ihm das Gesicht und die Gestalt des Mannes bekannt vorkämen, aber er achtete nicht weiter darauf.

Der Weg nach Aumale war für Tarzan recht anstrengend, denn seine ganze Reitkunst hatte bis dahin aus einigen Reitversuchen in einer Pariser Reitschule bestanden. So war er froh, im Hotel Grossat ein bequemes Bett zu haben, während die Offiziere und Mannschaften ihr Quartier in der Militärstation aufschlugen.

Früh am folgenden Morgen wurde Tarzan geweckt. Die Kompanie der Spahis war schon abmarschiert, bevor Tarzan sein Frühstück beendet hatte. Er beeilte sich daher so sehr es ging, damit die Truppe keinen zu großen Vorsprung vor ihm gewann.

Als er durch die Tür schaute, die vom Speisesaal in die Bar führte, sah er zu seinem Erstaunen Gernois, der dort mit dem Fremden stand, den er am Tag zuvor im Kaffeehaus von Buira gesehen hatte. Die beiden unterhielten sich leise.

Plötzlich bemerkte Gernois, dass Tarzan sie anstarrte. Der französische Offizier unterbrach den Fremden sofort, und die beiden entfernten sich eilig.

Das war das erste Mal, dass etwas an Gernois Verhalten seinen Verdacht erregte, er war fest davon überzeugt, dass die beiden Männer die Bar nur deshalb verlassen hatten, weil Tarzan sie zusammen gesehen hatte. Noch immer kam es Tarzan vor, als ob der Fremde ihm bekannt wäre. Das verstärkte seine Überzeugung, dass hier etwas nicht mit rechten Dingen zuging.

Er durchsuchte die Bar, aber die Männer waren weg. Auch auf den Straßen sah er nichts mehr von ihnen.

Die Kompanie hatte jetzt natürlich einen bedeutenden Vorsprung vor ihm, und er erreichte sie auch nicht mehr vor Sidi Aissa. Erst kurz nach neun Uhr kam er dort an. Hier fand er auch Gernois bei der Kolonne, aber von dem Fremden war nichts zu sehen.

Es war Markttag in Sidi Aissa. Die vielen aus der Wüste herbeigeströmten Karawanen und die Scharen der handelnden

Araber weckten die Neugier Tarzans, so dass er sich entschloss, noch einen Tag dort zu bleiben, um die Söhne der Wüste in aller Ruhe betrachten zu können. So kam es, dass die Kompanie der Spahis am Nachmittag ohne ihn weitermarschierte.

Er vertrieb sich die Zeit, indem er sich mit einem jungen Araber, namens Abdul, den der Gastwirt ihm als vertrauenswürdigen Diener und Dolmetscher empfohlen hatte, in das Marktgedränge mischte.

Tarzan kaufte hier ein besseres Pferd, als das, das er in Buira erhandelt hatte. Er unterhielt sich mit dem Araber, dem es gehört hatte, und erfuhr so, dass dieser Kadur ben Saden hieß und Sheikh eines Wüstenstammes weit südlich von Djelfa war. Der Mann gefiel ihm und so lud er ihn durch seinen Dolmetscher Abdul zum Essen ein.

Als die drei sich einen Weg durch die Scharen der Händler, Kamele, Esel und Pferde bahnten, zupfte Abdul Tarzan plötzlich am Ärmel.

Schauen Sie hinter sich! Tarzan wandte sich um und sah eine Gestalt, die sofort hinter einem Kamel verschwand. Der Mann ist uns schon den ganzen Nachmittag gefolgt, fuhr Abdul fort.

Ich habe nur ganz flüchtig einen Araber in einem dunkelblauen Burnus und einem weißen Turban gesehen, sagte Tarzan. Ist es der, den Du meinst?

Ja. Er kam mir verdächtig vor, weil er hier fremd zu sein scheint und nichts Anderes tut, als uns folgen. Und dann hat er auch den größten Teil seines Gesichtes verhüllt, so dass nur noch die Augen herausblitzen.

Dann ist er auf einer falschen Fährte, Abdul, erwiderte Tarzan, denn hier kann niemand etwas gegen mich haben. Es ist das erste Mal, dass ich in dieser Gegend bin, und niemand kennt mich. Er wird seinen Irrtum einsehen und aufhören, uns zu folgen.

Vielleicht ist er auf Raub aus, meinte Abdul.

Dann wollen wir ruhig abwarten, bis er versucht, Hand an uns zu legen, sagte Tarzan lächelnd.

Kadur ben Saden rüstete sich zum Abschied. Mit großen Versicherungen der Freundschaft lud er Tarzan ein, ihn zu besuchen, dort gäbe es für einen eifrigen Jäger reichlich Antilopen, Hirsche, Eber, Panther und Löwen.

Sobald der Sheikh gegangen war, setzte Tarzan seinen Spaziergang mit Abdul durch die Straßen von Sidi Aissa fort. Durch die offenen Türen der zahlreichen maurischen Kaffees drang wilder Lärm auf die Straße.

Es war bereits nach acht Uhr und der Trubel im vollem Gange, als Tarzan in eine der Kaffeestuben trat. Der Raum war mit Arabern überfüllt. Alle rauchten und tranken ihren starken heißen Kaffee.

Tarzan und Abdul nahmen ungefähr in der Mitte des Raumes Platz, obwohl das fürchterliche Getöse, das die arabischen Trommeln und Pfeifen dort in nächster Nähe vollführten, einen entfernteren Platz angenehmer erscheinen ließ.

Gerade tanzte eine hübsche Wüstentochter vom Stamm der Uled-Nail. Tarzan in seiner europäischen Kleidung fiel ihr auf. Sie mochte vermuten, dass er ihr ein gutes Trinkgeld geben würde und warf ihm neckisch ihr seidenes Tuch auf die Schulter. Ein Silber-Franc war ihr Lohn.

Als an ihrer Stelle ein anderes Mädchen zu tanzen anfing, bemerkte der scharfäugige Abdul, wie sich die erste Tänzerin im Hintergrund des Saales mit zwei Arabern unterhielt. Sie stand mit ihnen nahe an der Seitentür, die in den Hof führte, und dessen Gang zu den Zimmern der Tänzerinnen führte.

Anfänglich dachte er sich nichts dabei, aber plötzlich sah er, dass einer der Männer in seine Richtung zeigte. Das Mädchen drehte sich um und warf einen flüchtigen Blick auf Tarzan. Dann verschwanden die Araber in der Dunkelheit des Hofes.

Als das Mädchen später wieder an die Reihe kam, tanzte es sich wieder nahe an Tarzan heran und lächelte ihn aufs freundlichste an. Manch böser Blick aus den dunklen Augen der Wüstensöhne fiel nun auf ihn. Wieder warf die Tänzerin ihm ihr seidenes Tuch auf die Schulter und wieder wurde sie mit einem Franc belohnt. Als sie sich das Tuch in gewohnter Weise wieder um die Stirn band, neigte sie sich zu ihm herunter und flüsterte ihm ins Ohr.

Da draußen im Hof sind zwei, die Ihnen nachstellen, sagte sie schnell in gebrochenem Französisch. Ich habe ihnen versprochen, Sie hinaus zu locken, aber Sie waren gut zu mir, und ich will das nicht tun. Gehen Sie schnell fort, bevor sie bemerken, dass ich sie verraten habe. Ich glaube, es sind wirklich gefährliche Menschen.

Tarzan dankte der Tänzerin, und versicherte ihr, er werde sich in Acht nehmen. Da sie mit ihrem Tanz fertig war, ging sie durch die Tür in den Hof.

Eine halbe Stunde ging vorüber, ohne dass irgendetwas Auffälliges geschah. Aber dann kam von der Straße ein düster dreinschauender Araber herein. Er blieb nahe bei Tarzan stehen und machte absichtlich beleidigende Bemerkungen über die Europäer. Da das aber in der Eingeborenensprache geschah, konnte Tarzan nichts davon verstehen, bis Abdul es ihm übersetzte.

Dieser Kerl sucht Streit, sagte er zu Tarzan. Und er ist nicht alleine. Sobald es losgeht, werden ziemlich alle hier gegen Sie sein. Es wird besser sein zu gehen, Herr!

Frag den Kerl, was er will! sagte Tarzan.

Er sagt, der »Christenhund« habe das Mädchen der Uled-Nail, das ihm gehöre, beleidigt. Er sucht Streit, Herr!

Sag ihm, ich hätte niemanden der Uled-Nail beleidigt. Ich bäte ihn, sich zu entfernen und mich in Ruhe zu lassen. Ich habe keinen Streit mit ihm und er hat keinen mit mir.

Nachdem Abdul dem Araber Tarzans Worte übersetzt hatte, antwortete er Tarzan:

Er sagt, Sie seien ein Hund und der Sohn einer Hündin und Ihre Großmutter sei eine Hyäne. Außerdem seien Sie ein Lügner.

Die ringsum sitzenden Gäste hatten den Wortwechsel gehört, und das höhnische Lachen, das auf diese Schimpfworte folgte, bewies zur Genüge, zu wem die Mehrheit der Anwesenden halten würde.

Tarzan war zwar nicht erbaut darüber, dass man über ihn lachte, und noch viel weniger über die Schimpfwörter, die der Araber ihm ins Gesicht geschleudert hatte, aber nichts davon verriet sich in seinem Gesicht, als er jetzt aufstand. Ein leises Lächeln flog über seine Lippen, aber plötzlich versetzte er dem düster dreinschauenden Araber einen solchen Faustschlag ins Gesicht, dass er zu Boden stürzte.

Im selben Augenblick warf sich ein halbes Dutzend Araber mit dem Ruf: »Nieder mit dem Ungläubigen!« und »Nieder mit dem Christenhund!« auf Tarzan.

Der junge Abdul blieb treu bei seinem Herrn und stand mit gezogenem Messer an seiner Seite.

Mit fürchterlichen Fausthieben schlug der Affenmensch alle nieder, die in die Reichweite seiner mächtigen Arme kamen. Er kämpfte ruhig und ohne ein Wort zu sagen, und auf seinen Lippen lag noch immer dasselbe Lächeln, mit dem er den frechen Araber niedergeschlagen hatte.

Man hätte glauben können, weder ihm noch Abdul werde es gelingen, lebend aus diesem Menschenknäuel herauszukommen, da von allen Seiten Säbel und Messer gezückt wurden, aber die große Zahl der Angreifer war der beste Schutz für die beiden. Denn das Menschenknäuel war so dicht, dass keiner von seiner Stichwaffe Gebrauch machen konnte und kein Araber es wagte, zu schießen.

Endlich gelang es Tarzan, einen seiner hartnäckigsten Verfolger zu packen. Mit einer kräftigen Bewegung entwaffnete er ihn und drängte, wobei er seinen Gefangenen wie einen Schild vor sich hielt, mit Abdul rückwärts zur Tür, die in den Innenhof führte. Auf der Türschwelle blieb er stehen, hob den sich sträubenden Araber in die Höhe und schleuderte ihn in das Knäuel der ihm Nachdrängenden.

Dann eilte er mit Abdul in den halbdunklen Hof. Die erschreckten Tänzerinnen hockten auf der Treppe, die zu ihren Zimmern führte. Das einzige Licht im Hof kam von den schwachen Stearinkerzen, die die Mädchen an ihren Türrahmen befestigt hatten.

Kaum waren Tarzan und Abdul herausgetreten, als aus dem Schatten unterhalb einer der Treppen hinter ihnen ein Revolver abgeschossen wurde.

Als sie sich umdrehten, sprangen zwei vermummte Gestalten auf sie zu. Eine Sekunde später lag der eine von ihnen entwaffnet und stöhnend mit gebrochenem Handgelenk im Schmutz des Hofes. Der andere machte im selben Augenblick Bekanntschaft mit Abduls Messer.

Immer mehr wütende Araber stürzten hinaus. Die Tänzerinnen hatten, als eine von ihnen aufschrie, all ihre Kerzen ausgelöscht, und so kam das einzige Licht nun aus der offenen Hoftür. Tarzan hatte den Säbel des von Abdul überwältigten Mannes an sich genommen. Jetzt stand er da und sah dem Ansturm der Männer entgegen.

Plötzlich fühlte er von hinten eine Hand auf seiner Schulter, und eine Frau sprach leise: Schnell, Herr! Folgen Sie mir!

Komm Abdul, sagte Tarzan in leisem Ton.

Die Frau führte sie die enge Treppe hinauf, die zu ihrer Wohnung führte. Tarzan ging dicht neben ihr. Er sah in der Dunkelheit die goldenen und silbernen Armreife, die Schnüre mit goldenen Münzen, die von ihrem Haar herunterhingen, und die prächtigen Farben ihres Gewandes. Es war die Tänzerin, die ihm im Saal die Warnung ins Ohr geflüstert hatte.

Als sie oben auf der Treppe waren, hörten sie, wie die wütende Menge unten noch immer den Hof absuchte.

Bald wird man auch hier oben suchen, flüsterte das Mädchen. Man darf Sie nicht finden, denn wenn Sie auch noch so stark sind, wird man Sie schließlich doch umbringen. Schnell! Sie können durch das Fenster in meinem Zimmer auf die Straße hinunterklettern. Noch bevor man entdeckt, dass Sie nicht mehr im Hof sind, können Sie sicher in Ihrem Hotel sein.

Während sie noch sprach, waren mehrere Männer die Treppe heraufgestürmt. Plötzlich schrie einer von ihnen laut auf. Er hatte sie entdeckt! Nun eilte die ganze Menge auf die Treppe zu. Der vorderste Angreifer sprang rasch hinauf, und sah sich plötzlich einem Säbel gegenüber. Das hatte er nicht erwartet, denn der Weiße war vorher nicht bewaffnet gewesen.

Mit einem Schrei stürzte der Mann rückwärts auf die hinter ihm Anstürmenden. Wie Kegel rollten sie die Treppe hinunter. Das alte morsche Holzwerk hielt die Last und die Erschütterung nicht aus. Mit lautem Krachen brach die Treppe unter den Arabern zusammen.

Kommen Sie! rief die Uled-Nail. Man kann über eine andere Treppe durch ein Nachbarzimmer hierherkommen. Wir dürfen keine Zeit verlieren!

Gerade als sie in das Zimmer traten, hörte Abdul, wie jemand unten im Hof rief, mehrere Mann sollten schleunigst auf die Straße laufen, um den Flüchtlingen den Weg abzuschneiden.

Jetzt sind wir verloren! entfuhr es dem Mädchen.

Wir? fragte Tarzan.

Ja, mein Herr, antwortete das Mädchen. Man wird mich ebenso töten wie Sie, denn ich habe Ihnen geholfen.

Das änderte die Sache. Bisher hatte Tarzan eigentlich Vergnügen an der Aufregung und der Gefahr gehabt. Er hatte keinen Augenblick daran gedacht, dass Abdul oder das Mädchen in Mitleidenschaft gezogen werden könnten.

Wäre er alleine gewesen, wäre er mitten in die Menge gesprungen und hätte auf die Araber eingeschlagen, bis er hätte fliehen können. Jetzt aber musste er an seine beiden treuen Helfer denken.

Er ging zu dem Fenster, von dem man die Straße übersehen konnte. In der nächsten Minute würden die Feinde hinter ihnen sein. Schon hörte er, wie die Menge die Treppe zu den Nachbarzimmern hinaufrannte.

Er setzte einen Fuß auf das Sims und lehnte sich hinaus, aber er konnte nicht hinuntersehen. Über ihm, in Armeslänge, war das niedere Dach des Gebäudes. Er rief das Mädchen. Er hob sie auf seine Schulter.

Warte hier, sagte er zu Abdul, bis ich von oben herab nach Dir greife. In der Zwischenzeit schiebe alles im Zimmer gegen die Tür, das wird die Meute etwas aufhalten.

Dann trat er mit dem Mädchen auf seinen Schultern auf das Sims des Fensters.

Halten Sie sich fest! Einen Augenblick später hatte er das Dach mit der Gewandtheit eines Affen erklettert.

Nachdem er das Mädchen auf dem Dach abgesetzt hatte, lehnte er sich über die Kante und rief leise nach Abdul. Der junge Mann schaute durch das Fenster.

Deine Hand! flüsterte Tarzan.

Inzwischen hämmerten die Männer draußen an der Tür. Mit einem lauten Krach gab sie nach, und im selben Augenblick fühlte Abdul sich wie eine Feder auf das Dach gehoben.

Es war höchste Zeit, denn während die Männer in das Zimmer eindrangen, rannte ein Dutzend anderer in der Straße um die Ecke und lauerte bereits unter dem Fenster des Mädchens.

Der Kampf in der Wüste

Als die drei auf dem Dach hockten, hörten sie das wütende Fluchen der Araber, die noch immer in den Zimmern nach ihnen suchten. Durch Abdul erfuhr Tarzan, was sie sagten.

Sie schimpfen auf die da unten auf der Straße, weil sie uns hätten entfliehen lassen. Die in der Straße behaupten, wir seien gar nicht entflohen, sondern müssten noch im Gebäude sein und die hier oben seien zu feige, uns anzugreifen. Wenn sie so weitermachen, kommt es noch zu einer Schlägerei.

Schließlich gaben die Araber im Gebäude das Suchen auf und kehrten ins Kaffee zurück. Auf der Straße standen aber noch einige herum, die sich schwatzend und rauchend die Zeit vertrieben.

Tarzan dankte der Tänzerin für die Hilfe, die sie ihm, einem Fremden, geleistet hatte.

Ich mochte Sie gut leiden, antwortete sie einfach. Sie waren nicht wie die andern, die ins Kaffee kamen. Sie waren anständig zu mir, und Sie gaben mir ein Geschenk, ohne mich zu beleidigen.

Was werden Sie jetzt tun? Sie können nicht ins Kaffee zurückkehren. Können Sie überhaupt noch in Sidi Aissa bleiben, ohne sich einer Gefahr auszusetzen?

Morgen wird man den Vorfall wohl vergessen haben, erwiderte sie. Aber ich wäre froh, wenn ich nie wieder in dieses oder ein anderes Kaffee zu gehen brauchte. Ich blieb nicht aus eigenem Willen dort, ich war eine Gefangene.

Eine Gefangene? fragte Tarzan.

Eine Sklavin müsste ich eigentlich sagen. Ich wurde von einer Räuberbande in der Nacht aus dem Zeltdorf meines Vaters entführt. Man brachte mich hierher und verkaufte mich an den Araber, der dieses Kaffee betreibt. Das ist jetzt fast zwei Jahre her. Meine Angehörigen wohnen weit im Süden. Sie kommen nie nach Sidi Aissa.

Möchten Sie zu Ihrer Familie zurückkehren? fragte Tarzan. Dann verspreche ich Ihnen, Sie wenigstens bis nach Bu Saada zu bringen. Dort können wir uns sicher mit dem Militärkommandanten verständigen, dass er Sie den Rest des Weges begleiten lässt.

Oh, Herr! rief sie aus, wie könnte ich das je wieder gutmachen? Es kann doch nicht Ihre Absicht sein, so viel für eine Uled-Nail zu tun. Aber mein Vater kann Sie belohnen, und das wird er sicher tun, denn er ist ein großer Sheikh. Er heißt Kadur ben Saden.

Kadur ben Saden? rief Tarzan erstaunt aus. Dann ist Ihr Vater diese Nacht in Sidi Aissa, denn vor ein paar Stunden habe ich mit ihm zusammen gegessen.

Mein Vater in Sidi Aissa? Dann sei Allah gepriesen! Jetzt bin ich wirklich gerettet!

Pst! sagte Tarzan.

Von unten hörte man Stimmen, die in der Stille der Nacht deutlich vernehmbar waren. Tarzan konnte die Worte nicht verstehen, aber Abdul und das Mädchen übersetzten sie ihm.

Man sucht nach Ihnen, Herr. Der eine von ihnen sagte, der Fremde, der die Geldprämie für Ihre Festnahme aussetzte, liege jetzt mit gebrochenem Handgelenk im Haus von Achmed din Sulef. Und jetzt habe er eine noch größere Summe geboten, wenn man Ihnen auf der Straße nach Bu Saada auflauern und Sie töten würde.

Es ist derselbe, der uns heute auf dem Markt folgte, fuhr Abdul fort. Ich sah ihn im Kaffee wieder, ihn und noch einen andern. Die beiden gingen in den Innenhof, als sie mit diesem Mädchen gesprochen hatten. Diese beiden waren es, die uns angriffen und auf uns schossen, als wir aus dem Kaffee herauskamen. Weshalb will man Sie töten?

Das weiß ich nicht, antwortete Tarzan, und dann nach einer Pause: Es sei denn, dass ...

Aber er sprach seinen Gedanken nicht weiter aus, denn seine Vermutung schien ihm doch zu unwahrscheinlich zu sein, obwohl sie die vernünftigste Erklärung des Rätsels gewesen wäre.

Die Gruppe unten löste sich auf, der Hof und das Kaffee waren leer. Vorsichtig kletterte Tarzan in das Fenster des Mädchenzimmers herunter. Es war niemand im Raum. Er kehrte auf das Dach zurück und half Abdul herunterzusteigen. Dann ließ er auch das Mädchen herunter.

Da das Fenster nicht sehr hoch über der Straße war, sprang Abdul hinunter. Dann nahm Tarzan das Mädchen in seine Arme und sprang ebenfalls hinunter. Ein kleiner Angstschrei entfuhr den Lippen des Mädchens, im nächsten Augenblick stellte Tarzan es auf den Boden.

Sie klammerte sich einen Augenblick an ihn.

Wie stark Sie sind und wie mutig! sagte sie. Nicht einmal El adrea, der grimmige Löwe, übertrifft Sie!

Ich möchte gerne einmal mit Ihrem El adrea zusammentreffen, sagte er. Ich habe schon von ihm gehört.

Wenn Sie in die Gebiete meines Vaters kommen, werden Sie ihn sehen, antwortete das Mädchen. Er lebt in einem Ausläufer der Berge nördlich von uns, und kommt nachts aus seinem Lager zum Raub herunter. Mit einem einzigen Schlag seiner mächtigen Tatze schlägt er einem Stier den Schädel ein, und wehe dem verspäteten Wanderer, dem El adrea nachts begegnet!

Ohne weiteren Zwischenfall gelangten sie ins Hotel. Der schläfrige Wirt weigerte sich entschieden, in der Nacht eine Nachforschung nach Kadur ben Saden anstellen zu lassen, aber ein Goldstück änderte seine Meinung. Schon wenige Minuten später suchte ein Hausknecht den Sheikh in den verschiedenen kleinen Herbergen der Stadt. Tarzan hatte darauf bestanden, den Vater des Mädchens noch in der Nacht ausfindig zu machen, da er seinen Heimweg vielleicht so früh antreten würde, dass man ihn morgens nicht mehr antreffen würde.

Sie hatten etwa eine halbe Stunde gewartet, als der Knecht mit Kadur ben Saden zurückkehrte.

Mit fragendem Blick trat der alte Sheikh herein.

Der Herr hat mir die Ehre erwiesen ..., fing er an – da sah er das Mädchen. Mit ausgestreckten Armen stürzte er auf sie zu.

Meine Tochter! rief er. Allah sei Dank!

Und Tränen schimmerten in den Augen des alten Kriegers. Als seine Tochter ihm die Geschichte ihrer Entführung und ihrer Flucht erzählt hatte, streckte Kadur ben Saden Tarzan seine Hand entgegen.

Alles, was Kadur ben Saden gehört, soll Ihnen, mein Freund, für Ihr ganzes Leben gehören, sagte er, und Tarzan wusste, dass das keine leeren Worte waren.

Es wurde nun beschlossen, dass sie alle, obwohl ihnen wenig Zeit zum Schlafen blieb, früh am Morgen aufbrechen würden, um zu versuchen, Bu Saada an einem Tag zu erreichen. Für die Männer war das verhältnismäßig leicht, aber für das Mädchen würde die Reise sehr ermüdend sein. Trotzdem bestand sie darauf, denn sie wollte so schnell wie möglich zu ihrer Familie und ihren Freunden, von denen sie zwei Jahre getrennt war, zurückkehren.

Als Tarzan am frühen Morgen aufwachte, kam es ihm vor, als hätte er die Augen kaum geschlossen gehabt. Eine Stunde später war die Reisegesellschaft bereits auf dem Weg nach Bu Saada.

Einige Meilen weit war die Straße gut, und sie kamen schnell vorwärts, aber bald war die Gegend nur noch eine Wüste, in der die Pferde bei jedem Schritt bis an die Fesseln einsanken. Außer Tarzan, Abdul, dem Sheikh und seiner Tochter bestand die Reisegesellschaft aus vier Wüstensöhnen, die ihren

Sheikh nach Sidi Aissa begleitet hatten. Es waren also sieben bewaffnete Männer, und deshalb fürchteten sie einen eventuellen Angriff wenig. Wenn alles gut ging, konnten sie Bu Saada vor Einbruch der Nacht erreichen.

Ein scharfer Wind wirbelte den Sand der Wüste auf, und Tarzans Lippen wurden davon so ausgetrocknet, dass sie Risse bekamen. Das Wenige, was er von der Umgebung sehen konnte, war nicht sonderlich verlockend: es war eine raue Gegend, in der sich wellenförmige Hügel erhoben. Nur hie und da war ein dürrer Strauch zu sehen. Weit im Süden konnte man undeutlich die Linie des Sahara-Atlas erkennen. Wie anders ist es doch in dem reizenden Teil Afrikas, in dem ich aufgewachsen bin, dachte Tarzan.

Abdul passte scharf auf und schaute oft zurück. Auf der Kuppe jedes Hügels drehte er sich um und überschaute die Gegend.

Plötzlich rief er: Schauen Sie! Da sind sechs Reiter hinter uns!

Das sind wohl Ihre Feinde von gestern Abend, sagte Kadur ben Saden trocken zu Tarzan.

Kein Zweifel, antwortete der Affenmensch. Es tut mir leid, dass Sie jetzt auf Ihrer Reise noch belästigt werden. Aber im nächsten Dorf will ich zurückbleiben und die Herren fragen, was sie eigentlich wollen. Sie können inzwischen weiter reiten, denn ich brauche nicht vor Einbruch der Nacht in Bu Saada zu sein.

Wenn Sie warten, warten wir auch, sagte der Sheikh. Wir bleiben bei Ihnen, bis Sie bei Ihren Freunden angekommen sind oder der Feind Ihre Verfolgung aufgegeben hat. Da gibt es keine Widerrede.

Tarzan nickte. Er war ein Mann, der kein Wort verschwendete, und vielleicht war es das, was Kadur ben Saden zu ihm hingezogen hatte.

Den ganzen Tag über schaute Abdul oft zurück nach den Reitern im Hintergrund der Landschaft. Sie hielten immer in denselben Abstand. Auch bei den Ruhepausen und bei der längeren Rast am Mittag kamen sie nicht näher.

Sie warten, bis es dunkel ist, sagte Kadur ben Saden.

Und die Dunkelheit kam, bevor sie Bu Saada erreichten. Als Abdul noch ein letztes Mal nach den weißgekleideten Gestalten schaute, bemerkte er, dass sie jetzt schneller herankamen.

Er flüsterte dies Tarzan zu, denn er wollte das Mädchen nicht erschrecken. Der Affenmensch blieb nun etwas mit ihm zurück.

Reite mit den andern voraus, Abdul, sagte er. Ich habe die Sache mit den Kerlen zu regeln. An der nächsten passenden Stelle warte ich und will sehen, was man von mir will.

Ich bleibe an Ihrer Seite, antwortete der junge Araber.

Gut, sagte Tarzan. Hier ist ein günstiger Platz. Da sind Felsen auf der Spitze des Hügels. Wir wollen hier warten und uns den Herren vorstellen.

Sie hielten ihre Pferde an und stiegen ab. Die anderen, die vorausritten, waren in der Dunkelheit schon außer Sicht gekommen. Vor ihnen blitzten bereits die Lichter von Bu Saada auf. Tarzan nahm sein Gewehr zur Hand und den Revolver aus seiner Tasche. Er wies Abdul an, mit den Pferden hinter den Felsen zu warten, damit sie vor den feindlichen Kugeln geschützt waren. Der Araber band die beiden Tiere an einen Strauch an, dann schlich er sich bis auf wenige Schritte an Tarzan heran.

Der Affenmensch stand aufrecht mitten auf dem Weg. Er brauchte nicht lange zu warten, man hörte in der finstern Nacht schon den Galopp der herannahenden Reiter. Einen Augenblick später bemerkte er die weißen Gestalten, die sich von dem dunklen Hintergrund abhoben.

Halt! rief er, oder wir schießen!

Die weißen Gestalten hielten plötzlich an, und einen Augenblick war alles still. Dann hörte man Geflüster. Offenbar beratschlagten die Männer, was sie tun sollten, und plötzlich stoben die Reiter auseinander.

Wieder lag die Wüste still da, aber diese Ruhe bedeutete nichts Gutes.

Abdul, der auf dem Bauch gelegen hatte, richtete sich mit einem Knie auf. Tarzan spitzte seine Ohren. Jetzt hörte er gedämpftes Pferdegetrappel, das sich ihm von allen Seiten näherte. Man hatte sie umzingelt! Aus der Richtung, in die er eben ausgeschaut hatte, kam ein Schuss und die Kugel sauste ihm am Kopf vorbei.

Tarzan schoss dahin, wo das Mündungsfeuer aufgeleuchtet war. Und nun ging eine heftige Scheißerei los, die die Stille der Wüste schrill unterbrach. Tarzan und Abdul konnten ihre Feinde nicht sehen, deshalb feuerten sie immer nur dorthin, wo sie einen Schuss hatten aufleuchten sehen. Es war jetzt klar, dass sie immer mehr eingeschlossen wurden und dass die Feinde wussten, dass sie es nur mit wenigen Gegnern zu tun hatten.

Einer kam nahe heran, und Tarzan bemerkte ihn, denn er war gewohnt, in der Dunkelheit zu sehen. Ein Schuss, und der Feind sank mit einem Schrei aus dem Sattel.

Die andern werden ihm folgen! sagte Tarzan leise lachend.

Die fünf übrig gebliebenen Reiter schienen den Kampf abbrechen zu wollen. Aber Tarzan und Abdul ließen sich nicht täuschen, sondern sprangen hinter die schützenden Felsen.

Man hörte das Klappern der Hufe und eine Salve von Schüssen. Die Araber zogen sich wieder zurück, aber wieder war einer von ihnen gefallen, und so waren sie nur noch vier gegen zwei.

Eine Weile war es still. Tarzan wusste nicht, ob die Araber sich mit ihren Verlusten begnügen und den Kampf aufgeben wollten, oder ob sie vorausritten, um ihnen auf dem Weg nach Bu

Saada erneut aufzulauern. Aber schnell hatte er Gewissheit, denn auf einmal erfolgte ein neuer Angriff.

Kaum war jedoch der erste Schuss gefallen, als hinter den Arabern ein Dutzend Schüsse fielen. Zugleich hörte man von dort ein wildes Geschrei und das Getrampel einer Anzahl Pferde, die auf der Straße von Bu Saada heraneilten.

Die Araber hatten offensichtlich keine Lust, herauszufinden, was das für eine Verstärkung war, die ihren Gegnern dort zu Hilfe kam. Mit einer letzten Gewehrsalve verschwanden sie in der Dunkelheit, zurück Richtung Sidi Aissa.

Einen Augenblick später tauchte Kadur ben Saden mit seiner Begleitung auf. Der alte Sheikh war sehr erfreut, dass Tarzan und Abdul nichts geschehen und dass nicht einmal die Pferde verwundet worden waren.

Man suchte nach den beiden Feinden, die Tarzan erschossen hatte, und als man herausfand, dass sie tot waren, ließ man sie einfach liegen.

Weshalb haben Sie mir nichts davon gesagt, dass Sie den Kerlen hier auflauern wollen? fragte der Sheikh ärgerlich. Wir hätten sie alle erschossen, wenn wir zu siebt gewesen wären.

Der Angriff galt nur mir, erwiderte Tarzan, und ich wollte nicht, dass Sie hineingezogen werden. Und ich wollte auch Ihre Tochter keiner Gefahr aussetzen.

Kadur ben Saden zuckte mit den Schultern. Es passte ihm nicht, dass er von dem Kampf ausgeschlossen worden war.

Das Gefecht war im Ort gehört worden. Eine Kompanie Soldaten stieß bald auf Tarzan und seine Begleiter. Der Offizier fragte sie, was die Schüsse zu bedeuten gehabt hätten.

Es war eine Handvoll Räuber, antwortete Kadur ben Saden. Sie hatten zwei der Unsrigen, die etwas zurückgeblieben waren, angegriffen, aber als wir zurückkamen, zerstreuten sich die Kerle. Sie ließen zwei Tote zurück. Von uns wurde keiner verletzt.

Der Offizier schien sich damit zufrieden zu geben, und nachdem er die Namen der Reisenden festgestellt hatte, führte er seine Leute zum Ort des Gefechtes, um die Leichen der beiden Gefallenen zu bergen und, wenn möglich, ihre Persönlichkeiten festzustellen.

~~~

Zwei Tage später ritt Kadur ben Saden mit seiner Tochter und seinen Begleitern nach Süden. Der Sheikh hatte Tarzan gebeten, ihn zu begleiten und auch seine Tochter hatte sich dieser Bitte angeschlossen, aber Tarzan entschuldigte sich: er sei durch seine Pflicht verhindert; er wollte aber später, wenn möglich, nachfolgen. Sie hatten sich mit dieser Versicherung begnügen müssen.

Tarzan hatte diese zwei Tage fast vollständig bei Kadur ben Saden und seiner Tochter verbracht. Er fand ein lebhaftes Interesse an diesen kühnen, würdigen Kriegern, und nutze gerne die Gelegenheit, das Leben und die Gebräuche dieser Leute kennen zu lernen. Schon fing er an, unter der freundlichen Anleitung des dunkeläugigen Mädchens einige Worte ihrer Sprache zu sprechen.

Mit wirklichem Bedauern sah er seine Freunde fortreiten, und er entschloss sich, ebenfalls auszureiten. Seine Blicke folgten ihnen, solange er sie sehen konnte.

Diese Leute gehörten zu einem Volk, das ganz nach seinem Herzen war. Ihr wildes, raues Leben voll mühsamer Arbeit und voller Gefahren sagte seiner wilden Natur viel mehr zu, als die verweichlichte Kultur in den großen Städten, die er bisher besucht hatte. Das war ein Leben, das seines im Dschungel übertraf, denn hier hatte er die Gesellschaft von Menschen, wirklichen Menschen, die Achtung verdienten. Und doch war man auch nahe bei der wilden Natur, die er so sehr liebte. So kam er auf den Gedanken, wenn er seinen Auftrag ausgeführt hätte, seine Stellung aufzugeben und den Rest seines Lebens beim Stamm von Kadur ben Saden zu verbringen.
~~~

Als die Freunde seinen Blicken entschwunden waren, kehrte er um und ritt langsam nach Bu Saada zurück.

Die Vorderseite des Gasthofs »Zur kleinen Sahara«, in dem Tarzan wohnte, wird von der Gaststube, zwei Speisezimmern und der Küche eingenommen. Die Wirtsstube ist mit den beiden Speiseräumen verbunden, von denen der eine den Offizieren der Garnison vorbehalten war.

Als Tarzan zurückkam, ging er in die Gaststube. Da es noch früh am Morgen war, waren die Gäste noch beim Frühstück. Als er zufällig in das Offizierszimmer hineinsah, bemerkte er dort Leutnant Gernois. Dieser saß am Tisch, und eben kam ein weißgekleideter Araber zu ihm und flüsterte ihm einige Worte ins Ohr. Dann entfernten sich beide durch eine andere Tür.

Das wäre an und für sich nichts Auffälliges gewesen, aber während der Araber sich zu dem Leutnant herunterbeugte, fiel es Tarzan auf, dass er seinen linken Arm in einer Schlinge trug.

Numa »El adrea«

Am selben Tag, an dem Kadur ben Saden nach Süden ritt, brachte die Post Tarzan einen Brief von d'Arnot, der ihm von Sidi bel Abbes nachgesandt worden war. Dieser Brief öffnete in seinem Herzen wieder eine alte Wunde, die er gern vergessen hätte. Aber er war nicht böse darüber, dass sein Freund ihm geschrieben, denn er hatte noch Interesse an Allem, was Paul ihm mitteilte.

Der Brief lautete wie folgt:

Mein lieber Jean!

Seit ich Ihnen zuletzt geschrieben habe, war ich in einer geschäftlichen Angelegenheit nach London gereist. Ich blieb nur drei Tage dort. Schon am ersten Tag traf ich ganz unerwartet einen alten Freund wieder. Sie werden nicht erraten, wer es war. Kein anderer als Mr. Samuel T. Philander! Sie werden jetzt ungläubig schauen und doch ist es wahr! Er bestand darauf, dass ich ihn ins Hotel begleitete, und dort fand ich die anderen: Professor Archimedes Q. Porter, Miss Porter und Miss Porters Dienerin, Esmeralda, an die Sie sich gewiss erinnern. Während ich bei ihnen war, kam auch Clayton herein.

Sie werden nun bald heiraten, ich vermute, dass wir in den nächsten Tagen die Hochzeitsanzeige erhalten werden. Mit Rücksicht auf den erst vor Monaten stattgefundenen Tod seines Vaters wird die Hochzeit im Stillen gefeiert, und es werden nur die nächsten Verwandten daran teilnehmen.

Als ich mit Mr. Philander alleine war, wurde der alte Herr gesprächig. Er sagte, Miss Porter habe die Hochzeit schon dreimal verschoben. Es schien, als sehne sie sich überhaupt nicht danach, Clayton zu heiraten; dieses Mal scheine es aber wohl ernst zu werden.

Alle haben nach Ihnen gefragt! Ich habe Ihrem Wunsch gemäß nichts von Ihrer Abstammung gesagt und nur über Ihre jetzigen Geschäfte gesprochen.

Miss Porter interessierte sich für alles, was ich von Ihnen erzählte, und fragte auch einiges über Sie. Ich glaube, es war nicht ganz klug von mir, ihr Ihren Entschluss, eventuell in den Dschungel zurückzukehren, in so lebhaften Farben auszumalen. Danach tat es mir leid, denn ich sah, dass sie sehr erschreckt war wegen der Gefahren, in die Sie sich wieder begeben wollten. Ich weiß nicht, sagte sie, aber es gibt hier mehr unglückliche Zufälle, als der furchtbare Dschungel sie bietet. Tarzan will ein freies Leben führen. Und dort gibt es tagsüber eine so herrliche Ruhe und wunderschöne Ausblicke. Sie werden es sonderbar finden, dass ich das sage, wo ich in dem Wald doch so Schreckliches erlebt habe, und trotzdem sehne ich mich manchmal dorthin zurück, denn ich habe dort auch die glücklichsten Augenblicke meines Lebens verbracht.

Es lag ein unsäglich trauriger Ausdruck auf ihrem Gesicht, als sie das sagte. Sie weiß offenbar, dass ich ihr Geheimnis kenne, und dies sollte wohl der Weg sein, auf dem sie Ihnen die letzte zärtliche Botschaft Ihres Herzens sandte, das die Erinnerung an Sie treu bewahrt, obwohl jetzt ein anderer darüber verfügt.

Clayton war jedes Mal, wenn von Ihnen die Rede war, nervös und etwas ungehalten, aber er sprach nur freundlich über Sie. Ich frage mich, ob er die Wahrheit nicht ahnt.

Tennington kam auch vorbei. Wie Sie wissen, sind Clayton und er eng befreundet. Er ist im Begriff, wieder eine jener endlosen Fahrten anzutreten, die er auf seiner Jacht zu unternehmen pflegt, und lud die ganze Gesellschaft ein, mit ihm zu fahren. Er versuchte, auch mich dafür zu kapern. Er will um ganz Afrika herumsegeln. Ich sagte ihm, er würde noch einmal mit seinem kostbaren Spielzeug mitsamt seinen Freunden auf dem Meeresgrund landen, denn seine Jacht sei doch kein Ozeandampfer oder Kriegsschiff.

Ich bin vorgestern nach Paris zurückgekehrt, und traf gestern den Grafen und die Gräfin de Coude beim Pferderennen. Sie fragten nach Ihnen. De Coude scheint wirklich sehr von Ihnen eingenommen zu sein. Er trägt Ihnen nicht mehr das

Geringste nach. Olga ist so schön wie noch nie, aber sie scheint immer noch ein wenig niedergeschlagen zu sein. Ich denke, der Vorfall mit Ihnen war ihr eine Lehre für den Rest ihres Lebens. Es war ein Glück – für sie und den Grafen – dass Sie in das Abenteuer verwickelt waren und nicht ein weniger gewissenhafter Mensch.

Sie bat mich, Ihnen mitzuteilen, dass Rokoff Frankreich verlassen hat. Sie bezahlte ihm zwanzigtausend Franc, damit er fortgehen und nie wiederkommen sollte. Sie war froh, dass er fortging, bevor er versuchte, die kürzlich ausgesprochene Drohung, er werde Sie bei der ersten Gelegenheit umbringen, wahr zu machen. Sie sagte, sie könnte gar nicht daran denken, dass Sie Ihre Hand mit dem Blut ihres Bruders beflecken sollten. Sie ist wirklich gut auf Sie zu sprechen und verheimlicht das auch gar nicht vor ihrem Mann. Sie schien keinen Augenblick daran zu zweifeln, dass ein Zusammenstoß zwischen Ihnen und Rokoff einen blutigen Ausgang haben werde. Der Graf war auch dieser Meinung und sagte, es wäre ein ganzes Regiment Rokoffs erforderlich, um Sie zu töten. Er hat eine sehr hohe Achtung vor Ihrer Tapferkeit.

Ich bin auf mein Schiff zurückbeordert worden. In zwei Tagen fährt es mit versiegeltem Befehl von Le Havre ab. Wenn Sie mir schreiben wollen, wird mir der Brief wohl nachgesandt. Ich werde Ihnen schreiben, sobald sich wieder die Möglichkeit dazu bietet.

Ihr ergebener Freund,
Paul d'Arnot

Ich fürchte, sagte Tarzan halblaut, Olga hat ihre zwanzigtausend Franc zum Fenster hinausgeworfen.

Mehrmals las er den Teil des Briefes, in dem Paul von der Unterhaltung mit Jane Porter berichtete. Er war dabei traurig und gleichzeitig glücklich.

Die folgenden drei Wochen verliefen ruhig und ohne Zwischenfall. Verschiedene Male sah Tarzan den geheimnisvollen Araber. Er hatte auch hin und wieder ein paar Worte mit

Leutnant Gernois gewechselt, aber nichts über ihn erfahren können, was auf Spionage oder auf Feindseligkeit gegen ihn hätte deuten können.

Seit dem Zwischenfall im Speisesaal des Hotels in Aumale hatte sich Gernois, der ja ohnehin nie herzlich war, von Tarzan ferngehalten, und bei den wenigen Gelegenheiten, wo sie notgedrungen miteinander in Berührung kamen, nahm er eine offensichtlich feindliche Haltung gegen ihn ein.

Da Tarzan sich als Jäger ausgegeben hatte, ging er, um den Schein zu wahren, häufig in der Umgebung auf die Jagd. Ganze Tage wanderte er in dem Hügelgelände umher, aber jedes Mal, wenn er nahe genug an eine der zierlichen Gazellen heran war, um schießen zu können, ließ er sie wieder entwischen. Er konnte kein Vergnügen daran finden, harmlose und wehrlose Tiere zu erschießen.

Tatsächlich hatte er auch früher nie ein Tier zum Vergnügen getötet. Er hatte nur Freude am richtigen Kampf und an einem wirklichen Sieg. Bei der Jagd nach Wild musste er seine Gewandtheit und seine Kraft mit der Gewandtheit und der Kraft eines Tieres messen. Aber mit wohlgefülltem Magen aus der Stadt zu reiten, um eine sanftäugige Gazelle zu schießen – nein! Das schien ihm fast noch grausamer als die kaltblütige Ermordung eines Menschen. Davon wollte Tarzan nichts wissen, und deshalb ging er immer alleine auf die Jagd, damit man nicht merken sollte, dass er kein Tier schießen wollte.

Einmal war er in Lebensgefahr – wahrscheinlich, weil er alleine ausgeritten war. Er war gerade langsam durch eine kleine Schlucht geritten, als ein Schuss ertönte und eine Kugel durch seinen Korkhelm sauste. Er drehte sich sofort um und galoppierte auf die Spitze eines Hügels, aber er konnte keinen Feind entdecken, und auch auf dem Rückweg nach Bu Saada konnte er nirgendwo ein menschliches Wesen ausfindig machen.

Ja, sagte er zu sich selbst, Olga hat ihre zwanzigtausend Franc zum Fenster hinausgeschmissen.

An jenem Abend war er von Hauptmann Gerard zu einem kleinen Essen eingeladen worden.

Sie haben wohl nicht viel Glück auf der Jagd gehabt? fragte der Offizier.

Nein, erwiderte Tarzan, das kleine Wild hier herum ist recht scheu; es liegt mir auch nicht viel daran, Kleinwild zu schießen. Ich habe die Absicht, weiter nach Süden zu gehen, und es mit einem algerischen Löwen zu versuchen.

Gut, sagte der Hauptmann. Morgen werden wir nach Djelfa marschieren. Vielleicht schließen Sie sich der Truppe an. Leutnant Gernois und ich wurden mit dreihundert Mann nach Süden beordert, um ein Gebiet abzusuchen, in dem Räuber Unruhen verursachen. Vielleicht haben wir das Vergnügen, zusammen auf die Löwenjagd zu gehen. Was meinen Sie?

Tarzan war mit dem Vorschlag gerne einverstanden und sagte sofort zu, aber der Hauptmann wäre verwundert gewesen, wenn er den wahren Grund von Tarzans Freude erfahren hätte. Gernois saß ihm gegenüber, und dieser schien über die Einladung des Hauptmanns nicht wirklich erfreut zu sein.

Sie werden sehen, bemerkte Hauptmann Gerard, dass die Löwenjagd aufregender und gefährlicher ist als die Gazellenjagd.

Auch diese hat ihre Gefahren, erwiderte Tarzan, besonders, wenn man ihr alleine nachgeht. Das musste ich heute erfahren. Und ich habe herausgefunden, dass die Gazelle zwar das furchtsamste, aber bei weitem nicht das feigste Tier ist.

Dabei begnügte er sich, einen flüchtigen Blick auf Gernois zu werfen, weil er keinen zu großen Argwohn bei ihm erregen wollte. Er wollte ihm aber zu verstehen geben, dass ihm der Zusammenhang gewisser Ereignisse durchaus bekannt war. Gernois wurde denn auch rot, aber Tarzan tat, als sehe er es nicht. Er hatte seine Absicht erreicht und änderte das Thema.

Am nächsten Morgen war die Kolonne marschbereit zum Ritt nach Süden. Merkwürdigerweise befand sich ein Dutzend Araber in der Nachhut.

Auf Tarzans Frage antwortete Gerard: Diese Leute gehören nicht zum Kommando. Sie schließen sich uns nur an.

Tarzan hatte seit seiner Ankunft in Algerien den Charakter der Araber genügend kennen gelernt, um zu wissen, dass das nicht der wirkliche Grund war; der Araber hält nicht viel von der Gesellschaft Fremder und insbesondere nicht von der Gesellschaft französischer Soldaten. So wurde Tarzans Misstrauen geweckt und er war entschlossen, ein wachsames Auge auf die Gruppe zu haben, die der Kolonne in einer Entfernung von etwa einer Viertelmeile folgte. Sie kamen auch an den Raststellen nicht so nahe heran, dass Tarzan sie hätte näher beobachten können.

Er war längst überzeugt, dass es gedungene Mörder seien, und zweifelte auch nicht daran, dass Rokoff hinter der Verschwörung steckte. Er war sich allerdings nicht klar darüber, ob der Russe sich für die erlittenen Demütigungen rächen wollte oder ob er mit Gernois in einer Spionagesache in Verbindung stand. Wenn letzteres der Fall war – und das erschien ihm sehr wahrscheinlich – hatte er es mit zwei starken Feinden zu tun, die in der Wildnis Algeriens viele Möglichkeiten hatten, ihn in aller Ruhe und ohne Verdacht zu erregen, zu beseitigen.

Nachdem die Kolonne zwei Tage in Djelfa gelagert hatte, ritt sie Richtung Südwesten, woher die Meldung über das Auftreten von Plünderern gekommen war, die die Stämme am Fuße der Berge heimsuchten.

Der kleine Arabertrupp, der seit Bu Saada gefolgt war, war in derselben Nacht, in der der Befehl zum Abmarsch von Djelfa erteilt wurde, plötzlich verschwunden. Tarzan erkundigte sich scheinbar zufällig bei den Leuten, aber keiner konnte ihm sagen, wo der Trupp geblieben war. Die Geschichte kam ihm verdächtig vor – zumal er eine halbe Stunde, bevor Hauptmann Gerard die Anweisung zum Abmarsch erteilte, Gernois bei einer Unterhaltung mit einem der Araber gesehen hatte. Nur Gernois und Tarzan kannten die neue Marschrichtung. Das einzige, was die Soldaten wussten, war, dass sie sich bereithalten sollten, früh am nächsten Morgen das Lager abzubrechen. Tarzan fragte sich, ob Gernois den Arabern das Reiseziel verraten habe.

Spät am Nachmittag lagerte man in einer kleinen Oase, um die sich die Weideplätze eines Sheikhs breiteten, dessen Herden gestohlen und dessen Hirten getötet worden waren. Die Araber kamen aus ihren Ziegenfell-Zelten heraus, umringten die Soldaten und bestürmten sie mit Fragen, denn die Soldaten waren ebenfalls Einheimische. Tarzan, der inzwischen mit der Hilfe Abduls einige Worte Arabisch gelernt hatte, fragte einen der jungen Männer aus, die den Sheikh bei seiner Begrüßung von Hauptmann Gerard begleitet hatten.

Nein, er hatte keinen Trupp von zwölf Reitern aus der Richtung von Djelfa kommen sehen. Es lägen noch andere Oasen in der Gegend zerstreut, vielleicht seien sie zu einer von diesen geritten. Und es gäbe in den Bergen ringsum Räuber; diese streiften oft in kleinen Trupps nördlich nach Bu Saada und sogar bis Aumale und Buira. Vielleicht habe es sich auch um einzelne Räuber gehandelt, die von einem Ritt nach einer dieser Städte zu ihrer Bande zurückkehrten.

Früh am nächsten Morgen teilte Hauptmann Gerard seine Kolonne in zwei Teile auf, wobei er Leutnant Gernois das Kommando über den einen Teil übertrug, während er das über den anderen behielt. Sie wollten die Berge jenseits der Ebene von Räubern befreien.

Und mit welcher Abteilung will Herr Tarzan reiten? fragte der Hauptmann. Oder liegt dem Herrn nichts daran, mit auf Räuberjagd zu gehen?

Oh doch, sehr viel, antwortete Tarzan hastig. Er fragte sich, welche Entschuldigung er vorbringen könnte, um Gerard nicht begleiten zu müssen. Seine Verlegenheit dauerte aber nicht lange, denn Gernois sagte:

Falls Herr Hauptmann dieses Mal auf die Gesellschaft von Herrn Tarzan verzichten können, würde ich es als eine Ehre betrachten, wenn Herr Tarzan sich mir anschließen würde.

Dies klang so freundschaftlich, dass Tarzan nicht widersprechen konnte. So kam es, dass beide sich – etwas auffällig – beeilten, ihre Zustimmung zu dieser Vereinbarung zu beteuern.

Leutnant Gernois und Tarzan ritten also Seite an Seite an der Spitze der kleinen Abteilung Spahis. Gernois' Freundlichkeit dauerte nicht lange. Sobald sie so weit vorangekommen waren, dass Hauptmann Gerard und seine Leute sie nicht mehr sehen konnten, verfiel er wieder in seine frühere Schweigsamkeit.

Das Gelände wurde immer unebener. Dann stieg es zu den Bergen hin an, in die man durch eine enge Schlucht einrückte, die gegen Süden hin geschlossen war. Am Rand eines Bächleins lies Gernois zum Mittagessen absitzen. Die Mannschaft bereitete hier ihr einfaches Mahl.

Nach einer Stunde Rast rückten sie weiter in die Schlucht vor. Schließlich kamen sie in ein kleines Tal, in das verschiedene Felsschluchten mündeten. Hier hielten sie abermals, während Gernois minutenlang die sie einschließenden Höhen mit dem Auge absuchte.

Hier müssen wir uns aufteilen, entschied er; jeder reitet einzeln durch eine dieser Schluchten.

Dann fing er an, die einzelnen Mannschaften zu verteilen und ihnen seine Befehle zu geben. Dann wandte er sich an Tarzan:

Sie werden so gut sein und bis zu unserer Rückkehr hierbleiben.

Tarzan erhob Einspruch, aber der Offizier fertigte ihn kurz ab:

Die Abteilungen können in einen Kampf geraten und dabei dürfen Zivilisten sie nicht behindern.

Aber, mein lieber Leutnant, erwiderte Tarzan, ich bin gerne bereit, mich unter Ihren Befehl oder den eines Ihrer Sergeants oder Korporals zu stellen und wie sie zu kämpfen. Dazu bin ich ja mitgekommen.

Das glaube ich gerne, erwiderte Gernois in höhnischem Ton, aus dem sein Ärger deutlich zu erkennen war. Aber Sie stehen jetzt unter meinem Befehl und dieser lautet, dass Sie hier warten, bis wir zurückkehren. Damit ist die Sache entschieden.

Mit diesen Worten drehte er sich um und setzte sich an die Spitze seiner Leute.

Einen Augenblick später war Tarzan mitten in der öden Bergwildnis allein.

Die Sonne schien heiß, und deshalb suchte er den Schatten eines nahen Baumes auf. Dort band er sein Pferd an und setzte sich auf den Boden. Er war ärgerlich über den Streich, den Gernois ihm gespielt hatte. Das ist seine Rache, dachte er. Aber dann sagte er sich, der Mann wäre doch nicht so dumm, sich seine Feindschaft durch ein so kleinliches Verhalten zuzuziehen. Da musste ein anderer Grund dahinterstecken. Er nahm deshalb sein Gewehr und sah nach, ob es geladen war und überprüfte seinen Patronenvorrat. Auch seinen Revolver untersuchte er. Als er sicher war, dass seine beiden Waffen in Ordnung waren, nahm er die umliegenden Höhen und die Mündungen der verschiedenen Schluchten scharf ins Auge. Er war entschlossen, sich nicht überraschen zu lassen.

Schon sank die Sonne immer tiefer, und noch war keine Spur von den rückkehrenden Spahis zu sehen. Bald war das Tal in Schatten gehüllt. Tarzan war zu vorsichtig, als dass er sich wieder auf den Weg zum Lager aufgemacht hätte, bevor er den Abteilungen genügend Zeit gelassen hatte, in das Tal zurückzukehren, wo sie sich wieder zusammenfinden sollten. Je dunkler es wurde, desto sicherer fühlte er sich vor einem Angriff, denn in der Dunkelheit fühlte er sich zu Hause. Er wusste, dass niemand sich ihm auch noch so vorsichtig nähern konnte, ohne dass sein feines Gehör es wahrnahm. Zudem sahen auch seine scharfen Augen gut in der Dunkelheit und sein oft bewährter Geruchssinn verriet ihm das Herannahen eines Feindes schon auf weite Entfernung.

So war er ruhig in dem sicheren Gefühl, dass ihn keine große Gefahr überraschen könnte. Er war so sicher, dass er sich mit dem Rücken an den Baum lehnte und einschlief.

Er musste einige Stunden geschlafen haben, denn als er plötzlich durch das Schnauben und Auskeilen seines Pferdes geweckt wurde, schien der Mond bereits hell über dem kleinen Tal, und sofort erkannte er – keine zehn Schritte vor sich – was sein Pferd aufgeschreckt hatte.

Numa el adrea, der dunkelmähnige Löwe, stand vor ihm, prachtvoll, majestätisch, seinen Schweif hin- und herwerfend und die glühenden Augen auf seine Brust gerichtet. Ein freudiges Zucken ging durch Tarzans Glieder. Es war ihm, als ob er nach jahrelanger Trennung einen alten Freund wiedersähe. Einen Augenblick noch blieb er starr vor Staunen über diesen König der Wildnis stehen.

Dann duckte sich Numa, um zum Sprung anzusetzen. Schnell ergriff Tarzan das Gewehr. Noch nie in seinem Leben hatte er ein großes Tier geschossen. Immer hatte er nur seinen Speer, seine vergifteten Pfeile, seine Schlinge, sein Messer oder seine bloßen Hände dazu benutzt. Instinktiv wünschte er sich seine Pfeile und sein Messer zur Hand zu haben – damit wäre er sich seiner Sache sicherer gewesen.

Jetzt duckte sich Numa ganz flach auf den Boden, so dass Tarzan nur noch dessen mächtiges Haupt sah. Er hätte lieber von der Seite gefeuert, denn er wusste, wie furchtbar ein Löwe sein kann, wenn er, nachdem er getroffen worden war, noch lebte. Das Pferd stand zitternd hinter Tarzan. Der Affenmensch machte vorsichtig einen Schritt zur Seite ...

Numa folgte ihm mit den Augen. Tarzan machte noch einen Schritt und dann noch einen. Numa bewegte sich nicht. Jetzt konnte Tarzan zwischen Auge und Ohr zielen.

Sein Finger drückte den Hahn ab, und im gleichen Augenblick schnellte der Löwe hoch. Das Pferd machte einen verzweifelten Versuch, zu fliehen; es riss sich los und galoppierte in Windeseile durch die Schlucht in die Wüste hinaus.

Ein gewöhnlicher Mensch wäre den furchtbaren Pranken Numas bei solch kurzer Entfernung nicht entgangen, aber Tarzan war kein gewöhnlicher Mensch. Seit seiner frühesten Jugend waren seine Muskeln an die größte Schnelligkeit gewöhnt. So flink El adrea auch war, Tarzan war noch schneller, und so prallte das gewaltige Tier gegen einen Baum. Inzwischen feuerte Tarzan ihm eine zweite Kugel in den Leib, und der Löwe sank jetzt kratzend und brüllend neben ihm nieder.

Noch zweimal feuerte Tarzan auf ihn, dann lag El adrea still und seine furchtbare Stimme war für immer verstummt. Jetzt war es nicht mehr Herr Jean Tarzan, der dastand, sondern der Affenmensch Tarzan, der ein Wild erlegt hatte. Er stellte seinen Fuß auf die Beute, und während er zum silbernen Vollmond hinaufschaute, erhob er seine mächtige Stimme zu dem gewaltigen, furchtbaren Kampfruf seiner Affensippe. Ein mächtiges Tier war hier getötet worden. Und die wilden Tiere in den Bergen stockten und zitterten beim Klang dieser unbekannten, schrecklichen Stimme. Unten in der Wüste strömten die Söhne der Wildnis aus ihren Zelten hervor und schauten hinauf zu den Bergen. Sorgenvoll fragten sie sich, was wohl der Ursprung dieses fürchterlichen Schreies war.

Eine halbe Meile von dem Tal entfernt, in dem Tarzan stand, war eine Anzahl weiß gekleideter, mit Gewehren ausgerüsteter Gestalten stehen geblieben, als sie das Brüllen in der Ferne hörten. Sie schauten sich mit fragenden Augen an, aber als sie nichts mehr hörten, unterbrachen sie ihr Schweigen und ritten weiter dem Tal entgegen.

Tarzan war jetzt klar, dass Gernois nicht die Absicht hatte, zurückzukehren, aber er konnte nicht recht verstehen, weshalb der Offizier ihn alleine gelassen hatte. Jetzt stand es ihm natürlich frei, alleine in das Lager zurückzukehren. Nachdem sein Pferd durchgebrannt war, wäre es Wahnsinn von ihm gewesen, länger in den Bergen zu bleiben. Und so machte er sich zu Fuß Richtung Wüste auf.

Er war eben am Ende der Schlucht angelangt, als die ersten der weißen Gestalten auf der anderen Seite des Tales auftauchten. Einen Augenblick lang überflogen ihre Augen die Schlucht, als sie aber niemanden entdeckten, wagten sie sich hinein.

Beim Baum fanden sie den toten Löwen. Voller Bewunderung betrachteten sie ihn. Dann zogen sie weiter durch die Schlucht, die Tarzan eben erst verlassen hatte. Sie bewegten sich vorsichtig und geräuschlos – wie Menschen, die einen Überfall planen.

Durch das Tal des Schattens

Als Tarzan im strahlenden Glanz des afrikanischen Mondscheins durch die wilde Schlucht wanderte, wurde seine Erinnerung an den Dschungel, in dem er früher gelebt hatte, lebendiger denn je. Nicht, weil die Landschaft eine Ähnlichkeit damit gehabt hätte, sondern weil sich die Einsamkeit um ihn ausbreitete. Er fühlte sich wieder als ein freier Mensch und wie im Dschungel war er sich der ihn umgebenden Gefahren bewusst. Mit all seinen Sinnen musste er auf die Feinde aufpassen, die ihn bedrohten.

Die nächtlichen Töne aus den Bergen waren neu für ihn, aber sie berührten sein Ohr wie die sanfte Stimme einer fast vergessenen Liebe. Die Stimmen der wilden Tiere waren ihm vertraut. War es Sheeta, der Leopard, den er jetzt aus der Ferne hörte? Nein, es war offenbar ein Panther.

Da drang wieder ein neuer Ton an sein Ohr. Nur sein außerordentlich scharfes Gehör konnte ihn wahrnehmen. Erst ließ sich nicht erkennen, was es sein könnte, aber schließlich sagte er sich, dass es die Schritte nackter Füße von mehreren Menschen sein müssten. Offensichtlich verfolgte man ihn, denn die Geräusche kamen von hinten und näherten sich ständig.

Jetzt begriff er, weshalb Gernois ihn in dem kleinen Tal zurückgelassen hatte. Die Tritte kamen immer näher. Tarzan blieb stehen und spähte nach seinen Verfolgern aus, das Gewehr im Anschlag.

Endlich konnte er flüchtig einen weißen Burnus erkennen. Er rief dem Schatten laut zu, was man von ihm wollte. Als Antwort erfolgte ein Gewehrschuss, und dieser traf so unglücklich, dass Tarzan getroffen zu Boden stürzte.

Die Araber trauten sich aber nicht, sofort näher zu kommen. Sie warteten ab, ob ihr Opfer wieder aufstehen werde. Dann traten sie plötzlich aus ihrem Versteck und fielen über ihn her. Sie sahen gleich, dass er noch nicht tot war. Einer der Angreifer hielt ihm seinen Gewehrlauf an den Kopf, um ihm den Gnadenschuss zu geben, aber ein anderer stieß ihn zur Seite:

Wenn wir ihn lebend bringen, erhalten wir eine größere Belohnung, meinte er.

So banden die Männer ihm Hände und Füße zusammen, hoben ihn auf und legten ihn auf die Schultern von vier ihrer Leute. Dann ging es wieder zur Wüste zurück. Als sie aus den Bergen heraus waren, wandten sie sich nach Süden, und bei Tagesanbruch kamen sie an die Stelle, wo ihre Pferde unter der Obhut zweier Wächter warteten.

Von da an ging es rascher vorwärts. Tarzan, der bald das Bewusstsein wiedererlangt hatte, wurde auf einen mageren Klepper gebunden, den man offenbar zu diesem Zweck mitgebracht hatte. Seine Wunde war nicht schwer, die Kugel hatte nur einen Streifschuss an der Schläfe verursacht. Die Wunde blutete auch nicht mehr. Er hatte noch kein Wort gesprochen, und auch die Araber hüllten sich in Schweigen.

Sechs Stunden lang ritten sie im Eilmarsch durch die glühende Wüste, die an ihrem Weg liegenden Oasen wurden dabei vorsichtig umritten. Gegen Mittag kamen sie zu einem Lager von etwa zwanzig Zelten. Hier machten sie Halt. Einer der Araber löste die festen Alfagras-Stricke, mit denen Tarzan am Pferd festgebunden war, und schon umringte den Gefangenen ein Gewühl von Männern, Frauen und Kindern. Manche von ihnen, meist Frauen, schienen eine besondere Freude daran zu finden, den Gefangenen zu beschimpfen, ihn zu schlagen und mit Steinen zu bewerfen, bis ein alter Sheikh erschien und sie fortjagte.

Ali ben Achmed, rief er, berichtet mir, dass dieser Mann allein in die Berge ging und El adrea tötete. Was den Fremden, der unsere Leute hinter ihm her sandte, hierhergetrieben hat, weiß ich nicht. Und was er mit diesem Mann anfangen wird, geht mich nichts an. Aber der Gefangene ist ein tapferer Mann, und solange er in unserer Hand ist, soll er mit der Achtung behandelt werden, die einem Mann zusteht, der allein in der Nacht den »König mit dem großen Kopf« erlegt hat.

Tarzan hatte bereits früher gehört, in welch großem Ansehen ein Mann, der einen Löwen getötet hat, bei den Arabern steht, und er war froh darüber, dass ihm dieser Umstand von den kleinlichen Quälereien befreite.

Bald darauf wurde er in ein Zelt an der oberen Seite des Lagers geschafft. Er erhielt etwas zu essen, und wurde, nachdem man ihn wieder festgebunden hatte, allein im Zelt gelassen. Ein Teppich war sein Lager.

Vor der Tür seines notdürftigen Gefängnisses sah er einen Wächter kauern, aber als er die Stärke seiner Fesseln prüfte, sagte er sich, dass eine weitere Überwachung eigentlich nicht nötig war, denn nicht einmal seine starken Muskeln konnten diese Stricke zerreißen.

Kurz vor Einbruch der Dunkelheit kamen einige Männer in sein Zelt. Alle waren wie Beduinen gekleidet. Einer von ihnen trat an Tarzan heran, und als er das Tuch, das den unteren Teil seines Gesichts verhüllte, fallen ließ, erblickte der Affenmensch die bösartigen Züge Nikolas Rokoffs. Ein gemeines Lächeln zuckte um die bärtigen Lippen des Verräters. Ah, Herr Tarzan, rief er, das ist in der Tat ein Vergnügen. Weshalb stehen Sie nicht auf, um Ihren Gast zu begrüßen?

Dann – mit einem scheußlichen Fluch: Steh auf, du Hund!

Zugleich versetzte er ihm mit seinem schweren Stiefel einen Fußtritt in die Seite. Und hier ist noch einer, und noch einer, und noch einer! fuhr er fort. Jeder für eine Beleidigung, die Sie mir zugefügt haben.

Tarzan antwortete nicht. Nachdem er den Russen erkannt hatte, warf er keinen Blick mehr auf ihn. Schließlich griff der Sheikh, der bis dahin stumm, aber ärgerlich dem feigen Angriff zugesehen hatte, ein.

Halt! befahl er. Töten Sie ihn, wenn Sie wollen, aber ich werde nicht zusehen, wie ein tapferer Mann in meiner Gegenwart so unwürdig behandelt wird. Ich habe fast Lust, ihm die Fesseln abzunehmen, um zu sehen, wie lange Sie ihn dann noch treten werden.

Diese Drohung bereitete Rokoffs Brutalität ein sofortiges Ende, denn das wollte er ganz gewiss nicht.

Gut, antwortete er; dann werde ich ihn jetzt töten.

Aber nicht in meinem Duar, antwortete der Sheikh. Wenn er von hier weggeht, wird er lebend weggehen. Was Sie mit ihm in der Wüste machen, geht mich nichts an, aber ich will nicht, dass das Blut eines Franken wegen des Streites, den er mit einem andern hat, an den Händen meines Stammes klebt. Man könnte Soldaten hierherschicken, manchen Krieger meines Stammes töten, unsere Zelte verbrennen und unsere Herden auseinanderjagen.

Wie Sie wollen, knurrte Rokoff. Ich nehme ihn mit in die Wüste außerhalb Ihres Duars und erschlage ihn dort.

Sie nehmen ihn einen ganzen Tagesritt von hier mit fort, sagte der Sheikh in entschiedenem Ton, und einige meiner Leute werden Ihnen folgen und aufpassen, dass Sie meinen Befehl befolgen, sonst wird es zwei tote Franken in der Wüste geben.

Rokoff zuckte zusammen. Dann muss ich bis morgen warten, sagte er, denn es ist bereits dunkel.

Wie Sie wollen, erklärte der Sheikh. Aber eine Stunde nach Sonnenaufgang müssen Sie mein Zeltdorf verlassen haben. Ich habe keine besondere Vorliebe für Ungläubige und erst recht nicht für Feiglinge.

Rokoff wollte aufbrausen, aber er bezwang sich, denn er spürte, dass der Alte ihn beim geringsten Vorwand davonjagen würde.

Beide verließen das Zelt, aber beim Heraustreten konnte Rokoff der Versuchung nicht widerstehen, Tarzan noch einmal zu verhöhnen.

Schlafen Sie wohl, mein Herr, sagte er, und vergessen Sie nicht zu beten, denn morgen, wenn Sie sterben, werden Sie vor lauter Fluchen nicht dazu kommen.

Seit Mittag hatte Tarzan weder Essen noch Wasser erhalten, und so litt er großen Durst. Er fragte sich, ob es sich lohnen würde, seinen Wärter um Wasser zu bitten; aber er verzichtete lieber darauf, da er schon zwei oder drei Fragen an ihn gerichtet hatte, ohne eine Antwort zu erhalten.

Fern im Gebirge hörte er einen Löwen brüllen. Wie viel sicherer ist man doch bei den wilden Tieren, als bei den Menschen! sagte er zu sich. Während seines ganzen Dschungellebens war er nicht derartig verfolgt worden, wie in der vergangenen kurzen Zeit, die er bei zivilisierten Menschen zugebracht hatte.

Wieder brüllte der Löwe. Er schien etwas näher zu sein. Tarzan fühlte den alten, wilden Drang, mit dem Kampfruf seines Stammes zu antworten.

Er zerrte an seinen Fesseln. Könnte er sie doch nur bis an seine starken Zähne bringen! Eine ohnmächtige Wut überkam ihn, dass er sich nicht befreien konnte.

Jetzt brüllte Numa fast ununterbrochen. Er kam offenbar herunter in die Wüste und war auf Raub aus. Er brüllte vor Hunger. Tarzan aber beneidete ihn, denn der Löwe war wenigstens frei. Keiner wagte es, ihn mit Stricken zu binden oder wie ein Schaf abzuschlachten. Das war es, was den Affenmenschen so ärgerte. Er fürchtete sich nicht vor dem Tod, ihn quälte nur das Bewusstsein, dass er vor dem Tod so gedemütigt wurde und keine Möglichkeit haben sollte, für sein Leben zu kämpfen.

Es muss um Mitternacht sein, dachte Tarzan. Er hatte nur noch wenige Stunden zu leben. Vielleicht bot sich aber auf dem weiten Ritt eine Gelegenheit, an Rokoff heranzukommen. Und wer weiß, ob es ihm nicht doch gelingen würde, sich von seinen Fesseln zu befreien?

Jetzt hörte er den König der Wüste schon aus nächster Nähe. Wahrscheinlich suchte er sich unter den Tieren des Duars seine Beute.

Lange Zeit blieb es stumm. Dann aber vernahm Tarzans scharfes Ohr das leise Geräusch eines schleichenden Körpers.

Es kam vom hinteren Zelt, das den Bergen am nächsten stand. Es kam näher und näher. Er horchte gespannt, ob es vorüberginge. Eine Weile war es draußen ruhig. Es war eine fürchterliche Stille, und Tarzan wunderte sich, dass er den Atem des Tieres nicht hörte, das sich offenbar schon bis an die hintere Wand seines Zeltes herangeschlichen hatte.

Da! Jetzt bewegte es sich wieder ... es schlich näher heran ... Tarzan wendete den Kopf zu der Seite, woher das Geräusch kam. Es ist war ganz dunkel im Zelt. Langsam hob sich die hintere Zeltwand. Da kroch etwas herein ... ein Körper ... Kopf und Schultern zwangen sich herein, aber in der Dunkelheit ließ sich nicht erkennen, was es war. Draußen wurde es etwas heller, denn über der dunklen Wüste blitzten Sterne am Himmel.

Ein grimmiges Lächeln umspielte Tarzans Lippen. Wenn der Löwe ihn zerriss, würde Rokoff um seine Freude betrogen. Wie würde er sich ärgern! Und der Tod zwischen den Zähnen des Löwen war Tarzan lieber als von der Hand des Russen.

Jetzt fiel das Tuch des Zeltes wieder herunter und alles war so dunkel wie zuvor. Er hörte etwas in seiner Nähe kriechen ... jetzt war es neben ihm ...

Er schloss die Augen und erwartete den Schlag der mächtigen Pranken.

Da spürte er an seinem abgewandten Gesicht eine zarte Hand, die in der Dunkelheit tastend suchte, und dann hörte er eine sanfte Mädchenstimme seinen Namen kaum hörbar flüstern: Tarzan?

Ja, ich bin es, antwortete er ebenfalls im Flüsterton. Aber um Himmelswillen, wer sind Sie?

Die Uled-Nail aus Sidi Aissa, lautete die Antwort.

Während sie sprach, spürte Tarzan, dass sie sich an seinen Fesseln zu schaffen machte. Er fühlte den kalten Stahl eines Messers an seiner Haut.

Einen Augenblick später war er frei.

Kommen Sie! flüsterte sie.

Auf Händen und Knien kriechend folgte er ihr auf demselben Weg, auf dem sie sich hereingeschlichen hatte.

Dann krochen sie weiter am Boden entlang, bis sie verdeckende Sträucher erreichten.

Hier hielt sie einen Augenblick an, bis er an ihrer Seite stand.

Ernst betrachtete er sie.

Ich kann nicht verstehen, sagte er dann, wie Sie hierherkommen. Wie konnten Sie wissen, dass ich in diesem Zelt gefangen gehalten wurde? Und wie kam es, dass Sie mich gerettet haben?

Sie lächelte. Ich habe diese Nacht einen weiten Weg zurückgelegt, und wir haben noch einen weiten Weg vor uns, bis wir außer Gefahr sind. Kommen Sie! Ich werde Ihnen unterwegs alles erzählen.

Nun machten sie sich auf den Weg durch die Wüste, auf die Berge zu.

Ich war nicht sicher, ob ich Sie überhaupt erreichen würde, sagte sie. El adrea ist diese Nacht draußen, und als ich die Pferde verlassen hatte, fürchtete ich, er würde mich wittern und würde mir folgen. Ich war sehr ängstlich.

Sie sind ein tapferes Mädchen, sagte er. Und Sie haben sich all diesen Gefahren für einen Fremden, einen Ungläubigen, ausgesetzt.

Sie reckte sich stolz in die Höhe.

Ich bin die Tochter des Sheikhs Kadur ben Gaden, antwortete sie. Ich wäre keine würdige Tochter, wenn ich nicht mein Leben wagte, um das eines Mannes zu retten, der mich gerettet hat.

Sie sind ein tapferes Mädchen, wiederholte er. Aber wie konnten Sie wissen, dass ich hier gefangen wurde?

Achmed din Taleb, mein Vetter väterlicherseits, hatte Freunde besucht, die zu dem Stamm gehören, der Sie gefangen genommen hatte. Er war im Duar, als Sie ankamen. Nach Hause gekommen, erzählte er uns von dem starken Franken, den Ali ben Achmed für einen andern Franken gefangen genommen hatte und den dieser töten wollte. Aus der Beschreibung erriet ich, dass Sie es sein müssten. Mein Vater war fort. Ich versuchte, mehrere Männer zu überreden, Sie zu retten, aber sie lehnten es ab. Sie sagten: Lass die Ungläubigen sich doch gegenseitig umbringen, wenn es ihnen gefällt. Das geht uns nichts an. Und wenn wir Ali ben Achmeds Pläne durchkreuzen, rufen wir womöglich noch einen Kampf mit ihm hervor.

Als es dunkel geworden war, ritt ich schließlich alleine los. Ich führte ein zweites Pferd für Sie mit. Sie sind nicht weit von hier angebunden. Morgen werden wir im Duar meines Vaters sein. Er wird jetzt wohl schon zu Hause sein. Wenn wir erst dort sind, mag man nur kommen und versuchen, den Freund Kadur ben Gadens zu entführen!

Einige Minuten gingen sie schweigend weiter. Dann sagte sie: Wir müssten schon in der Nähe der Pferde sein. Es ist sonderbar, dass wir sie noch nicht sehen!

Einen Augenblick später blieb sie stehen, und stieß einen leisen Schrei der Überraschung aus:

Sie sind weg! Hier hatte ich sie angebunden!

Tarzan bückte sich, um den Boden zu untersuchen. Er fand, dass ein großer Strauch mit den Wurzeln ausgerissen worden war.

El adrea war hier, sagte er zu dem Mädchen. Es ist aber anzunehmen, dass die Pferde ihm entwischt sind. Wenn sie einen kleinen Vorsprung hatten, konnten sie sich retten.

Nun blieb den beiden nichts Anderes übrig, als zu Fuß weiter zu gehen. Ihr Weg führte durch das unübersichtliche hüglige Gelände der Vorberge, aber das Mädchen kannte ihn so genau, dass sie sich nicht verirrten. Sie gingen zügig voran und unterhielten sich; manchmal schauten sie zurück und horchten, ob ihnen jemand folgte.

Bei strahlendem Mondschein war die Luft frisch und würzig. Hinter ihnen lag in unübersehbarer Weite die Wüste, nur hier und dort von einer Oase unterbrochen. Die Dattelpalmen der kleinen fruchtbaren Oase, die sie eben verlassen hatten, und deren Zelte hoben sich scharf vom gelben Sand ab, wie ein magisches Paradies, inmitten eines magischen Meeres.

Vor ihnen ragten die düsteren, schweigenden Berge empor. Tarzans Blut floss lebhafter durch die Adern. Das war ein Leben! Er betrachtete das neben ihm schreitende Mädchen; er, der Sohn des Dschungels, ging mit einer Tochter der Wüste durch eine tote Welt. Er lächelte bei dem Gedanken. Er wünschte, sie hätte eine Schwester, die ihr ähnlich wäre. Was für eine prächtige Genossin das für ihn wäre!

Jetzt gelangten sie in die Berge. Nun kamen sie langsamer voran, denn der Weg war steil und steinig.

Einige Minuten hatten sie geschwiegen. Das Mädchen fragte sich, ob sie den Duar ihres Vaters erreichen würden, bevor die Verfolger sie einholen würden.

Tarzan hätte immer so weiter wandern mögen. Wenn das Mädchen doch ein Mann wäre! Er sehnte sich nach einem Kameraden, der dasselbe wilde Leben liebte wie er. Zwar hatte er Freunde gefunden, aber die meisten dieser Männer zogen weißes Leinen und ihre Klubs der Nacktheit und dem Dschungel vor. Das konnte er nicht recht verstehen, aber es war nun einmal so.

Die beiden waren eben um einen Felsvorsprung herumgegangen, als sie plötzlich stehen blieben. Unmittelbar vor ihnen stand auf dem Weg Numa el adrea, der schwarzköpfige Löwe. Seine grünen Augen funkelten sie böse an, er fletschte die

Zähne und peitschte die Seiten ärgerlich mit dem Schweif. Dann brüllte er, es war der fürchterliche Donnergroll des hungrigen, zornigen Löwen.

Ihr Messer! raunte Tarzan dem Mädchen zu und streckte hastig die Hand danach aus. Sie drückte ihm den Griff des Messers in die Hand. Dann rief er ihr zu: Schnell, zurück in die Wüste! Wenn Sie mich rufen hören, ist alles gut, dann kommen Sie wieder.

Das ist sinnlos, sagte sie verzweifelt. Wir sind verloren!

Tun Sie, wie ich Ihnen sage! befahl er. Schnell! Er kommt! Das Mädchen wich einige Schritte zurück und wartete auf das furchtbare Schauspiel, das sie erwartete.

Der Löwe näherte sich Tarzan langsam, die Nase dicht am Boden, wie ein zum Angriff bereiter Stier; der Schweif war jetzt gerade ausgestreckt.

Der Affenmensch stand halb gebückt da, sein langes arabisches Messer glänzte im Mondlicht. Hinter ihm die zu einer Statue erstarrte Gestalt des Mädchens. Sie stand nach vorne gebeugt da, mit offenen Lippen und weitgeöffneten Augen. Sie wunderte sich über die Tapferkeit des Mannes, der sich dem König der Wüste mit dem bloßen Messer stellte. Ein Mann ihres Stammes wäre zum Gebet niedergekniet und hätte sich den Zähnen des Löwen ohne Widerstand ergeben. Aber das Ergebnis wird sicher das gleiche sein!

Der Löwe war jetzt ganz nahe, duckte sich, um zum Sprung anzusetzen. Er betrachtete den Mann als leichte Beute, wie die vielen anderen Menschen, die er schon gefressen hatte. Für ihn war der Mensch ein plumpes, unbeholfenes, wehrloses Geschöpf, vor dem er wenig Achtung hatte.

Dieses Mal sollte er aber feststellen, dass er gegen einen Menschen kämpfte, der ebenso geschickt und schnell war wie er. Als er mit betäubendem Gebrüll auf ihn lossprang, war der Mann nicht mehr an der Stelle, an der er eben noch stand.

Das Mädchen war erstaunt, mit welcher Leichtigkeit Tarzan den großen Tatzen auswich. Und jetzt – oh Allah! – hatte er sich von hinten auf El adreas Schulter gestürzt und den Löwen bei der Mähne gepackt. Der bäumte sich auf wie ein Pferd. Tarzan wusste, dass er dies tun würde. Sein gewaltiger Arm legte sich um den dunkelmähnigen Hals, und einmal, zweimal, zwölfmal drang die scharfe Klinge in die Seite hinter der linken Schulter ein.

So sehr Numa sich auch schüttelte und vor Wut und Schmerzen brüllte, er konnte den Riesen nicht von seinem Rücken abschütteln. Und er erreichte ihn auch nicht mit seinen Reißzähnen oder Pranken. Der König mit dem schwarzen Kopf war tot, als Tarzan ihn losließ und aufstand.

Was dann geschah, erschreckte die Tochter der Wüste mehr, als der Löwe selbst. Der Mann setzte seinen Fuß auf den toten Körper des Löwen und stieß, sein schönes Gesicht gegen den Vollmond erhebend, das schrecklichste Gebrüll aus, das je in ihr Ohr gedrungen war.

Mit einem Schrei des Entsetzens wich sie vor ihm zurück. Sie glaubte, er wäre in der Aufregung des Kampfes wahnsinnig geworden.

Als das Echo dieses schrecklichen Schlachtrufes in den Bergen verklungen war, senkte der Mann seine Augen, und traf den Blick des Mädchens.

Da verbreitete sich ein freundliches Lächeln über sein Gesicht, und das Mädchen schloss daraus, dass er doch noch bei Verstand war. Erleichtert atmete sie auf und lächelte ihm zu.

Was für ein Mann sind Sie? stammelte sie. Ihre Tat ist unglaublich. Ich kann noch immer nicht glauben, dass ein einzelner Mann nur mit einem Messer El adrea überwunden hat, ohne selbst auch nur verletzt zu werden. Und dann dieser unmenschliche Schrei! Was hatte der zu bedeuten?

Tarzan errötete. Ich vergesse manchmal, sagte er, dass ich jetzt ein zivilisierter Mensch bin. Wenn ich töte, muss ich wohl ein anderer Mensch sein.

Er versuchte keine weitere Erklärung, denn es schien ihm immer, dass jede Frau ihn, wenn er fast zum Tier geworden war, nur mit Widerwillen ansehen konnte.

Schließlich gingen sie weiter und die Sonne stand schon eine Stunde am Horizont, als sie aus den Bergen wieder in die Wüste hinaustraten.

An einem Bach entdeckten sie zu ihrer Überraschung die beiden Pferde des Mädchens beim Grasen. Sie fingen sie ohne große Mühe ein, bestiegen sie und ritten zum Duar des Sheikhs Kadur ben Saden.

Von Verfolgern war keine Spur mehr zu sehen. So kamen sie gegen neun Uhr wohlbehalten an ihrem Ziel an.

Der Sheikh war eben erst zurückgekehrt. Er war über das Verschwinden seiner Tochter sehr traurig gewesen, da er glaubte, sie sei abermals von Räubern entführt worden. Er und fünfzig Mann waren eben auf ihre Pferde gestiegen, um sie zu suchen, als die beiden in das Duar hereinritten.

Seine Freude über die Rückkehr seiner Tochter war ebenso groß wie seine Dankbarkeit für Tarzan, der sie ihm sicher zurückgebracht hatte.

Kadur ben Saden versuchte, seinem Gast in jeder denkbaren Weise seine Achtung und Freundschaft zu zeigen. Als das Mädchen die Geschichte von dem Löwen erzählt hatte, wurde Tarzan von einer Menge bewundernder Araber umgeben, die ihm ihre Verehrung zeigen wollten.

Der alte Sheikh drängte ihn, er möge für immer bei ihm bleiben. Er wollte ihn als Mitglied seines Stammes aufnehmen. Und Tarzan war eine Zeitlang fast entschlossen, den Vorschlag anzunehmen – für immer bei diesem Naturvolk zu bleiben, das er verstand und das auch ihn zu verstehen schien. Auch seine Freundschaft und seine Neigung zu dem Mädchen drängte ihn, dort zu bleiben.

Wäre das Mädchen ein Mann gewesen, hätte er nicht gezögert, denn es wäre ein Freund nach seinem Herzen gewesen, und er hätte nach Belieben mit ihr ausreiten und jagen können. Aber da es ein Mädchen war, würden sie sich durch die Gebräuche, die bei den wilden Nomaden der Wüste noch strenger beachtet werden, sehr eingeengt fühlen. Und nach einiger Zeit würde das Mädchen ja doch einen der Krieger heiraten, und spätestens dann wäre es mit ihrer Freundschaft zu Ende.

So entschloss er sich, den Vorschlag des Sheikhs abzulehnen.

Er blieb noch eine Woche bei ihm als sein Gast.

John Caldwell aus London

Als Tarzan Abschied nahm, wollten Kadur ben Saden und fünfzig weißgekleidete Krieger ihn nach Bu Saada begleiten. Während sie aufstiegen, kam das Mädchen, um Tarzan Lebewohl zu sagen.

Ich habe gebetet, dass Sie bei uns bleiben mögen, sagte sie, als er sich aus dem Sattel herabbeugte, um ihr die Hand zu reichen. Und nun werde ich beten, dass Sie wiederkommen.

In ihren schönen Augen stand ein ernster Ausdruck, und es zuckte um ihre Mundwinkel. Auch Tarzan war bewegt.

Wer weiß? antwortete er. Dann ritt im Galopp den abziehenden Arabern nach.

Vor Bu Saada trennte er sich von Kadur ben Saden und seinen Leuten, denn er hatte triftige Gründe, möglichst unbemerkt in die Stadt zu gelangen. Er erklärte dies dem Sheikh und dieser war sofort mit seinem Entschluss einverstanden. Die Araber sollten vor ihm nach Bu Saada reiten und nichts davon verlauten lassen, dass Tarzan zu ihrer Gesellschaft gehörte. Später wollte er alleine nachfolgen und in einer bestimmten Herberge einkehren.

Als er in der Dunkelheit in die Stadt ritt, wurde er von niemandem gesehen, und er erreichte die Herberge unbemerkt.

Nachdem er zusammen mit Kadur ben Saden gegessen hatte, ging er auf Umwegen zu seinem früheren Gasthof. Durch eine Hintertür eintretend, suchte er den Wirt auf, der sehr überrascht zu sein schien, ihn zu sehen.

Er sagte, es sei Post für ihn da; er wolle sie ihm gleich bringen. Auf Tarzans Bitte versprach er, niemanden etwas von seiner Rückkehr zu sagen.

Gleich darauf kam er mit einigen Briefen zurück.

Einer enthielt den Befehl seines Vorgesetzten, sein bisheriges Tätigkeitsfeld zu verlassen und mit dem ersten erreichbaren

Dampfer nach Kapstadt zu fahren. Dort werde er bei einem Agenten, dessen Name und Adresse ihm angegeben wurden, die weiteren Anweisungen erhalten. Das war alles – kurz, aber klar.

Tarzan traf Vorbereitungen, Bu Saada früh am nächsten Morgen zu verlassen. Dann ging er zu Hauptmann Gerard, der, wie ihm der Wirt gesagt hatte, am vorhergehenden Tag mit seiner Abteilung von seiner Streife zurückgekehrt war.

Er fand den Offizier in seinem Quartier und wurde von ihm mit freudiger Überraschung begrüßt.

Der Hauptmann erzählte ihm:

Als Leutnant Gernois zurückkehrte und meldete, er habe Sie nicht an der Stelle gefunden, die Sie zum Bleiben gewählt hatten, während die Abteilung das Gebirge durchsuchte, war ich sehr beunruhigt. Wir suchten tagelang die Berge ab. Dann kam die Nachricht, Sie seien von einem Löwen überfallen und gefressen worden. Als Beweis dafür wurde uns Ihr Gewehr überbracht. Ihr Pferd ist am zweiten Tag nach Ihrem Verschwinden zum Lagerplatz zurückgekehrt. Wir konnten nun nicht mehr an Ihrem Tod zweifeln. Leutnant Gernois war vor Gram gebeugt. Er schrieb sich allein die Schuld zu. Er war es, der den Araber mit Ihrem Gewehr fand. Wie wird er sich freuen, wenn er hört, dass Sie wohlbehalten zurückgekehrt sind!

Zweifellos! sagte Tarzan mit einem grimmigen Lächeln.

Er ist jetzt in der Stadt, fuhr der Hauptmann fort. Sobald er zurückkehrt, werde ich es ihm sagen.

Tarzan ließ den Offizier im Glauben, er habe sich verirrt gehabt, und er sei schließlich in das Lager Kadur ben Sadens gelangt, der ihn bis nach Bu Saada begleitet habe.

Er verabschiedete sich sobald wie möglich von dem braven Offizier und beeilte sich, in die Stadt zurückzukehren.

In der Herberge hatte er von Kadur ben Saden eine interessante Neuigkeit erfahren. Sie betraf einen Weißen mit schwarzem Bart, der immer als Araber gekleidet umherging und eine Zeitlang ein gebrochenes Armgelenk hatte. Kürzlich war er aus Bu Saada verschwunden, aber jetzt war er wieder da, und Tarzan erfuhr, wo er sich aufhielt. Dort ging er jetzt hin.

Sein Weg führte ihn durch enge, dunkle und übelriechende Gässchen, schließlich eine wacklige Treppe hinauf, an deren Ende er auf eine geschlossene Tür mit einem winzigen Guckloch stieß. Tarzan schaute durch die Öffnung. Der Raum war beleuchtet, und an einem Tisch saßen Rokoff und Gernois. Letzterer sprach gerade.

Rokoff, Sie sind ein Teufel! sagte Gernois. Sie haben mich gehetzt, bis ich den letzten Funken Ehre verloren habe. Sie haben mich zum Mörder gemacht, denn das Blut Tarzans klebt an meinen Händen. Wenn dieser teuflische Pawlowitsch nicht mein Geheimnis kennen würde, würde ich Sie noch in dieser Nacht mit meinen bloßen Händen erwürgen!

Rokoff lachte. Das werden Sie schön bleiben lassen, sagte er. Sobald meine Ermordung bekannt würde, hätte der gute Alexei nichts Besseres zu tun, als dem Kriegsminister den Beweis für die Angelegenheiten, die Sie so sorgfältig geheim halten, zu übermitteln und Sie wegen meiner Ermordung anzuzeigen. Seien Sie also vernünftig. Ich bin Ihr bester Freund. Habe ich Ihre Ehre nicht in Schutz genommen, als ob es meine eigene wäre?

Gernois konnte nur höhnisch lachen und stieß einen Fluch aus.

Bezahlen Sie mir nur noch eine kleine Summe, fuhr Rokoff fort, und geben Sie mir die Papiere, die ich verlange, dann erhalten Sie mein Ehrenwort, dass ich mein Leben lang keinen Centime und keine weitere Auskunft mehr von Ihnen verlangen werde.

Und das mit absoluter Sicherheit, brummte Gernois. Was Sie verlangen, ist nämlich mein letztes Geld und das letzte wichtige Militärgeheimnis, das ich noch kenne. Sie müssten mich eigentlich für das Geheimnis bezahlen, statt dass Sie dafür auch noch Geld verlangen.

Sie bezahlen dafür, dass ich Sie nicht verrate, erwiderte Rokoff. Aber genug geredet. Wollen Sie oder wollen Sie nicht? Ich gebe Ihnen drei Minuten Bedenkzeit. Wenn Sie nicht einwilligen, sende ich Ihrem Kommandanten noch heute Nacht eine Nachricht, die zu Ihrer Absetzung führen wird.

Einen Augenblick saß Gernois mit gesenktem Kopf da. Dann stand er auf. Er zog zwei Schriftstücke aus seiner Jacke.

Hier, sagte er hoffnungslos. Ich hielt sie bereit, denn ich wusste im Voraus, dass Sie mir keinen anderen Ausweg lassen würden.

Er reichte sie dem Russen.

Rokoffs Gesicht leuchtete vor gieriger Freude. Er ergriff die Schriftstücke.

Das ist nett von Ihnen, Gernois, sagte er. Jetzt werde ich Sie nicht mehr behelligen – es sei denn, Sie können noch mehr Geld oder Auskünfte beschaffen. Und dabei lachte er laut.

Sie werden nie wieder etwas von mir erhalten, Sie Hund! zischte Gernois. Das nächste Mal werde ich Sie umbringen. Heute war ich schon nahe genug daran. Eine ganze Stunde habe ich mit diesen zwei Schriftstücken an meinem Tisch gesessen, ehe ich hierherkam. Daneben lag mein geladener Revolver. Ich wusste nicht, was ich tun sollte. Das nächste Mal werde nicht so lange brauchen, denn ich habe meinen Entschluss schon gefasst. Heute Abend hatten Sie noch Glück, aber fordern Sie das Schicksal nicht noch einmal heraus!

Damit stand Gernois auf, um fortzugehen. Tarzan hatte kaum Zeit, sich zurückzuziehen und sich neben der Tür dicht an die Mauer zu drücken. Die Tür wurde geöffnet und Gernois trat heraus. Rokoff dicht hinter ihm. Keiner sprach mehr ein

Wort. Gernois war erst drei Stufen hinuntergestiegen, als er stehen blieb und sich halb umdrehte, als ob er wieder hinaufgehen wollte.

Dann hätte er Tarzan auf alle Fälle bemerkt. Rokoff stand noch auf der Türschwelle, nur einen Fußbreit von Tarzan entfernt, aber er schaute auf die andere Seite, auf den Leutnant. Gernois schien seinen Entschluss wieder aufgegeben zu haben, denn jetzt ging er die Treppe weiter hinunter.

Tarzan hörte deutlich, wie Rokoff erleichtert aufatmete. Einen Augenblick später kehrte der Russe ins Zimmer zurück und schloss die Tür.

Sobald Gernois außer Hörweite war, stieß Tarzan die Tür auf und trat ins Zimmer.

Rokoff saß da und las die Schriftstücke, die Gernois ihm gegeben hatte. Plötzlich stand jemand vor ihm und als er aufschaute, wurde er totenbleich.

Tarzan! keuchte er.

Jawohl, ich! sagte Tarzan.

Was wollen Sie? brachte Rokoff mühsam heraus, denn der Blick in Tarzans Augen hatte ihn so erschreckt, dass er kaum noch sprechen konnte. Wagen Sie nicht, mich zu töten, es wird Sie das Leben kosten!

Ich wage es, Rokoff, antwortete er. Niemand weiß, dass Sie hier sind, und niemand weiß, dass ich hier bin. Pawlowitsch wird annehmen, dass Gernois es war. Ich habe gehört, was Sie mit Gernois gesprochen haben.

Mir macht es nichts aus, wenn jemand erfährt, dass ich Sie umgebracht habe. Zu wissen, dass Sie niemanden mehr belästigen können, wird mich für jede Strafe entschädigen. Sie sind der elendeste Halunke und Feigling, von dem ich je gehört habe! Sie haben den Tod verdient!

Dabei trat er näher an ihn heran.

Rokoff war vor Angst außer sich. Mit einem Schrei wollte er ins anschließende Zimmer flüchten, aber der Affenmensch war sofort hinter ihm und packte ihn, noch ehe er die Tür erreicht hatte. Es waren Finger von Stahl, die ihm an die Kehle griffen. Der Feigling schrie wie am Spieß, bis Tarzan ihm einen Knebel in den Mund steckte.

Dann warf der Affenmensch ihn zu Boden und würgte ihn. Der Russe wehrte sich, war bei der Stärke Tarzans aber wehrlos wie ein kleines Kind.

Tarzan hob ihn wieder auf und setzte ihn auf einen Stuhl. Er hatte seine Kehle losgelassen, und als Rokoff wieder zu Atem gekommen war, herrschte er ihn an:

Ich habe Ihnen einen Vorgeschmack gegeben, aber diesmal werde ich Sie noch nicht töten. Ich verschone Sie einzig und allein aus Rücksicht auf eine anständige Frau, die leider Ihre Schwester ist. Aber ich verschone Sie nur noch dieses eine Mal. Sollte ich je erfahren, dass Sie Ihre Schwester oder deren Mann noch einmal belästigt haben, oder sollte ich hören, dass Sie nach Frankreich oder irgendeine französische Besitzung zurückgekehrt sind, werde ich Alles tun, um Sie zu vernichten.

Dann wandte er sich zu dem Tisch, auf dem noch die zwei Schriftstücke lagen, und nahm sie an sich.

Das eine war ein Scheck, das andere eine Urkunde mit militärischen Geheimnissen. Er überflog sie nur, sah aber gleich, dass der Inhalt für einen Feind Frankreichs von großem Wert sein würde.

Rokoff hatte gerade erst angefangen, das Schriftstück zu lesen, und hatte noch keine wichtigen Punkte erfahren können.

Das wird den Generalstab interessieren, sagte Tarzan, wobei er die Papiere in die Tasche schob.

Rokoff knurrte, wagte es aber nicht, etwas zu sagen, bevor Tarzan sich entfernt hatte.

~~~
~~~

Am nächsten Morgen ritt Tarzan nordwärts nach Buira und Algier.

Leutnant Gernois stand auf der Veranda seines Hotels, als er vorbeiritt. Beim Anblick des Affenmenschen wurde er weiß wie Kreide. Tarzan hätte diese Begegnung gern vermieden, aber jetzt war es zu spät. Er grüßte den Offizier beim Vorbeireiten.

Gernois erwiderte den Gruß mechanisch und seine weit aufgerissenen Augen folgten dem Reiter voller Entsetzen. Es war, als ob ein Toter auf ein Gespenst schaute ...

Als Tarzan in Sidi Aissa ankam, traf er einen französischen Offizier, den er bei seinem vorigen Aufenthalt in dieser Stadt kennen gelernt hatte.

Sie haben Bu Saada wohl schon sehr früh verlassen? fragte der Offizier. Dann haben Sie nichts von dem armen Gernois gehört?

Er war der letzte Mensch, den ich beim Wegreiten sah, antwortete Tarzan. Was ist mit ihm?

Er ist tot! Heute Morgen gegen 8 Uhr hat er sich erschossen.

Zwei Tage später erreichte Tarzan Algier. Dort erfuhr er, dass er in ein paar Tagen Gelegenheit hätte, nach Kapstadt abzufahren. Die freie Zeit benutzte er, um einen ausführlichen Bericht über die bisherigen Erlebnisse seiner Mission zu verfassen. Die geheimen Schriftstücke, die er Rokoff abgenommen hatte, wagte er nicht aus der Hand zu geben; er wollte lieber warten, bis er ermächtigt würde, sie einem anderen Agenten zu übergeben, oder bis er selbst damit nach Paris zurückkehrte.

Als Tarzan an Bord ging, wurde er von zwei Männern vom oberen Deck beobachtet. Beide waren modern gekleidet und glattrasiert. Der größere der beiden hatte rotes Haar, aber schwarze Augenbrauen. Später am Tag begegnete Tarzan ihnen zufällig auf dem Deck, aber der eine hatte eben die Aufmerksamkeit des andern auf irgendetwas auf dem Meer gelenkt, und so waren ihre Gesichter von Tarzan abgekehrt, als er vorbeiging. Er achtete auch nicht weiter auf sie.

Den Anweisungen seines Vorgesetzten entsprechend hatte Tarzan sich unter dem Namen John Caldwell aus London in die Passagierliste eintragen lassen. Er zerbrach sich allerdings den Kopf darüber und war neugierig, welche Rolle er in Kapstadt spielen sollte.

Auf alle Fälle, dachte er, danke ich dem Himmel, dass ich von Rokoff befreit bin. Er fing an, mir lästig zu werden. Ich frage mich, ob ich allmählich so zivilisiert werde, dass ich anfange, nervös zu werden. Ich hätte es weiß Gott schon werden können. Der Kerl kämpft nicht ehrlich. Man weiß nie, zu welchen Mitteln er greift. Wenn ich noch länger dortgeblieben wäre, hätte ich nie gewusst, wo, von wem und wie ich des Nachts wieder angegriffen würde. Die wilden Tiere sind ritterlicher als ein solcher Mensch.

Bei der Abendmahlzeit erhielt Tarzan seinen Platz neben einer jungen Dame zur Linken des Kapitäns. Der Offizier stellte ihm die Dame vor.

Miss Strong! Wo hatte er diesen Namen früher schon einmal gehört? Er kam ihm sehr bekannt vor, doch konnte er sich nicht erinnern. Er fand des Rätsels Lösung, als sich die Mutter mit ihrer Tochter unterhielt und sie Hazel nannte.

Hazel Strong! Welche Erinnerungen weckte dieser Name in ihm! Es war ein an dieses Mädchen gerichteter Brief, den Jane Porter geschrieben und den er in der Hütte am Urwald für kurze Zeit an sich genommen und gelesen hatte.

Wie lebhaft erinnerte er sich an die Nacht, in der sie diesen Brief am Schreibtisch seines verstorbenen Vaters geschrieben hatte, während er ihr draußen aus der Dunkelheit heimlich zuschaute. Wie entsetzt wäre sie gewesen, wenn sie damals gewusst hätte, dass das wilde Dschungeltier draußen vor ihrem Fenster jede ihrer Bewegungen beobachtete! Und dies war Hazel Strong, Jane Porters beste Freundin!

Schiffe, die vorüberfahren

Der Leser erinnert sich sicher an die kleine Eisenbahnstation im nördlichen Wisconsin, wo sich die Helden unserer Erzählung trafen. Das war ein paar Monate vor den hier geschilderten Ereignissen.

Wegen des Waldbrandes lag auf der ganzen Landschaft ein beißender Rauch, und deshalb warteten die sechs Personen ungeduldig auf den Zug, der sie nach Süden bringen sollte.

Professor Archimedes Q. Porter hielt wie gewöhnlich die Arme unter seinen langen Rockschößen verschränkt und ging unter den wachsamen Augen seines treuen Sekretärs Samuel T. Philander auf dem Bahnsteig auf und ab.

Jane Porter, die Tochter des Professors, hatte eine unangenehme Unterhaltung mit William Cecil Clayton und Tarzan. Wenige Minuten zuvor hatten sich Jane und Tarzan im kleinen Wartezimmer ihre Liebe gestanden und dabei eingesehen, dass es zu spät war.

Hinter Miss Porter lief Esmeralda hin und her. Sie war glücklich, denn sie kehrte in ihr geliebtes Maryland zurück.

Da funkelten die Lichter des nahenden Zuges auf. Die Männer fingen an, ihr Handgepäck zusammenzuraffen.

Plötzlich rief Clayton: Oh, ich habe meine Jacke im Warteraum liegen lassen!

Er eilte fort, um sie zu holen.

Tarzan reichte Jane die Hand. Leben Sie wohl, sagte er. Gott segne Sie!

Leben Sie wohl, sagte Jane traurig. Versuchen Sie mich zu vergessen – nein, ich könnte den Gedanken nicht ertragen, dass Sie mich vergessen ...

Das wird niemals geschehen, meine Liebe. Sie werden trotzdem glücklich werden; da bin ich mir sicher. Sie müssen glücklich werden! Sagen Sie den anderen, ich hätte mich entschlossen, in meinem Wagen nach New York zurückzukehren. Ich fühle mich nicht imstande, Clayton Lebewohl zu sagen. Ich möchte in Freundschaft an ihn denken, aber ich fürchte, dass ich noch zu viel von einem wilden Tier in mir habe, um lange mit einem Mann zusammen sein zu können, der zwischen mir und dem einzigen Menschen steht, den ich liebe.

Auf dem Weg in den Warteraum fiel Claytons Blick auf ein Telegramm, das auf dem Boden lag. Er hob es auf, da er dachte, es wäre vielleicht eine wichtige Nachricht, die jemand verloren habe. Er warf einen kurzen Blick darauf, und dann vergaß er plötzlich seine Jacke und den herannahenden Zug. Er vergaß alles, bis auf das schreckliche kleine Papier in seiner Hand. Er las es zweimal, ehe er dessen Inhalt wirklich begreifen konnte.

Als er sich bückte, war er noch ein englischer Edelmann, stolzer Besitzer ausgedehnter Güter, und einen Augenblick später wusste er, dass er ein Mann ohne Titel und arm war. Es war d'Arnots Telegramm an Tarzan. Es lautete:

Fingerabdrücke beweisen, dass Sie Greystoke sind.
Glückwunsch, D'Arnot

Clayton wankte, als ob ihn ein tödlicher Schlag getroffen hätte. Im selben Augenblick riefen ihm die andern zu, er müsse sich beeilen, der Zug hielte bereits am Bahnsteig. Alles schwirrte ihm vor den Augen, so dass er gerade noch seine Jacke ergreifen und zum Zug stürmen konnte. Die Lokomotive pfiff zum zweiten Mal. Die andern waren bereits eingestiegen und riefen ihm von der Plattform eines Pullmann-Wagens nochmals zu, sich zu beeilen. Erst nachdem alle Platz genommen hatten, merkte Clayton, dass Tarzan fehlte.

Wo ist Tarzan? fragte er Jane. Ist er in einem anderen Wagen?

Nein, erwiderte sie, er hat sich in letzter Minute entschlossen, in seinem Auto nach New York zurückzukehren. Er möchte mehr von Amerika sehen, als es von dem Fenster eines Eisenbahnwagens aus möglich ist. Wie Sie wissen, kehrt er nach Frankreich zurück.

Clayton antwortete nichts darauf. Er suchte nach den richtigen Worten, um Jane Porter das Unglück zu erklären, das sie beide getroffen hatte. Er fragte sich, welchen Eindruck diese Nachricht auf sie machen würde. Würde sie ihn noch heiraten, wenn er nur ein einfacher Mr. Clayton war und nicht der bisherige Lord Greystoke? Dann fragte er sich: Wird Tarzan sein Eigentum einfordern? Der Affenmensch hatte den Inhalt des Telegramms doch gekannt, ehe er sagte, er kenne seinen Vater nicht. Er hatte zugegeben, dass Kala, die Äffin, seine Mutter sei. Hatte er das aus Liebe zu Jane Porter getan? Es musste wohl so sein, denn es gab keine andere vernünftige Erklärung für seine Haltung.

Tarzan wollte also von dem Beweis, den er in seinen Händen gehalten hatte, offensichtlich keinen Gebrauch machen. Man konnte annehmen, dass er niemals Anspruch auf sein Geburtsrecht erheben würde. Wenn dem so war, gab es für ihn, William Cecil Clayton, keinen Grund, die Absichten dieses merkwürdigen Menschen, der sich selbst aufopfern wollte, zu durchkreuzen. Wenn Tarzan das tun wollte, um Jane Porter vor der Armut zu bewahren, warum sollte er, dem sie ihre Zukunft anvertraute, ihren Interessen zuwiderhandeln?

So versuchte er, sich selbst zu überzeugen, nachdem er in der ersten Erregung die Absicht gehabt hatte, Titel und Besitztum an den rechtmäßigen Eigentümer abzutreten. So gab Clayton seine erste Absicht sehr schnell wieder auf.

Wenn er jetzt auch einigermaßen beruhigt war, war er doch während der ganzen Fahrt zerstreut und mürrisch, und auch an den folgenden Tagen wurde er den Gedanken nicht los, dass Tarzan seine Großmut später vielleicht doch einmal bereuen und seine Rechte einfordern könnte.

Mehrere Tage nach der Ankunft in Baltimore brachte Clayton das Gespräch auf eine baldige Heirat mit Jane.

Was verstehst du unter bald? fragte sie.

Nun, innerhalb der nächsten Tage. Ich muss nach England zurückkehren, und da hätte ich gerne, dass du mich begleitest.

So schnell kann ich das nicht vorbereiten, erwiderte sie. Ich brauche wenigstens einen Monat dazu.

Sie freute sich, diese Ausrede zu haben, denn was ihn auch immer nach England zurückrufen mochte, dadurch wurde die Hochzeit verzögert. Sie hatte eine falsche Entscheidung getroffen, aber sie war entschlossen, ihr einmal gegebenes Wort zu halten, mochte es ihr auch noch so schwerfallen. Sie konnte wenigstens einen zeitweiligen Aufschub erreichen, und sie glaubte, das sei kein Unrecht.

Seine Antwort brachte sie aus der Fassung.

Gut, Jane, sagte er. Dann werde ich mit meiner Rückkehr nach England einen Monat warten. Dann können wir zusammen reisen.

Als der Monat zu Ende war, fand sie einen anderen Grund für einen erneuten Aufschub, bis Clayton schließlich entmutigt und voller Zweifel alleine nach England zurückkehrte.

Die Briefe, die zwischen ihnen gewechselt wurden, brachten Clayton der Verwirklichung seiner Hoffnungen nicht näher. Deshalb schrieb er schließlich an Professor Porter, damit dieser seinen Einfluss auf Jane geltend machen möge.

Der alte Herr hatte die Verbindung immer begrüßt. Er mochte Clayton, und er legte viel größeren Wert auf Titel und Würden als seine Tochter.

Clayton lud Professor Porter und seine ganze Familie, einschließlich Mr. Philander und Esmeralda, nach England ein. Er sagte sich, wenn Jane erst einmal dort sei und die Beziehungen zu ihrer Heimat abgebrochen habe, werde sie nicht mehr so zögern, den Hochzeitstermin festzulegen.

Noch am selben Tag, an dem Claytons Brief eingetroffen war, antwortete Professor Porter ihm, er werde schon nächste Woche mit seinen Angehörigen nach London abreisen.

Aber in London zeigte Jane Porter sich nicht bereitwilliger als in Baltimore. Sie fand eine Entschuldigung nach der anderen, und als schließlich Lord Tennington die Gesellschaft einlud, mit ihm auf seiner Jacht eine Fahrt um Afrika zu machen, war sie darüber außerordentlich erfreut, aber sie weigerte sich ganz entschieden, vor der Rückkehr zu heiraten. Da die Fahrt mindestens ein Jahr dauern sollte, weil man sich an den verschiedenen sehenswerten Punkten einige Zeit aufhalten wollte, war Clayton sehr ärgerlich über Lord Tenningtons »verrückte« Idee.

Man wollte das Mittelmeer und das Rote Meer durchkreuzen und dann durch den Indischen Ozean an der Ostküste Afrikas entlangfahren.

So kam es, dass eines Tages zwei Schiffe durch die Meerenge von Gibraltar fuhren.

Das kleinere – eine schmucke, weiße Jacht – fuhr Richtung Osten, und auf ihrem Verdeck saß eine junge Dame, deren traurige Augen auf einem diamantenbesetzten Medaillon ruhten, das sie in der Hand hielt. Ihre Gedanken waren weit weg – in einem dunklen, mit Laub bedeckten Versteck in einem tropischen Dschungel, und ihr Herz war bei ihren Gedanken.

Sie fragte sich, ob der Mann, der ihr das prachtvolle Schmuckstück geschenkt hatte, wohl in seinen wilden Dschungel zurückgekehrt sei.

Auf dem Deck des größeren Schiffes, eines Passagierdampfers, der Richtung Westen steuerte, saß ein Mann mit einer andern jungen Dame, und die beiden fragten sich, wem wohl die elegante Jacht gehöre, die die Wellen der ruhigen See durchschnitt.

Als die Jacht vorbei war, nahm der Mann die durch ihr Erscheinen unterbrochene Unterhaltung wieder auf.

Ja, sagte er, ich habe Amerika sehr gerne, und infolgedessen liebe ich auch die Amerikaner, denn ein Land ist das, was seine Bewohner aus ihm machen. Ich habe dort prächtige Menschen kennen gelernt. Ich denke dabei an eine Familie aus Ihrer Stadt, Miss Strong, die ich besonders schätze – Professor Porter und seine Tochter.

Jane Porter? rief die junge Dame aus. Sie kennen Jane Porter? Sie ist meine beste Freundin! Wir kennen uns schon seit unserer Kindheit. Wir lieben uns wie zwei Schwestern, und dass ich sie verlieren soll, macht mich sehr traurig.

Sie verlieren? sagte Tarzan. Was meinen Sie damit? Ach, ich verstehe, wenn sie in England verheiratet ist, werden Sie Ihre Freundin selten oder vielleicht überhaupt nicht mehr wiedersehen.

Ja, erwiderte sie, und das Traurigste von allem ist, dass sie einen Mann heiratet, den sie nicht liebt. Ach, es ist schrecklich, nur aus Pflichtgefühl zu heiraten. Ich finde, dass das leichtfertig ist, und ich sagte es ihr auch. Es ging mir so nahe, dass ich – obwohl ich außer den Verwandten die einzige bin, die eingeladen werden sollte – ablehnte, weil es einfach gegen mein Gefühl geht. Aber Jane hat es sich nun einmal in den Kopf gesetzt, dass sie nicht anders handeln kann, und nichts in der Welt wird sie davon abhalten, Lord Greystoke zu heiraten.

Es tut mir leid für sie, sagte Tarzan.

Und mir tut es leid um den Mann, den sie liebt, bemerkte Hazel Strong, denn er liebt sie auch. Ich habe ihn nie gesehen, aber nach dem, was Jane mir von ihm erzählt hat, muss er ein wunderbarer Mensch sein. Wie es scheint, wurde er im afrikanischen Dschungel geboren und von wilden Menschenaffen aufgezogen. Er hatte nie einen Weißen gesehen, bis Professor Porter und seine Gefährten von Meuterern direkt vor seiner Hütte ausgesetzt wurden. Er rettete sie vor schrecklichen Tieren und vollbrachte die erstaunlichsten Heldentaten. Der Gipfel von allem aber war, dass er sich in sie verliebte und sie sich in ihn, obwohl ihr das erst richtig klar wurde, als sie sich mit Lord Greystoke verlobt hatte.

Sehr merkwürdig, murmelte Tarzan, und suchte nach einem anderen Gesprächsthema. Es freute ihn zwar, von Jane Porter erzählen zu hören, aber er mochte nichts von sich selbst hören. So war es ihm lieb, dass Hazels Mutter dazukam und das Gespräch sich wieder um allgemeine Themen drehte.

Die nächsten Tage gingen ohne Zwischenfall vorüber. Die See war ruhig, der Himmel klar. Das Schiff fuhr immer weiter Richtung Süden.

Tarzan war oft mit Miss Strong und ihrer Mutter zusammen. Sie vertrieben sich die Stunden auf Deck mit Lesen und Plaudern oder sie fotografierten mit Miss Strongs Apparat. Nach Sonnenuntergang schlenderten sie über die Schiffspromenade.

Eines Tages fand Tarzan Miss Strong im Gespräch mit einem Fremden, den er vorher nie an Bord gesehen hatte. Als er in ihre Nähe kam, verbeugte der Mann sich vor der jungen Dame und wollte sich entfernen.

Warten Sie, Herr Thuran, sagte Miss Strong, Sie müssen Herrn Caldwell kennen lernen. Wir sind Reisegefährten und sollten uns alle kennen.

Die beiden Männer reichten sich die Hände. Als Tarzan in die Augen von Herrn Thuran sah, kam ihm dieser seltsam bekannt vor.

Herr Thuran hat mir einige Geheimnisse der Schifffahrt erklärt, bemerkte Hazel.

Dieser aber empfahl sich hastig, wobei er sich tief vor Miss Strong und leicht vor Tarzan verbeugte.

Entschuldigen Sie mich einen Augenblick, Miss Strong, sagte Tarzan. Ich möchte den Herrn nur ein paar Schritte begleiten – ich komme sofort zurück.

Herrn Thuran wurde es sehr unbehaglich zumute. Sobald die beiden Männer außer Sicht waren, blieb Tarzan stehen und legte seine Hand schwer auf Thurans Schulter.

Welche Rolle spielen Sie jetzt, Rokoff? fragte er.

Ich verlasse Frankreich, wie ich es Ihnen versprochen hatte, antwortete der andere mit sicherer Stimme.

Das sehe ich, erwiderte Tarzan, aber ich kenne Sie so gut, dass ich Ihre Anwesenheit auf diesem Dampfer wohl kaum als einen Zufall betrachten kann. Und selbst wenn ich das glauben würde, Ihre Verkleidung belehrt mich sofort eines Besseren.

Nun, erwiderte Rokoff brummend, was können Sie gegen mich unternehmen? Dieses Schiff fährt unter englischer Flagge. Ich habe ebenso viel Recht, auf diesem Schiff zu sein, wie Sie, und wenn Sie unter falschem Namen reisen, dann darf ich das doch wohl auch tun.

Wir wollen nicht darüber streiten, Rokoff. Ich wollte Ihnen nur sagen, dass Sie Miss Strong gefälligst in Ruhe lassen, sie ist eine anständige Dame.

Rokoff wurde feuerrot.

Wenn Sie sich das Geringste erlauben, werfe ich Sie über Bord, fuhr Tarzan fort. Glauben Sie mir, ich warte nur darauf, dass Sie mir einen Anlass geben!

Dann drehte er sich um und ließ Rokoff stehen, der vor Wut bebte.

Während der nächsten Tage sah Tarzan den Mann nicht wieder.

Rokoff war aber nicht untätig. Er saß mit Pawlowitsch in seiner Kabine und schmiedete Rachepläne.

Wenn ich sicher wäre, dass er die Schriftstücke nicht bei sich hat, würde ich ihn noch heute Nacht über Bord werfen, sagte er. Aber ich wage es nicht, ihn mit ihnen ins Meer zu werfen.

Wenn Sie nicht ein so großer Feigling wären, würden Sie einen Weg finden, in seine Kabine zu kommen und nach den Schriftstücken zu suchen.

Pawlowitsch grinste.

Sie sind doch der denkende Teil unserer Partnerschaft, mein lieber Nikolas, erwiderte er. Warum finden Sie nicht selbst einen Weg, Herrn Caldwells Kabine zu durchsuchen?

Zwei Stunden später kam ihnen das Schicksal zu Hilfe, denn Pawlowitsch, der auf der Lauer lag, sah, wie Tarzan sein Zimmer verließ, ohne die Tür abzuschließen.

Fünf Minuten durchsuchte Pawlowitsch das Gepäck des Affenmenschen, während Rokoff Schmiere stand. Pawlowitsch fand aber nichts, und wollte schon aufgeben, als er das Jackett sah, das Tarzan eben ausgezogen hatte. Im nächsten Augenblick hatte er einen Briefumschlag in der Hand. Ein schneller Blick in den Umschlag genügte ihm, und sein Gesicht verzog sich zu einem breiten Grinsen.

Als er Rokoff den Umschlag in ihrer Kabine übergab, läutete dieser dem Steward und bestellte eine Flasche Champagner.

Wir müssen diesen Sieg feiern, Alexei, sagte er.

Es war ein glücklicher Zufall, Nikolas, bremste Pawlowitsch dessen Begeisterung. Er trägt die Schriftstücke sonst offenbar immer bei sich. Er hat vorhin beim Wechseln des Jacketts nur vergessen, die Papiere wieder an sich zu nehmen. Und wenn er den Verlust bemerkt, werden wir es teuer bezahlen müssen. Jetzt, wo er weiß, dass Sie an Bord sind, wird er Sie natürlich zuerst verdächtigen.

Morgen früh wird es egal sein, wen er verdächtigt, antwortete Rokoff.

Nachdem Miss Strong in ihre Kabine hinuntergegangen war, stand Tarzan an Deck, lehnte sich an die Reling, und schaute auf das weite Meer hinaus. Seitdem er an Bord war, hatte er dies jede Nacht getan. Manchmal stand er über eine Stunde lang dort. Das wussten auch die beiden, die ihn, seit er in Algier an Bord gegangen war, beobachtet hatten.

Jetzt hatte der letzte Spaziergänger das Deck verlassen. Es war eine klare Nacht, aber ohne Mondschein, und die Gegenstände auf dem Deck waren kaum zu unterscheiden.

Aus dem Schatten einer Kabine schlichen sich zwei Gestalten heimlich hinter den Affenmenschen.

Das Klatschen der Wellen, das Rauschen der Schraube und das Stampfen der Maschinen übertönte das leise Geräusch ihrer Schritte.

Die beiden waren jetzt ganz nahe an ihn herangekommen. Einer von ihnen hob seine Hand und senkte sie, als ob er Sekunden abzählte: eins – zwei – drei! Wie ein Mann sprangen die zwei auf ihr Opfer. Jeder ergriff ein Bein, und noch ehe Tarzan sich umdrehen konnte, hatten sie ihn über die niedrige Reling geworfen und er verschwand im rabenschwarzen Meer.

Hazel Strong schaute gerade aus ihrem Kabinenfenster, als etwas von oben an ihrem Fenster vorbeischoss. Es verschwand so schnell in den dunklen Fluten, dass sie nicht erkennen konnte, was es war. Sie wartete auf den einen Schrei, bei dem alle erschrecken: »Mann über Bord!« Aber es war Nichts zu hören. Oben auf dem Schiff war alles still.

Hazel schloss daraus, dass ein Matrose wohl ein Bündel Abfall über Bord geworfen habe, und ging zu Bett.

Der Schiffbruch der »Lady Alice«

Am nächsten Morgen war Tarzans Platz beim Frühstück leer. Miss Strong war sehr erstaunt darüber, denn Mr. Caldwell frühstückte gewöhnlich mit ihrer Mutter und ihr.

Als sie später auf dem Deck saß, blieb Herr Thuran bei ihr stehen, um einige freundliche Worte mit ihr zu wechseln. Er schien in bester Stimmung zu sein; aber er war ja auch sonst immer äußerst liebenswürdig gewesen. Als er weiterging, dachte Miss Strong: Herr Thuran ist ein netter Mensch.

Sie fing an, sich zu langweilen, denn sie vermisste die Gesellschaft Mr. Caldwells. Sie hatte sich irgendwie zu ihm hingezogen gefühlt. Er verstand es, so unterhaltend von den Ortschaften und Städten, die er gesehen hatte, von den Menschen und ihren Gebräuchen und von den wilden Tieren zu erzählen. Auch hatte er eine drollige Art, treffende, wenn auch manchmal etwas boshafte Vergleiche zwischen den Menschen und wilden Tieren zu ziehen.

Als Herr Thuran am Nachmittag bei ihr stehen blieb, um mit ihr zu plaudern, war ihr das sehr recht, weil die Eintönigkeit des Tages dadurch etwas unterbrochen wurde. Sie fing aber an, sich über Mr. Caldwells Abwesenheit ernstlich zu sorgen; sie überlegte immer wieder, ob das vielleicht irgendwie mit dem erschreckenden Ereignis am vorigen Abend in Zusammenhang stehen könnte.

Jetzt erzählte sie Herrn Thuran davon. Auch er hatte Herrn Caldwell heute noch nicht gesehen.

Er war nicht, wie gewöhnlich, beim Frühstück, sagte das junge Mädchen. Seit gestern habe ich ihn nicht ein einziges Mal gesehen.

Herr Thuran reagierte sehr besorgt.

Ich hatte nicht das Vergnügen, Herrn Caldwell näher zu kennen, sagte er. Er schien aber ein sehr netter Herr zu sein.

Sollte er sich vielleicht nicht wohlfühlen und in seiner Kabine geblieben sein? Das wäre ja nichts Ungewöhnliches.

Nein, erwiderte das junge Mädchen, das wäre nichts Außergewöhnliches. Aber aus irgendeinem unerklärlichen Grund habe ich das Gefühl, dass mit Herrn Caldwell etwas nicht in Ordnung ist. Ich habe das ganz seltsame Gefühl, dass er nicht mehr auf dem Schiff ist.

Herr Thuran lachte belustigt. Aber, meine liebe Miss Strong, wo sollte er denn sein? Wir haben seit Tagen kein Land mehr gesichtet.

Ja, es ist lächerlich, gab sie zu. Aber ich will mir nicht länger den Kopf zerbrechen. Ich werde jetzt versuchen herauszufinden, wo Herr Caldwell ist. Sie winkte einem vorbeigehenden Steward.

Das wird nicht so leicht sein, wie du glaubst, mein liebes Mädchen, dachte Herr Thuran, und laut bemerkte er: Das wäre auf alle Fälle gut!

Sie wies den Steward an: Suchen Sie bitte Herrn Caldwell auf, und sagen Sie ihm, seine Freunde seien wegen seines langen Ausbleibens sehr besorgt.

Sie können Herrn Caldwell wohl recht gut leiden? fragte Herr Thuran.

Er ist ein prächtiger Mensch, antwortete sie, und meine Mutter ist ganz vernarrt in ihn. Er ist einer von den Männern, bei denen man das Gefühl absoluter Sicherheit hat. Man kann ihm vollkommen vertrauen.

Einen Augenblick später kehrte der Steward zurück und berichtete, Herr Caldwell sei nicht in seiner Kabine. Ich kann ihn nicht finden, Miss Strong. Und – er zögerte – ich habe gesehen, dass sein Bett vorige Nacht nicht benützt wurde. Ich denke, es ist am besten, ich melde die Sache dem Kapitän.

Unbedingt! rief Miss Strong aus. Ich werde mit Ihnen zum Kapitän gehen. Ich weiß, dass etwas Entsetzliches geschehen ist. Meine Ahnung hat mich nicht getrogen!

Beide waren sehr aufgeregt, als sie sich gleich darauf beim Kapitän meldeten. Er hörte ihre Erzählung schweigend an, und sein Gesicht nahm einen Ausdruck der Bestürzung an, als der Steward ihm versicherte, er habe den vermissten Passagier überall vergeblich gesucht.

Und sind Sie sicher, Miss Strong, dass Sie vergangene Nacht einen Körper über Bord stürzen sahen? fragte der Kapitän.

Ich kann nicht behaupten, dass es ein menschlicher Körper war, denn ich hörte keinen Schrei. Aber wenn Herr Caldwell an Bord nicht gefunden wird, dann bin ich mir sicher, dass er es war.

Der Kapitän ordnete eine sofortige gründliche Durchsuchung des ganzen Schiffes an. Miss Strong wartete ungeduldig auf den Ausgang der Untersuchung. Der Kapitän richtete noch einige Fragen an sie, aber sie konnte ihm über den Vermissten nicht mehr mitteilen, als was sie aus ihrer kurzen Bekanntschaft mit ihm an Bord wusste. Mr. Caldwell hatte ihr in der Tat nur weniges über sich und sein früheres Leben mitgeteilt. Alles, was sie wusste, war, dass er in Afrika geboren und in Paris erzogen wurde – und auch das hatte sie nur erfahren, weil sie sich gewundert hatte, dass ein Engländer mit einem so starken französischen Akzent sprach.

Hat er je über irgendwelche Feinde gesprochen? fragte der Kapitän.

Nie.

Hatte er Umgang mit irgendwelchen andern Passagieren?

Nur so wie mit mir, durch zufällige Begegnung auf dem Deck.

War er nach Ihrer Ansicht ein Trinker, Miss Strong?

Meines Wissens trank er überhaupt nicht. Jedenfalls hatte er eine halbe Stunde bevor ich etwas ins Meer fallen sah, noch nichts getrunken, denn bis dahin war ich mit ihm auf dem Deck zusammen.

Das ist wirklich sonderbar, sagte der Kapitän. Er sah auch nicht aus, als ob er Ohnmachtsanfälle oder dergleichen bekommen würde. Und selbst wenn das der Fall gewesen wäre, wäre er doch nicht über die Reling, sondern aufs Deck gefallen. Wenn er nicht mehr an Bord ist, Miss Strong, dann ist er über Bord gestürzt worden, und aus der Tatsache, dass Sie keinen Schrei gehört haben, muss man wohl schließen, dass er bereits tot war.

Miss Strong zitterte vor Schreck.

Erst eine Stunde später kam der erste Offizier wieder, um zu berichten.

Herr Caldwell ist nicht an Bord, erklärte er.

Ich fürchte, Herr Brentley, sagte der Kapitän, dass hier etwas Ernsteres als ein Unfall vorliegt. Ich wünsche, dass Sie persönlich alles, was Herrn Caldwell gehört, genau durchsuchen, um festzustellen, ob irgendein Anhaltspunkt für einen Selbstmord oder einen Mord vorliegt.

Zu Befehl, Herr Kapitän, antwortete Herr Brentley, und entfernte sich sofort wieder.

Hazel Strong war völlig niedergeschlagen. Zwei Tage lang blieb sie in ihrer Kabine, und als sie schließlich wieder herauskam, sah sie bleich aus und hatte große schwarze Ringe um die Augen. Immer wieder glaubte sie den dunklen Körper zu sehen, der lautlos an ihrem Kabinenfenster vorbeisauste und im kalten, dunklen Meer versank.

Kurz nachdem sie zum ersten Mal wieder auf dem Deck erschien, kam Herr Thuran zu ihr.

Oh, das ist schrecklich, Miss Strong, sagte er, ich muss immer wieder daran denken.

Ich auch, sagte Hazel schwach. Gewiss hätte er noch gerettet werden können, wenn ich Alarm geschlagen hätte.

Sie brauchen sich keine Vorwürfe zu machen, liebe Miss Strong. Sie können doch nichts dafür. Jeder andere hätte genauso gehandelt wie Sie. Wer nimmt auch an, dass ein Mensch ins Meer fällt? Auch wenn Sie jemanden gerufen hätten, wäre der Ausgang doch derselbe gewesen. Zuerst hätte man Ihre Erzählung nicht ernst genommen. Wären Sie bei Ihrer Behauptung geblieben, wäre es für eine Rettung zu spät gewesen, denn bis das Schiff gehalten hätte und die Boote herabgelassen worden wären, hätten sie meilenweit zurückrudern müssen, um die Stelle, wo sich die Tragödie abgespielt haben könnte, zu finden. Nein, Sie brauchen sich keine Vorwürfe zu machen. Sie haben für den armen Herrn Caldwell mehr getan, als irgendjemand von uns.

Hazel Strong war gerührt von diesen freundlichen, ermutigenden Worten. Herr Thuran blieb jetzt oft bei ihr, ja, während der ganzen übrigen Fahrt wich er kaum noch von ihrer Seite, und sie schätzte ihn immer mehr.

Thuran hatte erfahren, dass die schöne Miss Strong aus Baltimore ein wohlhabendes Mädchen war, das über eigenes Vermögen verfügte und noch eine bedeutende Erbschaft zu erwarten hatte. Deshalb versäumte er nicht, ihre Gesellschaft recht oft zu suchen.

Anfänglich hatte er die Absicht gehabt, das Schiff im nächsten Hafen zu verlassen. Mit der Beseitigung Tarzans hatte er ja seinen Zweck erreicht. Er wollte möglichst schnell nach Europa zurückkehren und dann im nächsten Schnellzug nach Petersburg eilen.

Inzwischen aber war ihm ein anderer Gedanke gekommen, der ihn veranlasste, seinen ursprünglichen Plan zu ändern. Das Vermögen der Amerikanerin war wirklich nicht zu verachten, und zudem war sie ein reizendes Mädchen.

Welches Aufsehen sie in Petersburg erregen würde!

Herr Thurau hatte seine früheren Reisepläne begraben. Jetzt schob er dringende Geschäfte in Kapstadt vor, die ihn dort einige Zeit festhalten würden.

Miss Strong hatte ihm erzählt, sie würde dort ihren Onkel besuchen und mit ihrer Mutter wahrscheinlich monatelang bei ihm bleiben.

Sie war erfreut, als Herr Thuran durchblicken ließ, er werde sich auch längere Zeit dort aufhalten.

Ich hoffe, dass wir unsere Bekanntschaft fortsetzen können, sagte sie. Sie müssen Mama und mich besuchen, sobald wir dort sind.

Herr Thuran war sehr erfreut darüber. Frau Strong aber war nicht so sehr von ihm eingenommen wie ihre Tochter. Eines Tages, als sie über ihn sprachen, sagte sie:

Ich weiß nicht, weshalb ich ihm gegenüber etwas misstrauisch bin. Er scheint in jeder Hinsicht ein vollkommener Gentleman zu sein, aber manchmal hat er einen so eigentümlichen Ausdruck in seinem Blick, der ein unbehagliches Gefühl in mir hervorruft.

Die Tochter lachte. Was du dir alles einbildest, Mama!

Es ist nun einmal so. Mir wäre Herr Caldwell jedenfalls sehr viel lieber.

Mir auch! stimmte Hazel zu.

~~~

Herr Thuran kam häufig zu Besuch im Haus von Hazels Onkel. Er war von einer rührenden Aufmerksamkeit und versuchte, alle Wünsche Hazels zu erraten, so dass sie immer mehr von ihm eingenommen wurde. Wenn sie, ihre Mutter oder ihr Onkel eine Begleitung brauchten, oder wenn man sonst einen kleinen freundschaftlichen Dienst erwartete, war Herr Thuran immer zur Stelle. So machte er sich geradezu unentbehrlich.
~~~

Und als er den Zeitpunkt für günstig hielt, machte er Hazel einen Heiratsantrag.

Aber Hazel war so enttäuscht darüber, dass sie zuerst gar nicht wusste, was sie ihm antworten sollte.

Ich habe nie gedacht, sagte sie, dass Sie solche Absichten hegen und betrachtete Sie immer als einen wirklich guten Freund. Momentan möchte ich Ihnen noch keine Antwort geben. Vergessen Sie, dass Sie um meine Hand angehalten haben. Wir wollen bleiben, was wir waren. Vielleicht entdecke ich einmal, dass meine Gefühle für Sie mehr als freundschaftliche sind. Bisher habe ich jedenfalls nie einen Augenblick daran gedacht, dass ich Sie liebe.

Mit dieser Zusage war Herr Thuran schon vollkommen zufrieden. Er bedauerte nur, dass er zu hastig vorgegangen war.

Seit ich Sie zum ersten Mal gesehen habe, Hazel, sagte er, liebe ich Sie. Ich werde warten, denn ich bin überzeugt, dass eine so große, aufrichtige Liebe wie die meinige belohnt werden wird. Das einzige, was ich solange von Ihnen verlange, ist, dass Sie keinen andern lieben. Wollen Sie mir das versprechen?

Ich habe noch nie in meinem Leben geliebt, erwiderte sie, und das genügte ihm. Ja, er war mit einer solchen Zuversicht erfüllt, dass er auf dem Heimweg vergnügt vor sich hin überlegte und sich in Gedanken schon am Schwarzen Meer eine prächtige Villa für eine Million Dollar baute, vor der eine elegante Jacht auf den Fluten tanzen sollte.

~~~

Am nächsten Tag erlebte Hazel Strong eine freudige Überraschung: als sie aus einem Juwelierladen kam, stieß sie direkt auf Jane Porter!

Jane! rief sie aus. Wo in aller Welt kommst du her? Ich traue meinen Augen nicht!
~~~

Ja, ich bin es! rief die ebenfalls überraschte Jane aus. Und ich habe immer gedacht, du wärst noch in Baltimore!

Dabei umarmte sie ihre Freundin und küsste sie herzlich.

Es gab viel zu erzählen. Hazel erfuhr, dass Lord Tenningtons Jacht Kapstadt angelaufen hatte und übermorgen ihre Fahrt längs der Westküste Afrikas nach England fortsetzen wollte. Dort werde ich dann heiraten, schloss Jane.

Dann bist du also noch nicht verheiratet? fragte Hazel.

Noch nicht, antwortete Jane. Und ich wollte, zwischen England und hier lägen eine Million Meilen.

Nun wurde sich gegenseitig besucht. Es wurden Essen und Ausflüge in die Umgebung veranstaltet. Dabei war Herr Thuran immer als willkommener Gast dabei. Er selbst lud die Herren zu einem Essen ein und versäumte nicht, sich besonders bei Lord Tennington beliebt zu machen.

Eines Tages, als er allein mit ihm war, verriet er ihm im Vertrauen, dass seine Verlobung mit Miss Strong bei ihrer Rückkehr nach Amerika bekannt gegeben würde. Aber kein Wort davon, lieber Tennington, kein Wort!

Seien Sie unbesorgt, antwortete der Lord, ich kann das gut verstehen. Aber man muss Ihnen gratulieren. Hazel ist wirklich eine tolle Frau!

Herr Thuran erkannte, dass sich jetzt eine andere Möglichkeit ergab, nach Europa zurückzukehren, und am nächsten Tag kam die Sache zur Sprache.

Frau Strong, Hazel und Herr Thuran waren Lord Tenningtons Gäste an Bord seiner Jacht. Frau Strong hatte ihm eben versichert, sie seien über seinen Besuch in Kapstadt hoch erfreut und bedauerten deshalb sehr, dass ein eben eingetroffener Brief aus Baltimore sie zwang, früher nach Amerika zurückzukehren, als sie beabsichtigt hatten.

Wann wollen Sie fahren? fragte Tennington.

Ich denke, Anfang der Woche, antwortete sie.

Das trifft sich hervorragend! rief Herr Thuran. Ich habe wirklich Glück. Auch ich muss möglichst bald zurückkehren, und so werde ich die Ehre haben, Sie zu begleiten und Ihnen weiterhin behilflich zu sein.

Das ist nett von Ihnen, Herr Thuran, antwortete Frau Strong. Wir werden also die Freude haben, auch weiterhin unter Ihrem Schutz zu stehen.

Im Grunde ihres Herzens hatte sie allerdings gehofft, von seiner Gegenwart befreit zu werden. Weshalb, wusste sie selbst nicht genau.

Einen Augenblick später rief Lord Tennington: Ich habe eine großartige Idee, eine wirklich großartige Idee!

Das wird eine großartige Idee sein, warf Clayton spöttelnd dazwischen. Sie wollen jetzt wohl über den Südpol nach China fahren?

Ach, Clayton, Sie brauchen nicht so boshaft zu sein, nur, weil Sie nicht selbst auf den Gedanken gekommen sind. Es werden alle zugeben, dass es eine großartige Idee ist. Wenn es Mrs. und Miss Strong, sowie Herrn Thuran recht ist, werden sie mit uns zusammen auf der Jacht nach England fahren. Ist das keine großartige Idee?

Allerdings, stimmte auch Clayton bei. Das ist ein guter Gedanke, lieber Tenny.

Dann wollen wir also Anfang nächster Woche abfahren, je nachdem wann es Ihnen angenehm ist, Mrs. Strong.

Ich danke Ihnen, Lord Tennington, antwortete die Dame, aber Ihre Einladung ist so großzügig, dass wir sie nicht annehmen können.

Aber warum denn nicht? erwiderte Tennington. Auf unserer Jacht fahren Sie genauso bequem wie auf einem Passagierschiff, Sie werden jede Bequemlichkeit haben. Wir alle wünschen uns, dass Sie zustimmen!

So wurde also beschlossen, dass die ganze Gesellschaft am nächsten Montag abfahren sollte.

Am Tag nach der Abreise saßen die beiden Mädchen in Hazels Kabine und schauten sich die Fotografien, die sie seit ihrer Abfahrt von Amerika gemacht hatte, an. Jane stellte viele Fragen zu den Bildern.

Und hier, sagte sie plötzlich, ist ein Mann, den du kennst! Der arme Kerl! Ich wollte schon so oft mit dir über ihn sprechen, aber ich habe es nie übers Herz gebracht.

Sie hielt das kleine Bild so, dass Jane das Gesicht des Mannes zuerst nicht sehen konnte.

Er hieß John Caldwell, fuhr Hazel fort. Erinnerst du an ihn? Er erzählte, er hätte dich gekannt. Er ist ein Engländer.

An den Namen erinnere ich mich nicht, antwortete Jane. Aber lass mich das Bild sehen!

Der arme Mann fiel auf unserer Fahrt an der Küste entlang über Bord, erklärte Hazel, während sie ihrer Freundin das Bild reichte.

Fiel über Bord? ... Hazel, er ist doch nicht tot? Hazel, das sagst du doch nur im Scherz? wimmerte Jane.

Ich wusste nicht, sagte Hazel beklommen, dass du John Caldwell so gut kanntest.

John Caldwell? fragte Miss Porter. Wie kommst du auf diesen Namen?

So hieß er doch, Jane, John Caldwell aus London.

Ach, Hazel, könnte ich das nur glauben! Aber dieses Gesicht ist so tief in mein Gedächtnis und mein Herz geprägt, dass ich es unter tausend andern Menschen in der Welt erkennen würde.

Was meinst du, Jane? rief Hazel.

Das ist ein Bild von Tarzan.

Jane!

Ein Irrtum ist ausgeschlossen. Oh Hazel, bist du sicher, dass er tot ist? Kann da keine Verwechslung vorliegen?

Leider nein, antwortete Hazel traurig. Ich würde mich freuen, wenn es eine Verwechslung wäre. Aber jetzt bestätigen mir viele Einzelheiten, dass es Tarzan gewesen ist. Ich habe früher nicht darauf geachtet, weil er sich als John Caldwell aus London ausgab. Er sagte, er sei in Afrika geboren und in Paris erzogen worden.

Das stimmt, murmelte Jane Porter.

Der erste Offizier, der sein Gepäck durchsuchte, fand nichts, was auf einen John Caldwell aus London hindeutete. Alles, was er besaß, war in Paris hergestellt oder wenigstens dort gekauft worden. Seine Sachen waren mit dem Buchstaben »T« oder mit »J. C. T.« bezeichnet. Wir schlossen daraus, dass er inkognito unter seinen zwei ersten Namen gereist sei, da wir »J. C.« als John Caldwell deuteten.

Tarzan führte den Namen Jean C. Tarzan, flüsterte Jane bewegt. Und er ist tot! Ach, Hazel, das ist schrecklich! Er starb allein im furchtbaren Ozean! ... Ich kann es nicht fassen, dass dieses wackere Herz aufgehört hat, zu schlagen, dass diese starken Muskeln für immer kalt sein sollen. Er, der das Leben, die Gesundheit und männliche Kraft geradezu verkörperte, soll tot auf dem Meeresboden liegen?

Sie konnte nicht weitersprechen – mit einem leisen Ächzen legte sie den Kopf in die Arme.

Tagelang war Miss Porter krank und wollte außer Hazel und Esmeralda niemanden sehen. Als sie dann wieder an Deck kam, waren alle betroffen von der Veränderung, die mit ihr vorgegangen war. Sie war nicht mehr die lebhafte Schönheit, die alle durch ihr reizendes Wesen erfreut hatte. Sie war jetzt ein ruhiges, stilles Mädchen mit einem erschütternden Ausdruck hoffnungsloser Trauer, den sich nur Hazel Strong erklären konnte.

Die ganze Gesellschaft bemühte sich, sie aufzuheitern und zu unterhalten, aber ohne Erfolg. Gelegentlich gelang es dem witzigen Lord Tennington, sie zu einem Lächeln zu bringen, aber meistens saß sie da und schaute mit weit geöffneten Augen auf die See.

Seit Jane Porters Unwohlsein schien die Jacht ein Missgeschick nach dem andern zu treffen. Zuerst gab es einen Defekt am Motor, und das Schiff kam nur langsam von der Stelle, weil die Reparatur zwei Tage beanspruchte. Dann fegte unerwartet eine starke Bö fast alles, was an Deck war, ins Meer. Später gerieten zwei Matrosen auf dem Vorderdeck in Streit, so dass der eine mit einem Messer schwer verwundet wurde und der andere in Ketten gelegt werden musste. Um das Unglück voll zu machen, fiel eines Nachts der Steuermann über Bord und ertrank, bevor man ihm zu Hilfe kommen konnte. Die Jacht kreuzte noch zehn Stunden lang an der Unglücksstelle, aber es wurde keine Spur mehr von ihm gesehen.

Mannschaft wie Passagiere waren niedergedrückt. Alle fürchteten, es könnte noch etwas Schlimmeres kommen, und die Besatzung wurde abergläubisch und erinnerte dabei an allerlei schlimme Vorzeichen auf der bisherigen Fahrt.

Die Unglückspropheten brauchten dann auch nicht lange zu warten. In der zweiten Nacht nach dem Unfall des Steuermannes gab es um circa ein Uhr nachts einen furchtbaren Stoß, der Passagiere und Mannschaft aus ihren Betten riss.

Eine starke Erschütterung ging durch das kleine Fahrzeug, das sich nach Steuerbord neigte, die Maschinen standen still.

Einen Augenblick neigte sich das Schiff noch stärker zur Seite – dann sank es tiefer in die See und richtete sich wieder auf.

Alle stürmten an Deck. Es blies glücklicherweise nur ein schwacher Wind. Die Nacht war sehr dunkel, aber immerhin konnte man an Backbord eine schwarze aus den Fluten emporragende Masse erkennen.

Ein treibendes Wrack, erklärte der Offizier der Schiffswache.

Der Maschinist stürmte auf das Deck, um den Kapitän zu suchen. Das Stück, das wir vorne auf den Zylinder gesetzt hatten, ist weg, meldete er, das Wasser dringt immer mehr ein.

Einen Augenblick später stürzte ein Matrose von unten herauf.

Mein Gott, schrie er, der ganze Schiffsboden ist weggerissen. Die Jacht kann keine zwanzig Minuten mehr schwimmen!

Seien Sie still! fuhr Tennington ihn an. Meine Damen, gehen Sie hinunter und nehmen Sie ihre notwendigsten Sachen zusammen. Vielleicht ist es nicht so schlimm, aber trotzdem wollen wir uns in die Boote begeben. Es ist sicherer, sich auf alles vorzubereiten. Gehen Sie bitte, gleich! Und Sie, Kapitän Jerrold, senden Sie einen erfahrenen Mann hinunter, um den genauen Umfang des Schadens festzustellen. In der Zwischenzeit sollen die Boote mit Proviant versehen werden.

Die besonnenen Worte des Jachteigentümers trugen viel dazu bei, die ganze Gesellschaft zu beruhigen, und im nächsten Augenblick waren alle damit beschäftigt, seine Anweisungen auszuführen.

Als die Damen auf das Verdeck zurückkehrten, war die Verproviantierung der Boote fast vollendet und einen Augenblick später kehrte der Offizier, der hinuntergegangen war, zurück und machte Meldung. Die zusammengedrängte Gruppe von Männern und Frauen ahnte schon, dass das Ende der »Lady Alice« gekommen war.

Nun? fragte der Kapitän, als der Offizier zögerte.

Ich möchte die Damen nicht erschrecken, sagte er, aber die Jacht kann sich meiner Ansicht nach kaum noch zehn Minuten über Wasser halten. Das Loch ist so groß, dass man eine Kuh hindurchtreiben könnte.

Fünf Minuten später fing die »Lady Alice« an, mit dem Bug zu sinken. Schon ragte der Hintersteven hoch in die Luft, und es gab keinen festen Halt mehr auf Deck.

Das Schiff hatte vier Rettungsboote. Diese waren besetzt und wurden ins Wasser gelassen.

Als sie eilig von der untergehenden Jacht abstießen, warf Jane Porter noch einen letzten Blick zurück. Im selben Augenblick gab es einen lauten Knall; es dröhnte und stampfte im Innern des Schiffes. Die Maschinen brachen auseinander und polterten gegen den Bug, Verschläge und Schotten mit sich reißend. Der Hintersteven hob sich immer höher. Eine Woge schoss aus dem Ozean empor, dann versank das Schiff in der Tiefe.

In einem der Boote wischte sich der wackere Lord Tennington eine Träne aus dem Auge. Nicht um das Geld, das in diesem Schiff steckte, trauerte er, aber sein Herz hing an dem Schiff.

Endlich war die lange Nacht vorüber, und die tropische Sonne warf ihre Strahlen auf das wogende Meer.

Jane Porter war in unruhigen Schlummer versunken, und erwachte erst, als ihr die glühende Sonne ins Gesicht brannte. Sie sah sich um. In ihrem Boot waren drei Matrosen, Clayton und Thuran. Dann schaute sie nach den anderen Booten aus, aber soweit ihr Auge reichte, war nichts, was die schreckliche Eintönigkeit der großen Wasserfläche unterbrach; sie war mit ihren Begleitern alleine auf dem weiten Atlantischen Ozean.

Zurück in den Urwald

Als Tarzan ins Wasser fiel, war sein erster Gedanke, schnell vom Schiff wegzuschwimmen, um nicht von den Schrauben erfasst zu werden. Er wusste, wem er das zu verdanken hatte, und ärgerte sich darüber, dass er sich so leicht von Rokoff hatte überwältigen lassen.

Er lag einige Zeit auf dem Wasser und starrte den sich schnell entfernenden Lichtern des Dampfers nach, ohne dass es ihm in den Sinn kam, um Hilfe zu rufen. Noch nie in seinem Leben hatte er Hilfe herbeigerufen und so dachte er auch jetzt nicht daran. Er konnte sich noch immer auf seine eigene Kraft verlassen.

Tarzan wusste, dass die Aussicht, von einem fremden Schiff aufgenommen zu werden, außerordentlich gering war und die Wahrscheinlichkeit, Land zu erreichen, noch geringer. Aber er entschloss sich, wenigstens den Versuch zu unternehmen. Er wollte auf die Küste zu schwimmen, denn es war doch möglich, dass das Schiff näher an der Küste gefahren war, als er bisher glaubte.

Mit langen, leichten Stößen konnte er stundenlang schwimmen, bevor seine starken Muskeln versagten. Er orientierte sich an den Sternen.

Bald empfand er das Gewicht seiner Schuhe als lästig und zog sie aus. Dann kam seine Hose an die Reihe, und er hätte auch seine Jacke ausgezogen, wenn er nicht die wertvollen Papiere in der Tasche gehabt hätte. Um sich zu vergewissern, dass er sie noch hatte, fuhr er mit der Hand in die Tasche, aber zu seiner Bestürzung waren sie weg.

Jetzt wusste er, dass noch etwas Anderes als nur die Rache Rokoff veranlasst hatte, ihn über Bord zu werfen. Der Russe hatte sich die Papiere wieder angeeignet, die Tarzan ihm in Bu Saada abgenommen hatte. Der Affenmensch stieß einen leisen Schrei aus und zog Jacke und Hemd aus, die er dem Ozean überließ. So konnte er leicht und unbehindert schwimmen.

Das erste Zeichen des kommenden Tages war das Erbleichen der Sterne. In der Richtung, in der Tarzan sich bewegte, sah er die undeutlichen Umrisse einer dunklen Masse. Ein paar starke Stöße brachten ihn näher und nun sah er, dass es der Rumpf eines gesunkenen Schiffes war. Tarzan kletterte hinauf. Er wollte aber nur so lange bleiben, bis es Tag war. Er hatte nicht die Absicht, untätig darauf sitzen zu bleiben, bis er vor Hunger und Durst umkäme.

Die See war ruhig, und das Wrack machte nur eine leichte schwingende Bewegung. Tarzan schlief sofort ein.

Der warme Sonnenschein weckte ihn am nächsten Morgen. Seine erste Empfindung war ein heftiges Durstgefühl, und dieses nahm umso mehr zu, je genauer er sich jetzt über seine Lage klar wurde. Aber schon einen Augenblick später war es vor Freude über zwei neue Entdeckungen vergessen. Das erste, was er sah, war eine Menge Trümmer, die neben dem Wrack schwammen, und mitten dazwischen ein kieloben liegendes Rettungsboot. Und weiter sah er, allerdings weit im Osten, die dünne Linie einer Küste.

Tarzan ließ sich ins Wasser gleiten und schwamm zu dem Rettungsboot. Der kalte Ozean erfrischte ihn. So konnte er das schmale Boot heranholen und es mit Aufwendung aller Kräfte auf die Schiffstrümmer hinaufziehen. Hier drehte er es um und untersuchte es: das Boot war noch ganz und einen Augenblick später schwamm es neben dem Wrack. Nun suchte Tarzan unter den Trümmern einige Stücke Holz, die ihm als Ruder dienen konnten. Dann stieg er in das Boot und versuchte, möglichst schnell zu der fernen Küste zu gelangen.

Es war schon spät am Nachmittag, als er nahe genug herankam, um Gegenstände an Land und die Linien des Ufers erkennen zu können. Was er vor sich sah, war eine kleine Bucht, die aussah wie der Eingang zu einem Hafen. Die waldbedeckte Landzunge nach Norden kam ihm merkwürdig bekannt vor.

War es wirklich möglich, dass das Schicksal ihn wieder zu seinem geliebten Dschungel geführt hatte?

Als sein Boot in die Bucht einlief, schwand der letzte Zweifel, denn im Schatten des Urwaldes sah er seine Hütte stehen, die einst sein verstorbener Vater John Clayton, Lord Greystoke, erbaut hatte!

Mit starken Ruderschlägen trieb Tarzan das kleine Fahrzeug in die Bucht hinein. Kaum hatte das Boot das Ufer berührt, als der Affenmensch an Land sprang. Sein Herz schlug gewaltig vor Freude und Entzücken, als seine Augen ringsum all die vertrauten Dinge wiedersahen: die Hütte, den Strand, den kleinen Bach, den dichten Dschungel, die unzähligen Vögel mit ihrem glänzenden Gefieder, die prachtvollen tropischen Blumen auf den Laubgewinden, die von den Riesenbäumen herunterhingen.

Tarzan war wieder in seinem früheren Reich, und damit alle Welt es wissen sollte, bog er seinen jungen Kopf zurück und stieß den wilden Kampfruf seines Stammes aus. Einen Augenblick war es still im Dschungel, dann aber kam eine dumpfe, unheimliche Antwort, das Gebrüll Numas, des Löwen, und aus weiter Ferne die schreckliche Stimme eines mächtigen Affen.

Zuerst ging Tarzan zum Bach und stillte seinen Durst. Dann näherte er sich seiner Hütte. Die Tür war noch geschlossen, der Verschluss eingeklinkt – so wie d'Arnot und er sie vor drei Jahren zurückgelassen hatten. Er öffnete sie und ging hinein.

Alles war noch an seinem Platz: der Tisch, das Bett und die kleine Wiege, die sein Vater angefertigt hatte, die Regale und die Schränke.

Als Tarzans Augen sich satt gesehen hatten, begann sich sein Magen zu melden. Er musste sich unbedingt etwas zu Essen besorgen. In der Hütte war nichts, und er hatte auch keine Waffen. An der Wand hing noch einer seiner alten Grasstricke, mehrfach gerissen und geflickt.

Tarzan hätte gerne ein Messer gehabt, aber er hoffte, noch bevor die Sonne wieder unterging, sich sowohl ein Messer wie auch einen Speer, einen Bogen und Pfeile besorgt zu haben.

Solange musste ihm der Strick genügen, um Beute zu machen. Er besserte ihn aus, wickelte ihn zusammen, hing ihn über die Schulter und ging hinaus, die Tür hinter sich sorgfältig verschließend.

Vorsichtig und geräuschlos betrat er den Dschungel, wie ein wildes Tier, das auf der Jagd ist. Eine Zeitlang blieb er am Boden, aber als er keine Spur von etwas Essbarem fand, stieg er auf einen Baum hinauf und setzte von dort aus seine Wanderung in der Höhe fort, wie er es früher so viele Jahre getan hatte. Bei den ersten kühnen Sprüngen von Baum zu Baum erwachte wieder die alte Lebenslust in ihm. Kummer und Sorgen waren vergessen. Er lebte auf, denn jetzt genoss er wieder das Glück wirklicher Freiheit. Es würde ihm nicht mehr einfallen, in die Städte der zivilisierten Menschen zurückzukehren – jetzt, wo ihm der weite Dschungel wieder Frieden und Freiheit bot.

Während es noch hell war, kam Tarzan an einen Fluss. Dort befand sich eine Furt, und seit ewigen Zeiten kamen die Tiere des Waldes an diese Stelle, um ihren Durst zu löschen. Hier würde er in der Nacht Sabor oder Numa treffen, wenn sie unter dem dichten Laubwerk auf eine Antilope oder einen Wasserbock lauerten. Dorthin kam auch Horta, der Eber. Und jetzt war er da um Wild zu erlegen, denn er war äußerst hungrig.

Er hockte auf einem niedrigen Ast und wartete eine Stunde lang, bis ein Tier käme. Es wurde immer dunkler. Im Dickicht neben der Furt hörte er den leisen Tritt eines Tieres, ein schwerer Körper bewegte sich durch Gras und Schlinggewächse. Kein anderer als Tarzan hätte das Geräusch wahrgenommen, aber er wusste sofort, dass es Numa, der Löwe war, der ebenfalls Beute suchte. Tarzan musste lächeln.

Plötzlich hörte er noch ein anderes Tier, das sich vorsichtig der Tränke näherte. Einen Augenblick später sah er es. Es war Horta, der Eber. Das war kostbares Fleisch, und Tarzan lief das Wasser im Mund zusammen.

Horta trottete unter dem Ast, auf dem Tarzan hockte, durch. Noch ein paar Schritte, und er musste in Numas Sprungbereich sein! Tarzan sagte sich: Wie werden jetzt die Augen des alten Numa glänzen – jetzt, wo er das furchtbare Gebrüll auszustoßen wollte, durch das er seine Beute erschrecken würde, um dann auf sie loszuspringen und seine furchtbaren Zähne in sie zu schlagen.

Aber bevor Numa reagieren konnte, flog ein Strick vom unteren Ast eines nahen Baumes durch die Luft. Eine Schlinge legte sich um Hortas Hals. Man hörte ein grausiges Grunzen, und als Numa lossprang, sah er seine Beute in die Höhe gezogen und in einem Baum verschwinden.

Numa brüllte auf. Es war das drohende Brüllen eines hungrigen Raubtiers. Er versuchte, auf seinen Hinterbeinen stehend, auf den Baum zu klettern, von dem Tarzan höhnisch herunterlachte. Numa schlug seine scharfen Krallen in die Rinde und riss dabei ganze Fetzen an Baumrinde heraus.

Inzwischen hatte Tarzan den wild um sich schlagenden Eber heraufgezogen und seine Hände vollendeten das Werk, das die Schlinge begonnen hatte. Der wütende Löwe musste von unten zusehen, wie ein anderer sich die Mahlzeit einverleibte, die er eigentlich fressen wollte.

Es war schon völlig dunkel, als Tarzan satt war. War das köstlich gewesen! Nie hatte er sich an das schreckliche Fleisch gewöhnen können, das die zivilisierten Menschen ihm vorgesetzt hatten, und er hatte sich sehr oft nach dem warmen Fleisch eines frisch erlegten Tieres gesehnt.

Seine blutigen Hände wischte er am Laub eines Astes ab, nahm den Rest des Tieres auf die Schulter und wanderte auf halber Höhe der Bäume zur Hütte zurück.

Numa trottete hinter Tarzan her, und wenn der Affenmensch hinunterschaute, konnte er die leuchtenden grünen Augen sehen, die ihn in der Dunkelheit verfolgten. Numa brüllte nicht mehr; er bewegte sich leise, wie der Schatten einer großen

Katze, aber die feinen Ohren des Affenmenschen hörten doch jeden seiner Schritte.

Tarzan fragte sich, ob Numa ihm wohl bis zu seiner Hütte folgen werde. Er hoffte nicht, denn dann war er gezwungen, eine Nacht in der Astgabelung eines Baumes zu verbringen, und er hätte doch lieber auf dem Grasbett seiner Hütte geschlafen.

Er wusste noch genau, wo der Baum stand, auf dem er sich damals ein behagliches Lager eingerichtet hatte. Allzu oft war ihm in der Vergangenheit irgendeine große Dschungel-Katze heimwärts gefolgt und hatte ihn gezwungen, auf diesem Baum Schutz zu suchen, bis sie sich wieder entfernt hatte.

Aber jetzt gab Numa die Verfolgung auf, und mit einem ärgerlichen Brüllen ging er, um eine andere, leichter zu erlegende Beute zu suchen. So konnte sich Tarzan schon einige Minuten später auf den modrigen Resten des ehemaligen Grasbettes ausstrecken. Zufrieden und glücklich versank er in einen tiefen Schlaf.

Tarzan schlief bis spät in den folgenden Morgen, denn er war von den Anstrengungen der letzten Tage wirklich sehr müde gewesen und seine Muskeln waren seit beinahe drei Jahren nicht mehr daran gewöhnt.

Als er aufwachte, eilte er zuerst zum Bach, um zu trinken. Dann stürzte er sich ins Meer und schwamm eine Viertelstunde.

In seine Hütte zurückgekehrt, frühstückte er von dem Fleisch Hortas, dann vergrub er den Rest im weichen Boden außerhalb der Hütte.

Dann nahm er seinen Strick und wanderte in den Dschungel. Dieses Mal war er auf andere Beute aus. Er musste sich Waffen beschaffen, und er fragte sich, ob die Frauen und Kinder damals im Dorf geblieben waren, nachdem die Expedition des französischen Kreuzers alle Krieger zur Strafe für d'Arnots vermeintliche Ermordung getötet hatte. Er hoffte, dort wieder Krieger zu finden, denn er wusste nicht, wie lange er suchen musste, wenn das Dorf verlassen war.

Der Affenmensch wanderte schnell durch den Wald und gegen Mittag kam er schon in die Nähe des Dorfes. Seine Enttäuschung war groß, als er sah, dass der Dschungel die Felder überwuchert hatte und die strohbedeckten Hütten verfallen waren. Hier lebten offensichtlich keine Menschen mehr. Er suchte eine halbe Stunde lang in den Ruinen umher, weil er hoffte, vielleicht irgendeine vergessene Waffe zu finden, aber sein Suchen war erfolglos.

Er folgte nun dem Fluss, der aus südöstlicher Richtung kam, denn er sagte sich, in der Nähe von frischem Wasser wäre am ehesten eine andere Niederlassung zu finden.

Während er so dahinzog, machte er Jagd auf alles, was essbar war – so, wie er es früher bei den Affen getan hatte. Jedes verwitterte Stück Holz drehte er um, um zu sehen, ob nicht ein schmackhafter Wurm darunter wäre, oder er kletterte auf Bäume hinauf, um ein Vogelnest auszunehmen, oder er erschlug geschickt wie eine Katze ein kleines Nagetier.

Manchmal musste er bei der Vorstellung, dass einer seiner Freunde vielleicht gerade ruhig und tadellos angezogen in einem eleganten Pariser Klub saß, lächeln. Dann wieder blieb er plötzlich stehen, weil ein leises Lüftchen seiner Nase die Witterung von irgendeiner Beute oder einem Feind herantrug.

In dieser Nacht schlief er weit von seiner Hütte entfernt im Inneren des Landes in den sicheren Ästen eines riesigen Baumes, hundert Fuß über der Erde. Er hatte wieder herzhaft gegessen, dieses Mal von dem Fleisch Varas, des Hirschen, der seiner Schlinge zum Opfer gefallen war.

Am nächsten Morgen setzte er seine Wanderung in aller Frühe fort, immer dem Lauf des Flusses folgend. Drei Tage lang suchte er, bis er in einen Teil des Dschungels kam, in dem er noch nie zuvor gewesen war. An manchen Stellen war der Wald in den höheren Lagen etwas dünner, dann konnte er zwischen den Bäumen hindurch in weiter Ferne mächtige Berge erkennen. In den vorgelagerten Ebenen gab es anderes Wild: unzählige Antilopen und ganze Herden von Zebras.

Tarzan war begeistert. Diese neue Welt wollte er häufiger aufsuchen.

Am Morgen des vierten Tages witterte er einen schwachen neuen Geruch. Es war der Geruch eines Menschen, der aber noch weit entfernt sein musste. Tarzan strengte alle seine Sinne an, als er schnell durch die Baumkronen eilte und der Richtung folgte, aus der die Witterung kam. Bald hatte er den Mann erreicht; es war ein einzelner Krieger, der langsam durch den Dschungel schritt.

Tarzan folgte ihm mit möglichst wenig Abstand; er wollte warten, bis er an eine lichte Stelle kam, wo er seinen Strick einsetzen konnte.

Als er dem Schwarzen, der ihn noch nicht bemerkt hatte, folgte, wurde er nachdenklich. Er sagte sich, ein zivilisierter Mensch würde wohl niemanden erschlagen, ohne einen triftigen Grund zu haben. Tarzan wollte ihm die Waffen und die Schmucksachen abnehmen. Aber war das ein Grund, ihn zu töten?

Je länger er darüber nachdachte, desto abscheulicher erschien ihm der Gedanke, dafür ein Menschenleben zu opfern. Und während er noch darüber nachdachte, was er tun sollte, waren sie an eine kleine Lichtung gelangt, an deren Rand ein umzäuntes Dorf mit bienenkorbähnlichen Hütten lag.

Als der Krieger aus dem Wald trat, bemerkte Tarzan im Augenwinkel, dass etwas im Dschungelgras lauerte: Numa, der Löwe! Er wollte offensichtlich den Schwarzen anfallen. Dieser Moment änderte seine Haltung völlig: jetzt war der Schwarze für ihn ein Mitmensch, der von einem gemeinsamen Feind bedroht wurde.

Und schon sprang der Löwe auf den ahnungslosen Schwarzen zu. Tarzan rief dem Mann eine Warnung zu, und als der sich daraufhin umdrehte, sah er entsetzt, wie Numa von einem Strick, dessen Schlinge dem Tier plötzlich um den Hals lag, zurückgerissen wurde.

Der Affenmensch hatte so schnell gehandelt, dass er sich nicht den notwendigen Halt verschaffen konnte. Bei dem schweren Tier verlor er bei dem entstehenden Ruck das Gleichgewicht. So wurde der Löwe zwar daran gehindert, seine Krallen in den Körper des Schwarzen zu schlagen, aber Tarzan wurde vom Baum gerissen und landete keine sechs Schritte vor dem wütenden Tier.

Sofort wandte sich Numa nun gegen den neuen Feind – und Tarzan hatte keine Waffe! Da ergriff der Schwarze eilig seinen Speer und schleuderte ihn mit der ganzen Wucht seiner sehnigen Muskeln auf den Löwen, den er in die rechte Seite traf. Vor Wut und Schmerz brüllend, griff das Tier nun wieder den Schwarzen an. Aber Tarzans Strick hielt es wieder zurück. Da richtete der Löwe sich abermals gegen den Affenmenschen, aber im selben Augenblick traf ihn ein mit Widerhaken versehener Pfeil und drang tief in seinen Leib ein. Inzwischen konnte Tarzan seinen Strick zweimal um den Stamm eines großen Baumes winden und das Ende daran befestigen.

Tarzan wusste, dass der Kampf noch nicht zu Ende war. Blitzschnell war er an der Seite des Schwarzen und zog dessen langes Messer aus der Scheide. Dann gab er dem Krieger ein Zeichen, er möge weitere Pfeile auf das große Tier schießen und rückte diesem mit dem Messer auf den Leib. Numa wurde jetzt von zwei Seiten gleichzeitig angegriffen. Wütend brüllte er, richtete sich auf den Hinterpfoten auf und versuchte, seine Peiniger abwechselnd zu packen.

Das eröffnete Tarzan eine günstige Gelegenheit: er sprang auf den Rücken des Tieres, umfasste dessen Hals und stieß ihm das lange Messer ins Herz.

Dann stand Tarzan wieder auf. Der Schwarze und der Weiße schauten sich in die Augen. Der Schwarze machte das Zeichen des Friedens und der Freundschaft, und Tarzan antwortete ihm auf die gleiche Weise.

Vom Affenmenschen zum Krieger

Der Lärm des Kampfes hatte viele Bewohner des nahen Dorfes angelockt, und bald waren die beiden Männer von geschmeidigen, ebenholzfarbigen Kriegern umringt, die mit lebhaften Gebärden umherliefen und tausend Fragen stellten. Dann kamen die Frauen und Kinder, die ebenso aufgeregt und neugierig waren.

Tarzans neuer Freund verschaffte sich schließlich Gehör und als er mit seiner Erzählung fertig war, übertrafen sich die Schwarzen gegenseitig mit ihren Dankesbekundungen für den merkwürdigen Menschen, der ihren Kameraden gerettet und den Kampf mit Numa mit bloßer Hand aufgenommen hatte.

Zuletzt führten sie ihn in ihr Dorf, wo sie ihm Geflügel, Ziegenfleisch und gekochte Speisen vorsetzten.

Als er auf ihre Waffen zeigte, beeilten sich die Krieger, Speer und Schild, Pfeile und Bogen zu holen. Außerdem schenkte ihm sein neuer Freund das Messer, mit dem er Numa getötet hatte. Es gab wohl nichts im Dorf, was man ihm auf seinen Wunsch hin verweigert hätte.

Wieviel besser war es, dachte Tarzan, seine Bedürfnisse auf diese Weise zu befriedigen, als durch Mord und Raub. Wie nahe war er daran gewesen, diesen Mann, den er nie zuvor gesehen hatte, zu töten – denselben Mann, der ihm jetzt mit allen ihm zur Verfügung stehenden Mitteln Dankbarkeit und Freundschaft bezeugte. Tarzan war beschämt. In Zukunft würde er es sich vorher sehr gut überlegen, ob der Mensch, den er töten wollte, es auch wirklich verdient hatte.

Dieser Gedanke erinnerte ihn an Rokoff. Er wünschte sich, nur für ein paar Minuten mit dem Russen allein im dunklen Dschungel zu sein. Das war ein Mensch, der den Tod wirklich verdiente. Und wenn er hätte sehen können, wie Rokoff sich eifrig bemühte, die Gunst der schönen Miss Strong zu erlangen, hätte er es sich noch mehr gewünscht.

Am ersten Abend, den Tarzan bei den Schwarzen verbrachte, wurde ihm zu Ehren ein großes Fest gefeiert. Zuerst gab es ein Festessen, denn die Jäger hatten eine Antilope und ein Zebra als Beute heimgebracht und dazu wurden große Mengen des leichten einheimischen Bieres getrunken. Als die Krieger dann im Feuerschein tanzten, bewunderte Tarzan abermals das Ebenmaß ihrer Gestalten und die Regelmäßigkeit ihrer Gesichtszüge. Die Gesichter der Männer machten einen klugen und ernsten Eindruck, die der Frauen waren sehr hübsch.

Während dieses Tanzes hatte der Affenmensch zum ersten Mal bemerkt, dass manche Männer und Frauen goldenen Schmuck trugen, hauptsächlich schwere Fuß- und Armspangen, die anscheinend aus massivem Metall waren. Als er eine davon anschauen wollte, legte der Eigentümer sie ab und gab Tarzan durch Zeichen zu verstehen, dass er sie als Geschenk annehmen sollte. Sie schien aus reinem Gold zu bestehen. Das überraschte ihn, denn es war das erste Mal, dass er bei afrikanischen Schwarzen echten Goldschmuck sah. Er fragte sie, woher das Metall gekommen sei, aber sie konnten ihn nicht verstehen.

Als der Tanz zu Ende war, versuchte Tarzan durch Zeichen zu erklären, dass er sie nun verlassen werden, aber sie flehten ihn an, als ihr Gast in einer großen Hütte zu bleiben, die der Häuptling ihm anbot. Er versuchte ihnen zu erklären, dass er am nächsten Morgen zurückkommen werde, aber sie verstanden ihn nicht. Als er sich schließlich entfernte und auf den Ausgang des Dorfes zuging, waren sie sehr enttäuscht.

Aber Tarzan wusste genau, was er tat. Er hatte genug Erfahrungen mit dem Ungeziefer und dem Geruch in den Hütten der Eingeborenen gesammelt und obwohl er in diesem Punkt nicht überempfindlich war, war ihm ein Lager auf einem Baum doch lieber.

Als Tarzan sich auf den niedrigen Ast eines großen Baumes schwang, der über den Dorfzaun reichte, und dann im Laubwerk verschwand, nahm das Wundern und Staunen kein Ende. Eine halbe Stunde lang riefen sie ihm noch nach, doch zurückzukommen, aber da keine Antwort kam, legten sie sich schließlich zur Ruhe.

Tarzan kehrte in den tieferen Wald zurück, bis er einen Baum gefunden hatte, der seinen Ansprüchen genügte. Er legte sich auf den breiten gabelförmigen Ast des dicken Baumes und fiel sofort in tiefen Schlaf.

Am folgenden Morgen tauchte er ebenso plötzlich wieder im Dorf auf, wie er in der vorhergehenden Nacht verschwunden war. Im ersten Augenblick waren die Eingeborenen erschrocken, aber dann hießen sie ihn wieder lachend willkommen.

An diesem Tag begleitete er die Krieger auf einer Jagd in die nahegelegene Ebene. Dabei fanden sie, dass der Weiße in der Handhabung ihrer Waffen so geschickt war, dass sie ihn noch mehr achteten und bewunderten.

~~~

Wochenlang lebte Tarzan nun schon bei seinen neuen Freunden. Er jagte mit ihnen Büffel, Antilopen, Zebras und Elefanten. Schnell erlernte er ihre einfache Sprache, ihre Gebräuche und Sitten.

Busuli, der Krieger, den er vor dem Löwen gerettet hatte, erzählte ihm die Geschichte seines Stammes. Sein Volk war vor vielen Jahren nach mehreren langen Märschen aus dem fernen Norden hierher eingewandert. Es war einst ein großer, mächtiger Stamm, dem die Sklavenjäger durch Verschleppung und Ermordung so zusetzten, dass nur noch ein kleiner Rest ihrer früheren Anzahl übriggeblieben war.

Sie hetzten uns wie wilde Tiere zu Tode, sagte Busuli. Sie nahmen uns als Sklaven und raubten unser Elfenbein. Wir kämpften jahrelang gegen sie, aber unsere Pfeile und Speere konnten gegen die Stöcke, die Feuer und Blei spucken, nichts ausrichten. Schließlich, als mein Vater noch ein junger Mann war, sahen unsere Krieger die Araber einmal schon aus weiter Ferne, und Chowambi, der damals unser Häuptling war, befahl seinem Volk, alles zusammenzuraffen und mit ihm weit
~~~

nach Süden zu gehen, bis sie eine Stelle fänden, wo die arabischen Jäger nicht hinkämen. Sie taten, wie er befahl, und nahmen ihre ganze Habe mit sich. Monatelang wanderten sie dahin, litten unsägliche Beschwerden und Entbehrungen, denn ein Teil des Weges führte durch dichten Urwald und über mächtige Berge. Schließlich kamen sie hierher, und obwohl sie immer wieder Späher nach einem besseren Wohnplatz aussandten, wurde bisher kein besserer gefunden.

Und die Sklavenjäger haben euch hier nie entdeckt? fragte Tarzan.

Vor etwa einem Jahr fiel eine Anzahl Araber über uns her, aber wir verjagten sie und töteten viele. Tagelang verfolgten wir sie, nun jagten wir sie wie wilde Tiere. Wir töteten sie einzeln, bis nur noch eine Handvoll übrigblieb, aber diese entkamen.

Während Busuli erzählte, spielte er mit dem schweren goldenen Armband, das die glänzende Haut seines linken Armes umgab. Tarzan betrachtete den Schmuck. Seitdem er wieder im Urwald war, hatte er nicht mehr an Gold und ähnliche unnütze Dinge gedacht, aber der Anblick des Goldes erinnerte ihn daran, was es in der zivilisierten Welt bedeutete: Macht und Genuss.

Auf das Armband zeigend, fragte er: Von wo kam das gelbe Metall, Busuli?

Der Schwarze zeigte nach Südosten.

Eine Monatsreise weit – vielleicht auch mehr, antwortete er.

Bist du dort gewesen? fragte Tarzan.

Nein, aber einige von unseren Leuten waren vor vielen Jahren dort, als mein Vater noch ein junger Mann war. Eine der Abteilungen, die nach einer geeigneteren Ansiedlung für unseren Stamm suchten, stieß auf ein seltsames Volk, das viele Schmucksachen aus gelbem Metall trug. Die Speere dieser Leute waren an der Spitze golden, ebenso ihre Pfeile.

Sie wohnten in Hütten aus Steinen in einem großen Dorf, das mit einer Mauer umgeben war. Sie waren sehr wild, fielen über unsere Krieger her, ohne zu fragen, ob sie in friedlicher Absicht gekommen waren.

Unsere Leute waren nur wenige, konnten aber ihre Stellung auf dem Gipfel einer kleinen felsigen Anhöhe behaupteten, bis das wilde Volk nach Sonnenuntergang schließlich in sein Dorf zurückkehrte. Dann stiegen unsere Krieger schnell von ihrer Anhöhe herunter, nahmen den gefallenen Feinden ihren Schmuck aus gelbem Metall ab, zogen aus dem Tal weg, und niemand ist jemals dorthin zurückgekehrt.

Es sind böse Menschen, weder weiß wie du, noch schwarz wie ich, sondern mit Haaren bedeckt, so wie Bolgani, der Gorilla. Es sind wirklich schlimme Menschen, und Chowambi war froh, als er ihre Gegend hinter sich hatte.

Und von denen, die mit Chowambi dort waren und dieses seltsame Volk und seine merkwürdige Stadt sahen, ist niemand mehr am Leben? fragte Tarzan.

Waziri, unser Häuptling, war dort, antwortete Busuli. Er war damals noch ein ganz junger Mann, aber er begleitete Chowambi, der sein Vater war.

Am selben Abend fragte Tarzan den Häuptling danach, und Waziri, der jetzt ein alter Mann war, sagte, es sei ein langer Marsch gewesen, aber der Weg sei nicht schwer zu finden. Er erinnere sich noch sehr gut daran.

Zehn Tage lang, sagte er, zogen wir am Ufer des Flusses entlang, der an unserem Dorf vorbeizieht. Wir wanderten bergauf, bis wir zu einer kleinen Quelle kamen, die am Abhang einer hohen Gebirgskette entspringt. Aus dieser Quelle entspringt unser Fluss. Am nächsten Tag überschritten wir den Gipfel dieses Berges, und auf der anderen Seite kamen wir zu einem Bächlein, dem wir bis zu einem großen Wald folgten.

Viele Tage zogen wir an dem sich dahinschlängelnden Bach entlang. Er wurde immer größer, bis er schließlich in einen großen Fluss mündete, der durch ein mächtiges Tal dahinfloss. Hier folgten wir diesem großen Fluss wieder bis zu seiner Quelle, weil wir hofften, auf offenes Land zu stoßen.

Nach langem Marsch kamen wir wieder zu einer anderen Gebirgskette. Wir folgten dem Fluss weiter aufwärts, bis wir nahe der Bergspitze an eine kleine Höhle kamen, aus der die Quelle dieses Flusses hervorrieselte.

Ich erinnere mich, dass es in jener Nacht sehr kalt war, denn die Berge waren sehr hoch.

Am nächsten Tag beschlossen wir, den Gipfel des Berges zu besteigen, um zu sehen, wie die Gegend auf der anderen Seite wäre, und wenn sie nicht besser aussah, als das Land, das wir soweit durchwandert hatten, wollten wir in unser Dorf zurückkehren und unseren Leuten sagen, dass sich kein besserer Siedlungsplatz finden ließe.

Und so kletterten wir an den felsigen Klippen hinauf, bis wir den Gipfel erreichten, und dort sahen wir nicht weit unter uns ein flaches, sehr enges Tal, auf dessen anderer Seite eine Stadt aus Steinhäusern stand, von denen aber viele schon zerfallen waren.

Ich möchte gerne dorthin gehen, sagte Tarzan, um diesen merkwürdigen Ort zu sehen und mir von den wilden Einwohnern gelbes Metall zu holen.

Es ist ein weiter Marsch, erwiderte Waziri, und ich bin ein alter Mann. Aber wenn du warten willst, bis die Regenzeit vorüber ist, will ich einige von meinen Kriegern nehmen und mit dir gehen.

Tarzan musste sich damit zufriedengeben, obwohl er sich am liebsten schon am nächsten Morgen auf den Weg gemacht hätte. Er war ungeduldig wie ein Kind.

Am nächsten Tag kehrte eine kleine Abteilung von Jägern aus dem Süden in das Dorf zurück, und berichtete, dass eine große Herde Elefanten nur einige Meilen von ihnen entfernt sei. Die Männer waren auf Bäume geklettert und hatten sie von dort aus gut erkennen können; es seien darunter einige Elefanten mit großen Stoßzähnen.

Der Rest des Tages und der Abend wurden mit Vorbereitungen zu einer großen Jagd verbracht. Die Speere wurden untersucht und ausgebessert, die Köcher gefüllt und die Bogen straffgezogen. Und während der ganzen Zeit ging der Medizinmann des Dorfes zwischen den Leuten hindurch und verteilte Zaubermittel und Amulette, die die Leute schützen und ihnen am morgigen Tag Glück bei der Jagd bringen sollten.

Bei Morgengrauen waren die Jäger auf den Beinen. Es waren fünfzig flinke schwarze Krieger. In ihrer Mitte stand Tarzan, geschmeidig und rüstig wie ein junger Waldgott, dessen braune Haut sich von dem Schwarz der anderen abhob. Aber davon abgesehen, sah er genauso aus wie sie. Sein Schmuck und seine Waffen waren dieselben. Er sprach ihre Sprache, er lachte und scherzte mit ihnen, hüpfte und jauchzte in dem wilden Tanz, den sie vor ihrem Aufbruch veranstalteten. Hätte man ihn in diesem Moment gefragt, hätte er sicher erklärt, er fühle sich diesem Volk und seinen Sitten näher, als seinen Pariser Freunden.

Er dachte an d'Arnot, und lachte vor Vergnügen, als er sich vorstellte, welches Gesicht er wohl machen würde, wenn er ihn jetzt sehen könnte. Armer Paul! Er war so stolz darauf gewesen, dass er seinem Freund die Wildheit ausgetrieben hatte. Wie schnell bin ich doch zurückgefallen! dachte Tarzan. Tatsächlich hatte er eher Mitleid mit den armen Pariser Geschöpfen, die wie Gefangene eingeengt waren, ihr ganzes armes Leben lang von Polizisten bewacht wurden und nichts tun durften, was nicht gekünstelt oder mit Zwang verbunden war.

Nach zweistündigem Marsch kamen die Krieger in die Nähe der Stelle, wo die Elefanten am Tag vorhergesehen worden waren. Von da an gingen sie langsamer und vorsichtig weiter, wobei sie überall nach Fährten der großen Tiere suchten. Zuletzt fanden sie eine deutliche Spur, die zeigte, dass die Herde erst vor wenigen Stunden hier durchgekommen sein musste.

Eine halbe Stunde lang folgten sie dieser Spur im Gänsemarsch. Tarzan war der erste, der die Hand hob, um anzuzeigen, dass die Tiere in der Nähe seien. Seine feine Nase hatte ihm verraten, dass die Elefanten nicht mehr weit entfernt waren.

Die Schwarzen bezweifelten das.

Tarzan antwortete ihnen: Kommt nur, dann werdet ihr schon sehen!

Mit der Behändigkeit eines Eichhörnchens kletterte er auf eine Baumspitze. Einer der Schwarzen stieg ihm langsam nach. Als er einen Ast neben dem Affenmenschen erreicht hatte, zeigte dieser nach Süden. Dort sah man tatsächlich in einer Entfernung von wenigen hundert Metern eine Anzahl dunkler Rücken, die sich durch das hohe Gras des Dschungels bewegten. Der Schwarze zeigte den unten wartenden Stammesgenossen die Richtung und gab ihnen mit den Fingern die Anzahl der Tiere an, die er sehen konnte.

Sofort ging es in der angegebenen Richtung weiter. Der Schwarze kletterte vom Baum herunter, während Tarzan es vorzog, in seiner gewohnten Art von Baum zu Baum zu springen.

Es ist kein Kinderspiel, mit den primitiven Waffen der Schwarzen auf Elefantenjagd zu gehen. Tarzan wusste, dass nur wenige Eingeborenen-Stämme dieses Wagnis unternahmen, und er war recht stolz darauf, dass sein Stamm diesen Mut hatte.

Als Tarzan geräuschlos durch die Bäume weiterwanderte, sah er, wie die Krieger sich duckend im Halbkreis an die ahnungslosen Elefanten heranschlichen. Als sie näher herangekommen waren, wählten sie zwei starke Elefanten mit ausgewachsenen Stoßzähnen aus. Auf ein Zeichen stießen die fünfzig Mann aus ihrer Deckung vor und schleuderten ihre schweren Kriegsspeere auf die beiden ausgesuchten Tiere. Das eine bewegte sich nicht mehr von der Stelle, als die Flut von Speeren es traf, denn zwei waren so gut gezielt, dass sie das Herz getroffen hatten. Es stürzte stöhnend vornüber auf die Knie und fiel zu Boden.

Das andere Tier stand näher bei den Jägern und wenn auch alle Speere es getroffen hatten, so war doch keiner ins Herz gedrungen.

Einen Augenblick stand das gewaltige Tier da, trompetete vor Wut und Schmerz. Die Schwarzen waren sofort im Dschungel verschwunden, aber der getroffene Elefant hörte sie im Gebüsch, und bahnte sich mit der ganzen Wucht seines riesigen Körpers einen Weg durch das Gestrüpp.

Der Zufall wollte, dass der Elefant auf Busuli stieß, dem er sich so schnell näherte, dass der Schwarze starr vor Schrecken stehen blieb. Tarzan hatte diese von einem nahen Baum aus beobachtet, und als er erkannte, in welcher Gefahr sich sein Freund befand, eilte er mit lautem Geschrei dem wütenden Tier entgegen, weil er glaubte, dadurch dessen Aufmerksamkeit auf sich lenken zu können.

Das war aber vergeblich. Tarzan sah, dass nur noch ein Wunder Busuli retten konnte. Er ergriff seinen Speer und sprang dem Elefanten in den Weg, um das Leben des schwarzen Kriegers zu retten.

Mit einem kräftigen Schlag seines Kopfes nach rechts versuchte der Elefant den Störenfried zu beseitigen, aber er hatte nicht mit der Schnelligkeit Tarzans gerechnet. Der Affenmensch hatte ihm die eiserne Spitze seines Speeres durch die Schulter ins Herz gestoßen. Der riesige Dickhäuter stürzte tot zu Boden.

Als Tarzan auf die mächtige Beute sprang und in seiner gewohnten Art mit gewaltiger Stimme seinen Sieg verkündete, wichen die Schwarzen entsetzt zurück, denn das war das Gebrüll des schrecklichen Bolgani, den sie ebenso fürchteten wie Numa, den Löwen.

Aber als Tarzan den Kopf wieder senkte und ihnen zulachte, waren sie beruhigt.

Befremdlich war für sie auch, dass dieser seltsame Mensch sich so schnell und sicher wie ein Affe auf den Bäumen fortbewegte und doch auf der Erde ebenso zu Hause war wie sie. Dass er so stark war wie zehn von ihnen und den Kampf mit den wildesten Tieren des Dschungels mit bloßen Händen aufnahm.

Als alle Krieger wieder versammelt waren, nahm man die Jagd wieder auf. Jetzt galt es, die fliehende Herde zu verfolgen!

Sie waren aber kaum hundert Meter weit gekommen, als hinter ihnen in weiter Ferne ein merkwürdiges Geknatter zu hören war.

Einen Augenblick blieben sie wie versteinert stehen und horchten.

Dann sagte Tarzan: Gewehre! Das Dorf wird angegriffen!

Die Elfenbein-Räuber

Waziris Krieger eilten durch den Dschungel zu ihrem Dorf zurück. Bald hörte man nur noch einzelne Schüsse, und nun hörten auch diese auf. Diese Ruhe war aber nicht beruhigend, denn sie bedeutete wohl, dass das schlecht bewachte Dorf dem Angriff einer Übermacht erlegen war.

Sie hatten etwas mehr als drei Meilen zurückgelegt und waren noch fast zwei Meilen von ihrem Dorf entfernt, als sie auf die ersten Flüchtlinge stießen, die dem Feind entkommen waren. Es waren ein Dutzend Frauen, Jungen und Mädchen, die vor lauter Aufregung kaum sprechen konnten, als sie Waziri das Unglück, das über sein Volk hereingebrochen war, zu schildern versuchten.

Sie sind so zahlreich wie die Blätter auf den Bäumen, rief eine der Frauen. Es sind viele Araber und unzählige Manyuema, und alle haben Feuerwaffen. Sie schlichen sich an das Dorf heran und stürzten schießend auf uns los. Einige konnten in den Dschungel fliehen, aber viel mehr sind getötet worden. Ich weiß nicht, ob sie Gefangene gemacht haben oder nicht – sie schienen es nur darauf abgesehen zu haben, uns alle zu töten. Die Manyuema beschimpften uns und sagten, sie wollten uns alle auffressen, bevor sie die Gegend verließen; das sei unsere Strafe dafür, dass wir voriges Jahr ihre Freunde getötet hätten.

Der Marsch zum Dorf erfolgte jetzt langsamer und vorsichtiger. Waziri wusste, dass jede Hilfe zu spät kam; man konnte sich höchstens noch für den Überfall rächen. Innerhalb der nächsten Meile traf man noch auf etwa hundert Flüchtlinge. Es waren einige Männer darunter, und so wurde die Kampfkraft der Abteilung verstärkt.

Ein Dutzend Krieger wurde zur Erkundung ausgesandt. Waziri blieb bei den übrigen zurück, die sich in dünner, langer Kette durch den Wald fortbewegten. An der Seite des Häuptlings ging Tarzan.

Bald kam einer der Kundschafter zurück. Er war bis in Sichtweite des Dorfes vorgedrungen.

Sie sind alle innerhalb der Umzäunung! flüsterte er.

Gut! sagte Waziri. Wir stürzen uns auf sie und erschlagen sie!

Er befahl, dass sie alle am Rand der Lichtung warten sollten, bis er ins Dorf ging, dann sollten sie ihm folgen.

Vorsicht! sagte Tarzan. Wenn es auch nur fünfzig mit Gewehren Bewaffnete sind, werden sie uns zurückgeschlagen und niedermachen. Lass mich allein durch die Bäume gehen. Ich will von oben herabschauen und sehen, wie viele es sind, und wie wir sie am besten angreifen. Es wäre Wahnsinn, auch nur einen Mann zu opfern, wenn wir keine Aussicht auf Erfolg haben. Ich denke, dass wir durch Schlauheit mehr erreichen werden als durch Gewalt. Willst du warten, Waziri?

Ja, sagte der alte Häuptling. Geh!

Tarzan kletterte auf einen Baum und verschwand in Richtung Dorf. Er bewegte sich vorsichtiger, als er es sonst tat, denn er wusste, dass Männer mit Gewehren ihn auf der Spitze eines Baumes ebenso leicht treffen konnten, wie auf dem Boden.

Nach fünf Minuten war er bis zu dem großen Baum vorgedrungen, dessen Äste bis über den Zaun des Dorfes reichten, und von dort aus schaute er hinunter auf das Treiben der Verbrecher. Er zählte fünfzig Araber und die Zahl der Manyuema schätzte er auf fünfmal so hoch. Letztere waren eben dabei, das schauerliche Festmahl zu bereiten, mit dem sie jeden Sieg über ihre Feinde zu feiern pflegten.

Der Affenmensch sah, dass es zwecklos war, die Eroberer anzugreifen, die mit Gewehren bewaffnet waren und sich hinter den verschlossenen Toren des Dorfes verrammelt hatten. Er kehrte zu Waziri zurück und riet ihm abzuwarten, zumal er einen besseren Plan habe.

Aber mittlerweile hatte einer der Flüchtlinge von der scheußlichen Ermordung der Frau des alten Häuptlings erzählt, und dadurch war Waziri so in Wut geraten, dass er sich nicht mehr zurückhalten ließ. Er rief seine Krieger herbei und befahl ihnen, sofort anzugreifen.

Die kleine Truppe, die kaum mehr als hundert Mann zählte, schwenkte die Speere und rannte mit wildem Geschrei gegen das Dorftor. Aber bevor sie die Hälfte der Lichtung durchschritten hatten, eröffneten die hinter dem Zaun postierten Araber das Feuer auf sie.

Bei der ersten Salve fiel Waziri. Eine zweite Salve streckte ein weiteres halbes Dutzend nieder. Nur wenige erreichten das verschlossene Tor und wurden dort niedergeschossen, ohne dass sie auch nur in das Innere des Dorfes vorgedrungen waren, und dann brach der ganze Angriff zusammen. Die übrig gebliebenen Krieger eilten in den Wald zurück.

Als sie davonliefen, öffneten die Feinde das Tor und rannten hinter ihnen her, um das Tagewerk mit der völligen Vernichtung des Stammes zu vollenden. Tarzan war unter den letzten gewesen, die in den Wald zurückflüchteten, unterwegs drehte er sich von Zeit zu Zeit um, und schoss einem Verfolger einen wohlgezielten Pfeil in den Leib.

Im Dschungel fand er ein Häuflein Schwarzer, die entschieden waren, den Kampf mit den Verfolgern aufzunehmen, aber Tarzan rief ihnen, sich im Urwald zu zerstreuen und abzuwarten, bis sie sich in der Dunkelheit wieder zu größerer Stärke vereinigen könnten.

Tut, was ich euch sage! Dann werde ich euch zum Sieg über eure Feinde führen. Zerstreut euch im Wald und sammelt dort so viel Nachzügler, wie möglich, und in der Nacht kommt auf Umwegen zu der Stelle, wo wir heute die Elefanten erlegt haben. Dann will ich euch meinen Plan erklären, und ihr werdet feststellen, dass er gut ist. Mit eurer geringen Stärke und euren einfachen Waffen könnt ihr euch nicht mit der Anzahl und den Gewehren der Araber und der Manyuema messen.

Die Schwarzen waren einverstanden.

Wenn ihr auseinandergeht, erklärte Tarzan schließlich, müssen sich auch eure Feinde, um euch zu folgen, aufteilen. So könnt ihr manche Manyuema mit euren Pfeilen aus dem Hinterhalt töten.

Sie hatten sich kaum im Wald zerstreut, als die ersten Räuber an der Stelle ankamen, an der sie eben noch zusammenstanden.

Tarzan lief eine kurze Strecke weit, bevor er sich auf einen Baum schwang. Er stieg hoch hinauf und bewegte sich dann schleunigst weiter. Er kehrte zum Dorf zurück.

Hier sah er, dass alle Araber und Manyuema das Dorf zur Verfolgung verlassen hatten und die angeketteten Gefangenen und eine einzelne Wache zurückgelassen hatten.

Der Wachposten stand am offenen Tor und schaute in Richtung Wald, so dass er nicht sah, wie sich Tarzan am anderen Ende des Dorfes aus der Höhe herabließ. Mit schussfertigem Bogen schlich sich der Affenmensch leise an den Mann heran. Die Gefangenen hatten ihn schon gesehen, und verfolgten mit weit geöffneten Augen jede seiner Bewegungen.

Jetzt war er bis auf zehn Schritte an den nichtsahnenden Manyuema herangekommen. Der Bogen war gespannt und das graue Auge zielte scharf, bis sich plötzlich die braunen Finger bewegten und der Pfeil durch die Luft schwirrte. Ohne einen Laut von sich zu geben, sank der Manyuema zu Boden; der Pfeil hatte ihm das Herz durchbohrt.

Tarzan wandte seine Aufmerksamkeit nun auf die Frauen und Jugendlichen, die mit ihren Hälsen an einer langen Sklavenkette festgebunden waren. Da jederzeit Verfolger zurückkehren konnten, hatte er keine Zeit, sie von ihren Fesseln zu befreien, und so rief er ihnen zu, ihm so wie sie seien, zu folgen. Er nahm der getöteten Wache das Gewehr und die Patronen ab und ließ die Gefangenen zum Dorftor hinaus, von wo sie in den Wald auf der anderen Seite der Lichtung verschwanden.

Es war ein langsamer und schwieriger Marsch, denn die Leute waren die Sklavenkette nicht gewöhnt, und so entstand manche Verzögerung, wenn jemand stolperte oder hinfiel und die andern mit sich zog. Außerdem waren sie gezwungen, einen Umweg zu gehen, um nicht mit zurückkehrenden Räubern zusammenzustoßen. Er wurde durch gelegentliche Schüsse geleitet, die ihm auch verrieten, dass die Araber die Dorfbewohner immer noch verfolgten.

Als es dunkel wurde, hörten die Schüsse auf, und Tarzan schloss daraus, dass die Araber alle ins Dorf zurückgekehrt waren. Bei dem Gedanken, dass sie ihre Wache getötet und alle ihre Gefangenen befreit finden würden, konnte er sich ein triumphierendes Lächeln nicht verkneifen.

Es war nach Mitternacht, als sich Tarzans Gruppe der Stelle näherte, wo die Elefanten lagen. Lange bevor sie diese Stelle erreichten, hatte ihnen ein großes Feuer als Orientierung gedient. Die Eingeborenen hatten im Mittelpunkt ihres schnell errichteten Lagers ein Lagerfeuer gemacht, teils um sich zu wärmen, teils um die Löwen fernzuhalten.

Tarzan rief vorsichtshalber, dass sie Freunde seien, die ankamen. Es war ein freudiger Empfang, der ihnen bereitet wurde, als man sah, dass eine lange Reihe gefangener Verwandter und Freunde im Schein des Feuers ankam. Man hatte diese Leute schon aufgegeben, und die Schwarzen waren über deren Rückkehr sehr glücklich. Tarzan bestand – bei aller Wiedersehensfreude – darauf, dass sie wenigstens ein bisschen schlafen sollten, um für den kommenden Tag gerüstet zu sein.

Aber es war nicht leicht, zu schlafen, denn die Frauen, die ihre Männer oder ihre Kinder verloren hatten, weinten und heulten fortwährend. Schließlich gelang es Tarzan, sie zur Ruhe zu bringen, indem er ihnen erklärte, dass sie durch ihren Lärm den Arabern ihr Versteck verrieten.

Als der Morgen graute, erklärte Tarzan den Kriegern seinen Plan, der ohne Widerspruch angenommen wurde. Alle erkannten an, dass dies der sicherste Weg sei, um sich von dem unwillkommenen Besuch zu befreien und sich zu rächen.

Zuerst wurden die Frauen und Kinder unter der Bewachung von etwa zwanzig alten Kriegern und Jünglingen nach Südwesten geschickt, um sie aus der Gefahrzone herauszubringen. Sie erhielten die Anweisung, sich ein Lager anzulegen und mit einem Schutzzaun aus Dornenhecken zu umgeben, da Tarzans Feldzugsplan vielleicht Tage oder auch Wochen in Anspruch nehmen werde und die Krieger in dieser Zeit nicht in das neue Lager kommen könnten.

Zwei Stunden nach Tagesanbruch hatten die Krieger einen Kreis um das Eingeborenendorf gezogen. In bestimmten Zwischenräumen kletterte einer hoch auf einen Baum hinauf, von wo er den Zaun übersehen konnte.

Und plötzlich fiel mitten im Dorf ein Manyuema um: er war von einem Pfeil getroffen worden. Dabei hatte man nichts von einem Angriff bemerkt, nichts von dem hässlichen Geschrei gehört, mit dem die Schwarzen, ihre Lanzen schwingend, gegen den Feind vorzugehen pflegen. Aus dem schweigenden Wald war lediglich ein todbringender Pfeil gekommen.

Darüber gerieten die Araber und ihre Begleiter in große Wut. Sie rannten zum Tor, um sich an den Verursachern dieses Angriffs zu rächen, aber sie wussten nicht, wo sie den Feind finden konnten. Als sie dort standen und sich mit ängstlichem Geschrei und lebhaften Gebärden berieten, sank wieder einer ihrer Leute lautlos zu Boden: ein dünner Pfeil hatte ihm das Herz durchbohrt.

Tarzan hatte die besten Schützen des Stammes auf die Bäume rings um das Dorf verteilt und sie angewiesen, sich sorgfältig im Laub zu verbergen, so dass sie vom Dorf aus nicht gesehen werden konnten. Sobald einer einen Pfeil abgeschossen hatte, sollte er sich hinter den Stamm verstecken und nicht eher wieder schießen, bis er sich überzeugt hatte, dass ihn niemand entdeckt hatte.

Dreimal liefen die Araber über die Lichtung zu der Seite hin, von wo ihrer Meinung nach der Pfeil hergekommen sein musste, aber jedes Mal schwirrte ein neuer Pfeil durch die Luft und forderte wieder ein Opfer. Schließlich einigten sie sich darauf, den Wald ringsum genau abzusuchen. Sie entdeckten aber nirgends einen Feind, die Schützen schienen alle Reißaus genommen zu haben.

Über ihnen aber lauerte ein grimmiges Gesicht im dichten Laub eines mächtigen Baumes. Es war Tarzan, der wie ein drohender Todesgott über ihnen schwebte. Da ging eben ein Manyuema seinen Begleitern voraus. Es war nichts Gefährliches in der Umgebung zu sehen, und doch schwirrte auf einmal ein Pfeil durch die Luft und traf den Wilden mit tödlicher Sicherheit. Einen Augenblick später stolperten die andern über seine Leiche.

Diese Art der Kriegführung würde jeden zermürben, und so war es nicht verwunderlich, dass die Manyuema bald von einer fürchterlichen Angst ergriffen wurden. Ging einer von ihnen voraus, konnte man sicher sein, dass ihn ein Pfeil traf, blieb einer zurück, sah man ihn nicht mehr lebend wieder. Jedes Mal, wenn sie die Leiche eines der Ihrigen fanden, war das Herz von einem Pfeil durchbohrt. Es war geradezu, als ob unsichtbare Feinde um das Dorf herum lauerten, die eine übermenschliche Macht besäßen. Das Merkwürdigste war, dass sie den ganzen Vormittag keinen einzigen Feind gesehen oder gehört hatten.

Als sie schließlich aus dem Wald in das Dorf zurückkehrten, wurde es nicht besser. Bald hier, bald dort fiel ein Mann tot um, und in den dazwischen war man vor Angst so aufgeregt, dass es zum Verrücktwerden war. Die Manyuema baten die Araber, den verhängnisvollen Ort zu verlassen, aber diese fürchteten sich, den Rückweg durch den von einem so gefährlichen Feind besetzten Wald anzutreten – zumal sie mit dem großen Elfenbeinvorrat beladen sein würden, und bis jetzt konnten sie sich noch nicht entschließen, diesen zurückzulassen.

Schließlich suchte die ganze Expedition Zuflucht in den strohbedeckten Hütten, wo man sich wenigstens vor den Pfeilen sicher glaubte. Tarzan hatte aber von seinem Baum aus erspäht, in welche Hütte der Araber-Anführer gegangen war, und sich auf einen überhängenden Ast möglichst weit vorwagend, warf er sofort mit der ganzen Gewalt seiner Muskeln einen Speer durch das Strohdach hindurch. Aus dem Schmerzgeheul, das aus dem Innern erscholl, erkannte er, dass er sein Ziel getroffen hatte.

Die Räuber sollten wissen, dass sie nirgendwo mehr sicher waren.

Er kehrte nun in den Wald zurück, sammelte seine Krieger und zog mit ihnen eine Meile südwärts, um zu rasten und zu essen. Er stellte Wachen auf verschiedenen Bäumen auf, die die Aussicht auf den Weg nach dem Dorf beherrschten, aber es zeigte sich kein Feind.

Er stellte fest, dass kein Mann verloren gegangen, ja, dass nicht einmal einer verwundet worden war. Die Schwarzen aber wussten, dass mindestens zwanzig ihrer Feinde ihren Pfeilen erlegen waren. Das freute sie so sehr, dass sie den Tag mit einem Angriff auf das Dorf beschließen wollten, wobei sie die letzten Feinde zu vernichten gedachten. Sie waren eben dabei, sich all die Grausamkeiten auszumalen, die sie ihren Feinden und vor allem den verhassten Manyuema zufügen wollten, als Tarzan dazukam und sie ungehalten anfuhr.

Ihr seid verrückt! schrie er sie an. Ich habe euch den einzigen Weg gezeigt, diese Verbrecher zu bekämpfen. Ihr habt zwanzig davon getötet, ohne auch nur einen von euch verloren zu haben. Habt ihr schon vergessen, wie es gestern ausging?

Entweder kämpft ihr, so wie ich es euch sage, oder ich verlasse euch und gehe.

Diese Drohung erschreckte sie und sie versprachen, ihm zu gehorchen, wenn er nur bei ihnen bliebe.

Gut, sagte er. Diese Nacht werden wir in das Elefantenlager zurückkehren. Ich habe einen Plan, um den Arabern einen kleinen Vorgeschmack davon zu geben, was sie erwartet, wenn sie in unserer Gegend bleiben. Kommt! Wenn sie den Rest des Tages verschont bleiben, fühlen sie sich wieder sicherer, und wenn wir dann wieder anfangen, wird die Angst umso größer sein.

So zogen sie in das Lager zurück, das sie vorige Nacht benützt hatten, und nachdem sie sich große Feuer angezündet hatten, aßen und erzählten sie sich die Abenteuer des Tages bis weit in die Nacht hinein.

Tarzan schlief bis um Mitternacht. Dann stand er auf und wanderte durch den stockfinsteren Wald. Nach einer Stunde gelangte er an die Grenze der Dorflichtung.

Innerhalb des Zaunes brannte ein Lagerfeuer. Der Affenmensch schlich sich durch die Lichtung bis an das verschlossene Tor. Zwischen den Stäben hindurch sah er einen einzelnen Wachtposten am Feuer sitzen.

Vorsichtig ging Tarzan bis zu dem Baum am Ende des Dorfes. Leise kletterte er auf seinen früheren Platz hinauf und steckte einen Pfeil in seinen Bogen. Mehrere Minuten lang zielte er auf die Wache, aber bei der Bewegung der Äste und dem Flackern des Feuers war die Gefahr eines Fehlschusses zu groß. Er musste den Mann direkt ins Herz treffen, damit er sofort tot wäre. Das erforderte sein Plan.

Außer Bogen und Pfeilen und einem Strick hatte er auch das Gewehr mitgebracht, das er am vorhergehenden Tag dem getöteten Wachtposten abgenommen hatte. All diese Waffen verbarg er sorgfältig in einer passenden Gabelung des Baumes. Dann stieg er herunter und ließ sich vorsichtig auf den Boden innerhalb der Umzäunung herab. Als Waffe trug er bloß sein langes Messer.

Die Wache hatte ihm den Rücken zugekehrt. Wie eine Katze schlich Tarzan auf den schlummernden Mann zu.

Jetzt war er nur noch zwei Schritte von ihm entfernt. Noch einen Augenblick, und er würde ihm das Messer lautlos ins Herz stoßen! ...

Tarzan beugte sich, um zum Sprung auszuholen, als der Mann plötzlich aufsprang. Er war offenbar durch irgendein Gefühl gewarnt worden, und stand nun dicht vor dem Affenmenschen.

Als der Manyuema den fremden Mann sah, der mit gezücktem Messer dastand, riss er die Augen vor Schrecken auf. Er dachte weder daran, das Gewehr zu benützen, das er in der Hand hielt, noch zu schreien. Er dachte nur daran, diesem furchtbar dreinschauenden weißen Fremdling zu entfliehen, diesem Riesen, auf dessen mächtiger Brust sich der flackernde Feuerschein widerspiegelte.

Aber bevor er weglaufen konnte, hatte Tarzan ihn ergriffen, und als er um Hilfe schreien wollte, hatte eine starke Hand ihn schon an der Gurgel gefasst und ihn zu Boden geschleudert. Er schlug wütend um sich, aber es war vergebens. Dann erfolgte ein letztes Zittern der Muskeln, der Manyuema war tot.

Der Affenmensch legte die Leiche auf seine breite Schulter, hob das Gewehr der Wache auf und lief leise durch die Straße des schlafenden Dorfes bis zu dem Baum, von dem er heruntergestiegen war.

Dem Toten nahm er den Patronengürtel und die Schmucksachen ab und legte sie in ein Versteck. Dann tastete er die Leiche ab, ob er nicht sonst noch etwas erbeuten könnte, denn es war zu dunkel, um genau zu sehen.

Als er damit fertig war, nahm er das Gewehr, das der Wache gehört hatte, und ging auf einem Ast möglichst weit nach vorne, um die Hütten besser überblicken zu können.

Er zielte mit dem Gewehr sorgfältig auf die bienenkorbähnliche Hütte, die dem arabischen Häuptling als Unterkunft diente, und drückte ab. Gleich darauf erscholl ein schmerzliches Stöhnen als Antwort. Tarzan freute sich: er wusste, dass er wieder getroffen hatte.

Nach dem Schuss war es noch einen Augenblick ruhig in dem Dorf. Dann aber strömten Manyuema und Araber wie zornige Wespen aus den Hütten. Als sie erfuhren, was geschehen war, erschraken sie furchtbar. Die Vorfälle am vorigen Tag hatten sie schon aufgeregt, und jetzt versetzte dieser einzelne mitten in der Nacht gefallene Schuss sie in lähmenden Schrecken.

Nun entdeckten sie auch, dass ihre Wache verschwunden war, und aus Verzweiflung fingen sie an, auf das verschlossene Tor des Dorfes zu feuern, obwohl kein Feind zu sehen war.

Tarzan benützte diese sinnlose Schießerei, um selbst in die aufgeregte Menge zu feuern. Bei dem furchtbaren Knattern ihrer Gewehre hatte keiner der Wilden den fremden Schuss wahrgenommen, aber auf einmal sahen sie einen der ihren zusammenbrechen. Als sie sich über ihn beugten, sahen sie, dass er tot war.

Da erschreckte sie so, dass sie alles im Stich lassen wollten, nur um aus diesem unheimlichen Dorf heraus zu kommen. Es bedurfte der ganzen Autorität der Araber, um die Manyuema von einer Flucht zurückzuhalten.

Es dauerte lange, bis sie sich etwas beruhigt hatten, und erst als sich kein weiterer geheimnisvoller Todesfall ereignete, beruhigten sie sich etwas.

Es sollte nur eine kurze Atempause werden, denn gerade als sie meinten, jetzt hätte sich alles beruhigt, gab Tarzan auf seinem Baum grausig stöhnende Laute von sich. Die Räuber versuchten festzustellen, aus welcher Richtung diese merkwürdigen Töne kamen, und als sie schließlich unter Tarzans Baum standen, ließ er auf einmal die Leiche der erwürgten Wache herunterfallen, so dass sie ihnen auf die Köpfe fiel.

Mit einem Schrei des Entsetzens sprangen sie auseinander, um nur möglichst schnell diesem seltsamen Geschöpf, das auf sie heruntergesprungen war, zu entkommen. Die Leiche, die mit ausgebreiteten Armen und Beinen heruntergefallen war, hatte wie ein großes Raubtier ausgesehen.

In ihrer endlosen Furcht kletterten viele über den Zaun, während andere die Stäbe durchbrachen und in aller Eile über die Lichtung in den Dschungel liefen.

Eine Zeitlang wagte es keiner von ihnen, zurückzuschauen, aber Tarzan wusste, dass sie nach einiger Zeit entdecken würden, dass es die Leiche ihrer Wache war, die sie so erschreckt hatte. Er wusste auch, was sie dann tun würden, und so zog er es vor, vorerst zu verschwinden.

In den vom Mond beschienenen Kronen der Bäume wanderte er südwärts zum neuen Lager.

Der weiße Häuptling der Waziri

Zur gleichen Zeit sah sich im Dorf ein Araber das Ding an, das vom Baum gefallen war. Vorsichtig näherte er sich ihm und sah, dass es ein Mensch war.

Er betrachtete ihn näher und fand heraus, dass es die Leiche des Manyuema war, der am Dorftor Wache gestanden hatte. Schnell rief er seine Kameraden herbei, und nachdem sie sich eine Weile aufgeregt unterhalten hatten, taten sie genau das, was Tarzan erwartet hatte: sie nahmen ihre Gewehre und feuerten eine Salve nach der andern in den Baum, von dem die Leiche heruntergefallen war. Hätte der Affenmensch noch da oben gesessen, wäre er von hundert Kugeln durchbohrt worden.

Als die Araber und die Manyuema entdeckten, dass die einzigen Spuren von Gewalt an der Leiche ihres Kameraden riesige Fingerabdrücke am Hals waren, war ein neuer Schlag für sie. Dass sie nicht einmal in der Nacht innerhalb der Umzäunung sicher waren und ein Feind mit bloßen Händen ihre Wache töten konnte, kam ihnen so unglaublich vor, dass die abergläubischen Manyuema anfingen, ihr Unglück übernatürlichen Kräften zuzuschreiben; und auch die Araber konnten keine vernünftige Erklärung dafür finden.

Es waren wohl etwa fünfzig Manyuema, die in den dunklen Dschungel liefen.

Die Zurückgebliebenen wussten nicht, wann der unsichtbare Feind wieder zuschlagen würde. So warteten sie schlaflos auf den Sonnenaufgang. Die Manyuema wollten nur unter der Bedingung im Dorf bleiben, dass sie sofort nach Tagesanbruch abziehen und möglichst schnell in ihr Land zurückkehren würden. Selbst die Furcht vor ihren grausamen Herren konnte sie nicht länger zurückhalten.

Als Tarzan und seine Krieger am nächsten Morgen zurückkehrten, waren die Räuber schon dabei, das Dorf zu verlassen. Die Manyuema waren mit dem geraubten Elfenbein beladen. Als Tarzan das sah, lachte er in sich hinein, denn er wusste, dass sie es nicht weit fortschleppen würden. Dann aber erblickte er etwas, was ihn mit Besorgnis erfüllte: Eine Anzahl Manyuema waren im Begriff, Fackeln im verglimmenden Lagerfeuer anzuzünden. Sie wollten offensichtlich das Dorf in Brand stecken.

Tarzan saß auf einem hohen Baum, einige hundert Meter vom Zaun entfernt. Seine Hände trompetenförmig vor den Mund haltend, rief er laut auf Arabisch:

Steckt die Hütten nicht an, sonst töten wir euch alle! Steckt die Hütten nicht an, sonst töten wir euch alle!

Er wiederholte das ein Dutzend Mal. Die Manyuema zögerten. Dann aber warf einer von ihnen seine Fackel in das Lagerfeuer zurück. Die andern wollten dasselbe tun, als ein Araber zwischen sie sprang und sie mit einem Stock zu den Hütten trieb. Er wollte sie zwingen, das Dorf in Brand zu stecken.

Als Tarzan das sah, ergriff eines der erbeuteten arabischen Gewehre, die über seiner Schulter hingen, zielte sorgfältig und feuerte.

Ein Knall, und der Araber sank zu Boden.

Nun gab es kein Halten mehr. Die Manyuema warfen ihre Fackeln weg und rannten aus dem Dorf. Tarzan sah, wie sie im Dschungel verschwanden, während ihre Herren niedergekniet waren und ihnen nachfeuerten.

So verärgert die Araber auch über die Gehorsamsverweigerung der Manyuema waren, kamen sie doch zu der Überzeugung, es sei klüger, auf das Anzünden des Dorfes zu verzichten. Sie schworen aber zurückzukehren, und jedes lebende Wesen im Umkreis von mehreren Meilen zu erschießen.

Vergeblich versuchten sie festzustellen, woher die Stimme kam, die ihre Sklaven davon abgehalten hatte, das Dorf in Brand zu stecken. Sie hatten bei dem Schuss, der den Araber niederstreckte, am Baum zwar ein Rauchwölkchen gesehen und mehrere Schüsse dorthin abgefeuert, hatten aber keinen Erfolg.

Tarzan war so klug gewesen, sofort, nachdem er den Schuss abgegeben hatte, herunterzuklettern, hundert Meter weit zu laufen und dann auf einen anderen Baum zu steigen. Hier fand er eine günstige Stelle, von der er die Räuber weiter beobachtete.

Es machte ihm Spaß, sie einzuschüchtern, und so rief er ihnen zu:

Lasst das Elfenbein! Lasst das Elfenbein! Tote brauchen kein Elfenbein!

Einige der verbliebenen Manyuema fingen schon an, ihre Last wieder abzulegen, aber das war den habgierigen Arabern zu viel. Schimpfend und fluchend richteten sie ihre Gewehre auf die Träger und drohten, jeden zu erschießen, der seine Last zurücklassen würde. Sie wollten um keinen Preis das Elfenbein aufgeben, das einen ungeheuren Wert hatte.

So gelang es ihnen, die Sklaven zu zwingen, diesen Schatz, den mehrere Häuptlinge in langen Jahren angesammelt hatten, fortzuschleppen.

Als sie aus dem Dorf der Waziri heraus waren, wandten sie sich nach Norden, um zu ihrer Niederlassung, die in einer unbewohnten Gegend hinter dem Kongo-Fluss im tiefsten Dickicht des großen Waldes lag, zurückzukehren.

Auf beiden Seiten ihres Zuges aber verfolgte sie ein unsichtbarer, unnachgiebiger Feind. Unter Tarzans Führung hatten sich die Waziri-Krieger auf beiden Seiten des Weges im dichten Unterholz versteckt. Sie hatten sich mit weiten Abständen verteilt, und wenn der Zug der Räuber vorüberkam, flog mal hier mal dort ein Pfeil oder ein Speer aus dem Gebüsch und durchbohrte mal einen Araber, mal einen Manyuema.

Sobald ein Waziri einen Pfeil abgeschossen hatte, lief er weiter und stellte sich an einer anderen Stelle wieder auf. Er achtete darauf, dass er nur dann wieder einen Pfeil abschoss, wenn er sicher war, zu treffen, und wenn er nicht der Gefahr ausgesetzt war, entdeckt zu werden.

So wurden zwar nur wenig Pfeile und Speere abgeschossen, aber das geschah in einer solchen ausdauernden und zielsicheren Art, dass die Reihe der schwer beladenen Räuber, die nur langsam vorankam, in ständiger Aufregung war, denn immer, wenn einer ihrer Kameraden gefallen war, mussten sie sich fragen, wer wohl als Nächstes an die Reihe kam.

Schon ein Dutzend Mal hatten die Manyuema ihre Last fortwerfen und wie erschrockene Kaninchen fortlaufen wollen, und jedes Mal war es den Arabern nur mit größter Mühe gelungen, sie zurückzuhalten. So ging der Tag dahin – ein Tag voller Schrecken für die Räuber und ein angestrengter, aber erfolgreicher Tag für die Waziri.

Abends errichteten die Araber ein einfaches Nachtlager in einer kleinen Lichtung an einem Fluss. Aber auch in der Dunkelheit waren sie ihres Lebens nicht sicher. Von den zwölf Wachen, die sie ringsum aufgestellt hatten, fiel eine nach der andere einem Pfeil zum Opfer. Sie begriffen, dass sie auf diese Art und Weise alle sterben würden, während ihr Feind keinen einzigen Mann verlor.

Mit ihrer hartnäckigen Habgier zwangen die Araber, als der Morgen kam, die murrenden Manyuema, ihre Last wieder und den Marsch durch den Dschungel wiederaufzunehmen.

Drei Tage lang setzte die immer dünner werdende Kolonne ihren gefahrvollen Weg fort. In jeder Stunde verlor sie einen Mann durch einen Pfeil oder einen Speer, und auch die Nacht war für diejenigen, die auf Posten stehen mussten jedes Mal grauenvoll, denn wenigstens einer von ihnen musste dabei das Leben lassen.

Am Morgen des vierten Tages sahen die Araber sich genötigt, zwei ihrer Sklaven zu erschießen, um die andern zu zwingen, das verhasste Elfenbein wieder aufzuladen. Während die Schwarzen gerade damit beschäftigt waren, kam eine laute, deutliche Stimme aus dem Dschungel:

Manyuemas, wenn ihr das Elfenbein nicht zurücklasst, werdet ihr heute sterben. Tötet eure grausamen Herren! Ihr habt

Gewehre – weshalb benützt ihr sie nicht? Tötet die Araber, und wir lassen euch in eure Heimat zurückkehren. Legt das Elfenbein ab. Wir helfen euch. Sonst werdet ihr alle sterben!

Die Räuber standen wie versteinert da. Die Araber sahen ihre Sklaven an, die Manyuema schauten einander an – offensichtlich wartete jeder, bis der andere etwas tun würde. Es waren nur noch etwa dreißig Araber übrig, denen ungefähr hundertfünfzig Krieger der Manyuema gegenüberstanden, die alle bewaffnet waren.

Die Araber drängten vorwärts. Ihr Sheikh befahl den Manyuema, weiterzugehen, und als sie zögerten, ergriff er sein Gewehr und legte an. Im selben Augenblick warf einer der Träger seine Last ab, riss das Gewehr von der Schulter und schoss in die Gruppe der Araber. Damit war der Damm gebrochen. Die anderen folgten seinem Beispiel und das Lager war in wenigen Momenten ein wildes Getümmel von Menschen, die einander mit Gewehren, Pistolen und Messern zu Leibe rückten.

Die Araber verteidigten sich tapfer, aber bei dem Kugelhagel, mit dem ihre Sklaven sie überschütteten, und bei dem Hagel von Pfeilen und Speeren, die sich aus dem Dschungel über sie ergoss, konnte es über den Ausgang des Kampfes keinen Zweifel geben. Zehn Minuten nachdem der erste Träger seine Last abgeworfen hatte, war der letzte Araber getötet.

Als das Schießen aufhörte, rief Tarzan den Manyuema zu: Ladet unser Elfenbein auf und bringt es in das Dorf zurück, wo ihr es gestohlen habt. Dann tun wir euch nichts zuleide!

Die Manyuema zögerten einen Augenblick. Sie hatten keine Lust, diesen schwierigen Marsch wieder drei Tage lang anzutreten. Erst unterhielten sie sich leise, dann wandte sich einer von ihnen in die Richtung, aus der die Stimme gekommen war, und rief in den Dschungel hinein:

Wie können wir sicher sein, dass ihr uns nicht alle töten werdet, wenn wir euer Dorf erreicht haben?

Wir haben euch versprochen, euch nichts zuleide zu tun, wenn ihr uns unser Elfenbein zurückbringt, antwortete Tarzan. Aber wenn ihr nicht sofort mit uns zurückkehrt, liegt es in unserer Macht, euch alle hier zu töten.

Wo bist du, der du die Sprache unserer arabischen Herren sprichst? rief der Sprecher der Manyuema. Zeig dich, und wir geben dir eine Antwort!

Daraufhin trat Tarzan aus dem Dschungel heraus und näherte sich den Schwarzen bis auf zehn Schritte.

Hier bin ich! sagte er.

Als sie ihn sahen, waren sie verwundert, dass er ein Weißer war und sie bewunderten seine gewaltige Gestalt und seine riesigen Muskeln.

Ihr könnt mir vertrauen, sagte Tarzan. Solange ihr tut, was ich euch sage und ihr keinem meines Volkes etwas zuleide tut, wird euch nichts geschehen. Wollt ihr unser Elfenbein wieder aufladen und friedlich in unser Dorf zurückbringen, oder sollen wir euch weiter auf eurem Weg nach Norden folgen – so wie die letzten drei Tage?

Die Erinnerung an die vergangenen drei schrecklichen Tage gab schließlich den Ausschlag. Nach einer kurzen Beratung luden sie ihre Lasten wieder auf und machten kehrt: sie liefen zum Waziri-Dorf zurück.

Am Ende des dritten Tages zog Tarzan mit seinen Kriegern und den mit Elfenbein beladenen Manyuema durch das Tor ins Dorf ein. Den Überlebenden, die südwärts in einem Lager versammelt waren, hatte Tarzan schon nach dem Abzug der Räuber einen Boten geschickt mit der Nachricht, sie könnten jetzt unbesorgt zurückkehren.

Tarzan musste seine ganze Überredungskunst aufbieten, um zu verhindern, dass die Waziri über die Manyuema herfallen und sie niedermetzeln. Erst als er ihnen erklärt hatte, er habe den Leuten sein Wort gegeben, dass ihnen nichts passieren würde, wenn sie das Elfenbein zurückbrächten, und als er ihnen geschildert hatte, dass sie nur ihm ihren Sieg zu verdanken hatten, gaben sie sich zufrieden und erlaubten den Kannibalen, innerhalb ihrer Umzäunung zu bleiben.

In dieser Nacht hielten die Waziri eine lange Beratung ab, um ihren Sieg zu feiern und einen neuen Häuptling zu wählen.

Seit dem Tod des alten Waziri hatte Tarzan die Kämpfe der Krieger geleitet und die Befehlsgewalt war stillschweigend an ihn übergegangen. In der ganzen Unruhe hatte man keine Zeit gehabt, einen neuen Häuptling zu wählen. Nun hatten sie aber unter der Leitung des Affenmenschen so große Erfolge erzielt, dass sie gar nicht daran dachten, diese Würde einem anderen anzuvertrauen. Als Waziri den Befehl zum Angriff erteilte und dabei selbst fiel, hatten sie gesehen, welche Folgen es haben konnte, wenn sie gegen den Willen des weißen Mannes handelten.

Die angesehensten Krieger saßen im Kreis um ein kleines Feuer, um darüber zu beraten, wer am ehesten verdiene, Waziris Nachfolger zu werden. Zuerst sprach Busuli:

Seit dem Tod Waziris, der keinen Sohn hinterlässt, gibt es nur einen unter uns, von dem wir wissen, dass er ein guter Häuptling für uns wäre. Es gibt nur einen, der gezeigt hat, dass er uns erfolgreich gegen die Feuerwaffen des weißen Mannes führen und uns einen Sieg verschaffen kann, ohne dass wir auch nur einen der unsrigen verlieren.

Dabei sprang Busuli auf, erhob seine Lanze, und während er sich vor Tarzan verbeugte, fing er an zu tanzen und sang:

Waziri, König der Waziri! Waziri, Besieger der Araber! Waziri, König der Waziri!

Ein Krieger nach dem andern schloss sich dem Tanz an, um seine Zustimmung zu Tarzans Wahl auszudrücken.

Inzwischen waren auch die Frauen herbeigekommen und hatten sich rings um die Krieger auf den Boden gesetzt.

Bei dem Tanz der Krieger klatschten sie mit den Händen, schlugen die Tam-Tams und stimmten in den Gesang mit ein. Mitten im Kreis saß Tarzan, der Affen-Tarzan, der nun Waziri, König der Waziri, hieß, denn wie sein Vorgänger, musste auch er den Namen des Stammes als seinen eigenen annehmen.

Die Krieger sprangen unermüdlich im Tanz umher und ihre wilden Gesänge wurden immer lauter. Auch die Frauen waren jetzt aufgestanden und sangen mit. Die Krieger schwangen ihre Speere, und von Zeit zu Zeit bückten sie sich und schlugen mit ihren Schilden auf die festgetretene Erde der Dorfstraße.

Schließlich sprang auch der Affenmensch auf und nahm an der wilden Zeremonie teil. Im Mittelpunkt des Kreises der glatten schwarzen Körper sprang er schreiend umher und schwenkte seinen Speer genau so, wie es die Eingeborenen taten. Der letzte Rest der Zivilisation war vergessen; er war wieder ein Mensch der Urzeit im wahrsten Sinne des Wortes, erfreute sich an der Freiheit seines wilden Lebens und erstrahlte in der Königswürde der Schwarzen.

Wenn Olga de Coude ihn so sehen könnte! Ob sie den gutgekleideten, ruhigen jungen Mann wiedererkannt hätte, dessen wohlgepflegtes Gesicht und untadlige Manieren sie noch vor wenigen Monaten so angezogen hatten? Und Jane Porter! Würde sie diesen wilden Kriegerhäuptling, der nackt unter nackten Wilden tanzte, noch lieben? Und d'Arnot! Würde er glauben, dass dies noch derselbe Mensch war, den er in ein halbes Dutzend der feinsten Klubs von Paris eingeführt hatte? Und Clayton! Was würden die andern Peers im House of Lords sagen, wenn er auf diesen tanzenden Riesen mit seiner barbarischen Frisur und seinem Metallschmuck zeigen und sagen würde: Meine Lords, das ist John Clayton, Lord Greystoke?

Die Lotterie des Todes

Jane Porter war die erste, die am Morgen nach dem Schiffbruch der »Lady Alice« im Rettungsboot aufwachte. Die anderen schliefen auf den Bänken oder auf dem Boden des Bootes.

Als Jane bemerkte, dass ihr kleines Fahrzeug von den anderen Booten getrennt war, wurde sie unruhig. Das Gefühl des Alleinseins und der Hilflosigkeit auf dem riesigen Ozean bedrückte sie so, dass sie keine Hoffnung hatte. Sie war überzeugt, dass sie alle verloren waren.

Jetzt wurde Clayton wach. Einige Minuten lang wusste er gar nicht, wo er war, aber dann erinnerte er sich an das Unglück und sein verstörter Blick fiel auf das junge Mädchen.

Jane! rief er. Gott sei Dank, dass wir beisammen sind!

Schau! sagte sie traurig, wobei sie mutlos auf den Horizont ringsum zeigte, wir sind allein!

Clayton schaute nach allen Richtungen.

Wo mögen die andern wohl sein? sagte er. Sie können nicht untergegangen sein, denn die See war ruhig, und ich habe gesehen, dass sie nach Untergang der Jacht alle in den Booten waren.

Er weckte die anderen Insassen des Bootes und besprach mit ihnen die Lage.

Es ist ganz gut, sagte einer der Matrosen, dass die Boote auseinandergetrieben worden sind. Sie sind alle mit Proviant versehen, so dass in der Hinsicht das eine nicht auf das andere angewiesen ist, und wenn ein Sturm entstände, könnte das eine dem anderen doch nicht helfen. Jetzt, wo sie über den Ozean zerstreut sind, ist die Wahrscheinlichkeit höher, dass eines von ihnen von einem Schiff aufgefunden wird und dass man dann auch nach den anderen sucht. So ist die Aussicht auf Rettung viermal so groß, als wenn wir beieinander wären.

Die Freude über diese Erkenntnis dauerte nicht lange, dann bemerkte man, dass die beiden Matrosen, die die beiden einzigen Ruder in Händen hatten, in der Nacht offenbar eingeschlafen waren und die Ruder ins Meer hatten fallen lassen; sie waren nirgendwo zu sehen.

Die Matrosen gerieten darüber in so heftigen Streit, dass es fast zu einer Prügelei kam. Schließlich gelang es Clayton, sie zu beruhigen, aber eine Weile darauf beschwor Herr Thuran wieder Ärger herauf, indem er von der Dummheit der Engländer insgesamt und der englischen Matrosen im Besonderen sprach.

Lasst doch, Kameraden, sagte Tompkins, einer der Matrosen, der an den Auseinandersetzungen nicht teilgenommen hatte. Wenn wir über einander herfallen, wird uns das nichts nützen. Was kann das Streiten helfen? Wir wollen frühstücken, das ist gescheiter.

Das ist kein übler Gedanke, meinte Thuran, und sich an Wilson, den dritten Matrosen, wendend, sagte er:

Reichen Sie mir eine von den Blechbüchsen, guter Mann!

Holen Sie sich selbst eine, antwortete Wilson mürrisch. Ich nehme keinen Befehl von einem ... Fremden an. Noch sind Sie nicht Kapitän dieses Schiffes.

Das Ergebnis war, dass Clayton die Büchse holen musste. Gleich darauf erfolgte eine weitere heftige Auseinandersetzung, als einer der Matrosen Clayton und Thuran beschuldigte, die Vorräte so zu verteilen, dass sie den Löwenanteil bekämen.

Einer muss den Befehl über das Boot haben, sagte Jane Porter, die über diese kindischen Auseinandersetzungen sehr ungehalten war – zumal sie sah, dass dieses erzwungene Zusammenleben vielleicht noch Tage lang dauern würde. Es ist schrecklich genug, auf einem kleinen Boot allein auf dem Ozean zu sein, ohne dass man sich auch noch beständig zankt und bedroht. Ihr Männer wählt einen Anführer, dem dann aber alle gehorchen müssen. Hier ist eine strenge Ordnung noch nötiger als auf einem richtigen Schiff.

Bevor Jane das ausgesprochen hatte, hätte sie nie gedacht, dass sie sich einmal mit solchen Dingen befassen müsste, sie hatte geglaubt, Clayton wäre imstande, für alle Fälle die nötigen Maßnahmen anzuordnen.

Die Worte des jungen Mädchens beruhigten die Leute, und schließlich wurde beschlossen, die zwei Wasserfässchen und die vier Konservenbüchsen in zwei Hälften zu teilen, von denen die eine den drei Matrosen, die andere den drei Passagieren zugeteilt werden sollte.

So war die kleine Gesellschaft in zwei Lager geteilt, und als jedes seinen Teil der Vorräte erhalten hatte, ging man gleich daran, die Konservenbüchsen und die Wasserfässchen zu öffnen, um den Inhalt zu verteilen.

Die Matrosen öffneten zuerst eine ihrer Konservenbüchsen, und dabei gerieten sie in eine solche Wut, dass Clayton sie fragte, warum sie einen solchen Lärm machten.

Lärm? schrie Spider, Lärm? Das ist schlimmer als Lärm, das ist der Tod! Diese Büchse ist voll Benzin!

Hastig öffneten nun Clayton und Thuran auch eine ihrer Büchsen, um zu sehen, was darin sei, aber zu ihrer großen Enttäuschung sahen sie, dass sie ebenfalls Benzin enthielt. Jetzt wurden auch die anderen Büchsen geöffnet, aber auch hier die selbe Enttäuschung. Es war kein Gramm Lebensmittel an Bord!

Gott sei Dank, dass es wenigstens nicht das Wasser ist, rief Tompkins. Man kann es ohne Essen länger aushalten als ohne Wasser.

Während er sprach, hatte Wilson angefangen, ein Loch in eines der Wasserfässchen zu bohren, und Spider hielt einen Becher darunter, um das kostbare Nass aufzufangen. Aber es kam kein Tropfen Wasser heraus, sondern ein dünner Strom kleiner schwarzer Körnchen.

Mit einem Fluch ließ Wilson das Fässchen fallen und starrte sprachlos vor Schrecken in den Becher.

Die Fässchen sind mit Pulver gefüllt, teilte Spider tonlos mit.

Er holte nun das andere und bohrte es ebenfalls an. Aber auch darin war kein Wasser, sondern Pulver.

Benzin und Pulver, rief Thuran aus, Donnerwetter, das nenne ich Nahrung für Schiffbrüchige!

Seitdem man wusste, dass nichts Essbares und nichts Trinkbares an Bord war, machten sich Hunger und Durst noch mehr bemerkbar, und so begann schon am ersten Tag nach dem tragischen Unglück das Leiden und nun kam der ganze Schrecken von Schiffbrüchigen über die Unglücklichen.

Als weitere Tage vergingen, wurden die Verhältnisse immer schrecklicher. Mit leidenden Augen suchten die Insassen des Bootes Tag und Nacht den Horizont ab, bis sie müde und erschöpft auf den Boden des Schiffes sanken und sich in von Träumen gestörtem Schlaf wenigstens etwas von den Schrecken der Wirklichkeit erholten.

Vor lauter Hungerqualen hatten die Matrosen ihre ledernen Riemen, ihre Schuhe und die Schweißleder ihrer Mützen zerschnitten und aufgegessen, obwohl Clayton und Thuran sich alle Mühe gegeben hatten, sie davon abzuhalten, da dies ihre Qualen nur vergrößern würde.

Schwach und hoffnungslos lagen alle in der Glut der tropischen Sonne mit vertrockneten Lippen und geschwollenen Zungen, und warteten auf den Tod, den sie mittlerweile herbeisehnten.

Die Leiden der ersten Tage hatten die drei Passagiere, die nichts gegessen hatten, abgestumpft, aber der Todeskampf der Matrosen war schrecklich, als ihr Magen versuchte, die Lederstücke, mit denen er gefüllt war, zu verdauen.

Tompkins war der erste, der seinen Qualen erlag. Gerade eine Woche nach dem Untergang der »Lady Alice« starb der Matrose unter furchtbaren Zuckungen.

Stundenlang lag die Leiche mit dem scheußlich entstellten Gesicht hinten im Boot, bis Jane Porter den Anblick nicht länger ertragen konnte.

Können Sie den Leichnam nicht über Bord werfen, William? fragte sie.

Clayton stand auf und schwankte zur Leiche hin. Die beiden noch lebenden Matrosen betrachteten ihn mit merkwürdigen drohenden Blicken aus ihren tiefliegenden Augen. Der Engländer versuchte den Leichnam bis an den Rand des Bootes zu heben, aber er war dazu schon zu schwach.

Bitte helfen Sie mir, sagte er zu Wilson, der am nächsten lag.

Was wollen Sie denn eigentlich? fragte der Matrose in ärgerlichem Ton.

Ich bin zu schwach, um den Körper allein hochzuheben und über Bord zu werfen. Wir können ihn hier nicht in der brennenden Sonne liegen lassen.

Lassen Sie ihn nur! knurrte Wilson. Wir brauchen ihn morgen.

Nur langsam erfasste Clayton den Sinn dieser Worte. Die beiden Matrosen wollten nicht, dass man ihren Kameraden ins Meer warf, sie wollten ihn ...

Nein, es war zu schauderhaft, er konnte es nicht glauben.

Oh Gott, flüsterte er in ängstlichem Ton, Sie wollen doch nicht etwa ...?

Weshalb nicht? knurrte Wilson. Wovon sollen wir denn leben? Der da ist tot. Dem macht's nichts mehr aus.

Kommen Sie her, Thuran, sagte Clayton, indem er sich an den Russen wandte. Wir werden noch etwas Schlimmeres als den Tod erleben, wenn wir diese Leiche nicht vor Einbruch der Nacht über Bord werfen.

Wilson versuchte sich zu erheben, um sie daran zu hindern, aber als er sah, dass sein Kamerad Spider auf Seiten Claytons und Thurans war, gab er sein Vorhaben auf, und begnügte sich, mit hungrigen Augen dem Leichnam nachzuschauen, den die drei Männer unter Aufbietung aller Kräfte über Bord warfen.

Den Rest des Tages saß Wilson da, immer wieder auf Clayton stierend. Seine Augen waren die eines Wahnsinnigen.

Gegen Abend, als die Sonne im Meer unterging, fing er an, undeutlich mit sich selbst zu sprechen, aber seine Augen ließen nicht von Clayton ab.

Auch nachdem es finster geworden war, fühlte Clayton, dass die furchtbaren Augen noch immer auf ihn gerichtet waren. Er wagte es nicht, zu schlafen, und doch war er so schwach, dass er sich ständig anstrengen musste, bei Bewusstsein zu bleiben. Nach einer ihm endlos vorkommenden Leidenszeit sank sein Kopf auf ein Brett und er schlief ein.

Wie lange er bewusstlos dagelegen hatte, wusste er nicht, aber plötzlich wurde er durch das Geräusch schwankender Tritte in seiner Nähe wach. Der Mond war inzwischen aufgegangen, und als Clayton erschrocken seine Augen öffnete, sah er, wie Wilson heimlich an ihn heranschlich; aus dem offenen Mund hing die geschwollene Zunge heraus.

Durch das Geräusch war auch Jane Porter wach geworden. Als sie die hässliche Szene sah, stieß sie einen schrillen Hilferuf aus, und im selben Augenblick fiel der Matrose über Clayton her. Wie ein wildes Tier versuchte er, ihn in den Hals zu beißen, aber so schwach Clayton auch war, es gelang ihm doch, die Bisse des Wütenden abzuhalten.

Durch Jane Porters Schrei waren auch Thuran und Spider geweckt worden. Als sie sahen, was da vorging, bemühten sie sich, Clayton zu Hilfe zu kommen, und mit vereinten Anstrengungen der drei gelang es, Wilson zu überwältigen und ihn auf den Boden des Bootes niederzuwerfen.

Einige Minuten lag er da, mit sich selbst redend und lachend. Dann sprang er plötzlich mit einem schrecklichen Fluch über Bord, bevor einer der andern ihn hatte zurückhalten können.

Infolge der furchtbaren Aufregung zitterten die Überlebenden. Alle waren völlig niedergeschlagen. Spider brach zusammen und weinte. Jane Porter betete, Clayton sprach leise vor sich hin, Thuran aber saß da, den Kopf in die Hände gestützt, und dachte nach.

Am nächsten Morgen gab der Russe das Ergebnis seines Nachdenkens bekannt. Er sagte zu Clayton und Spider:

Sie sehen, welches Schicksal uns alle erreichen wird, wenn wir nicht heute oder morgen von einem Schiff aufgelesen werden. Darauf besteht nur wenig Hoffnung, da wir all die Tage, während wir umhergetrieben sind, weder ein Segel noch eine Spur von Rauch am Horizont gesehen haben.

Es ginge noch, wenn wir Lebensmittel hätten, aber ohne Lebensmittel gibt es keine Aussicht auf Rettung. Es bleiben nur zwei Möglichkeiten und wir müssen uns für eine entscheiden. Entweder müssen wir alle in den nächsten Tagen sterben – oder einer von uns muss geopfert werden, damit die andern am Leben bleiben. Verstehen Sie, was ich meine?

Jane Porter, die zugehört hatte, war entsetzt. Wenn der arme, ungebildete Matrose den Vorschlag gemacht hätte, hätte man sich nicht sehr darüber zu wundern brauchen, aber dass er von einem Mann – der sich als gebildet bezeichnete und der ein Gentleman sein wollte – kam, das war ihr völlig unbegreiflich.

Dann ist es besser, wir sterben alle zusammen, sagte Clayton.

Die Mehrheit entscheidet, erwiderte Thuran. Wir wollen darüber abstimmen, ob einer von uns dreien aufgeopfert werden soll. Miss Porter braucht sich nicht daran zu beteiligen, da sie nicht in Gefahr ist.

Wie sollen wir aber ermitteln, wer der erste sein wird? fragte Spider.

Durch das Los, antwortete Thuran. Ich habe hier in meiner Tasche eine Anzahl Franc. Wir können eine gewisse Jahreszahl auf diesen Münzen auswählen. Wer unter einem Tuch das erste Geldstück mit dieser Jahreszahl herausgreift, der soll der erste sein, der geopfert wird.

Mit einem solch teuflischen Plan will ich nichts zu tun haben, erklärte Clayton. Da warte ich weitaus lieber, bis wir Land sichten oder ein Schiff erscheint.

Sie haben zu tun, was die Mehrheit beschließt oder Sie werden eben der erste sein, ohne dass ein Los gezogen wird, erwiderte Thuran ihm in drohendem Ton. Wir wollen über den Plan abstimmen. Ich bin dafür. Und Sie, Spider? Ich auch, erwiderte der Matrose.

Es ist also der Wille der Mehrheit, verkündete Thuran, und jetzt wollen wir mit dem Losziehen keine Zeit mehr verlieren. Damit drei am Leben bleiben können, muss einer von uns vielleicht ein paar Stunden früher sterben als sonst.

Er begann mit den Vorbereitungen für diese Todeslotterie, während Jane Porter entsetzt mit weit geöffneten Augen dasaß und an das Unsagbare dachte.

Thuran breitete seinen Mantel auf dem Boden des Bootes aus, und nahm aus einer Handvoll Hartgeld sechs Franc. Die beiden anderen Männer beugten sich über ihn, um aufzupassen. Schließlich gab er Clayton die Geldstücke.

Sehen Sie sich die Münzen sorgfältig an, sagte er. Die älteste ist von 1875, und es ist nur eine darunter, die in diesem Jahr geprägt wurde.

Clayton und der Matrose sahen jede einzelne Franc-Münze an. Mit Ausnahme der Jahreszahl schien nicht der geringste

Unterschied zwischen ihnen zu bestehen. In dieser Hinsicht waren sie beruhigt. Hätten sie allerdings gewusst, dass Thuran seinen Tastsinn im Kartenspiel so verfeinert hatte, dass er Karten durch bloßes Fühlen unterscheiden konnte, hätten sie seinen Vorschlag wohl kaum gutgeheißen. Die Franc-Münze von 1875 war um ein Haar dünner als die andern, aber weder Clayton noch Spider hätten das ohne Hilfe eines Messgerätes bemerken können.

In welcher Reihenfolge wollen wir ziehen? fragte Thuran. Er wusste, dass die meisten Menschen es vorziehen, zuletzt zu ziehen; sie glauben, dass der, der vor ihnen zieht, das Pech haben müsse. Thuran hatte gute Gründe, als erster zu ziehen.

Als Spider zuletzt ziehen wollte, erklärte Thuran sich freundlich bereit, den Anfang zu machen. Er hielt die Hand nur einen Augenblick unter den Mantel, aber seine gewandten Finger befühlten jedes Stück und er hatte den verhängnisbringenden Franc sehr schnell aussortiert. Als er die Hand hervorzog, hielt sie einen Franc von 1888.

Dann kam die Reihe an Clayton. Jane Porter war aufs höchste gespannt und ihr Gesicht verriet eine fürchterliche Angst, als ihr zukünftiger Mann unter den Mantel griff. Jetzt zog er die Hand zurück, aber er wagte es nicht, die darin liegende Franc-Münze anzusehen. Thuran, der sich herabbeugte, um die Jahreszahl zu sehen, sagte, er sei gerettet.

Zitternd sank Jane Porter auf die Seite des Bootes. Es war ihr ganz schwindelig geworden. Und jetzt, wenn Spider nicht den Franc von 1875 zog, musste sie den ganzen Schrecken nochmals erleben!

Der Matrose hielt die Hand bereits unter dem Mantel. Große Schweißtropfen liefen ihm über die Stirn. Er zitterte wie in einem Anfall von Fieberfrost. Laut verfluchte er sich selbst, dass er so dumm gewesen war, als letzter ziehen zu wollen, weil jetzt seine Aussichten wesentlich schlechter waren.

Der Russe zeigte sich geduldig und drängte den Matrosen in keiner Weise, denn er wusste genau, dass ihm selbst keine Gefahr drohte, mochte Spider jetzt den Franc von 1875 ziehen oder nicht.

Als der Matrose die Hand herauszog und das Geldstück ansah, fiel er ohnmächtig um. Clayton und Thuran beeilten sich, die Münze anzusehen, die dem Mann aus der Hand gefallen war und neben ihm lag. Sie war nicht von 1875. Aber die Aufregung, in der Spider sich befand, war so groß, dass er ohnmächtig wurde.

Nun musste das Ganze wiederholt werden. Der Russe hatte wiederum Glück. Jane Porter schloss die Augen, als Clayton unter den Mantel griff. Spider bückte sich mit weit aufgerissenen Augen über die Hand, die sein Schicksal entscheiden würde, denn wenn Clayton Glück hatte, war er verloren.

Clayton zog die Hand heraus, aber er hielt sie fest verschlossen und schaute auf Jane Porter. Er wagte es nicht, die Hand zu öffnen ...

Schnell! drängte Spider. Mein Gott, lassen Sie doch sehen!

Clayton öffnete die Finger. Spider war der erste, der die Jahreszahl erkannte, und ehe noch jemand wusste, was er vorhatte, war er aufgesprungen, hatte sich über den Bord des Bootes gestürzt und war in der grünen Tiefe des Meeres verschwunden.

Claytons Franc war nicht die Münze von 1875.

Die Aufregung der Überlebenden war so groß, dass sie den Rest des Tages erschöpft und halb bewusstlos liegen blieben. Es vergingen noch mehrere Tage, ohne dass von der Losziehung gesprochen wurde. Es waren schreckliche Tage, in denen die Erschöpfung und die Mutlosigkeit stetig zunahmen.

Zuletzt kroch Thuran zu Clayton heran.

Wir müssen nochmals losen, bevor wir zu schwach sind, um überhaupt noch essen zu können, flüsterte er.

Clayton war kaum noch eines Gedankens oder eines Entschlusses fähig. Jane Porter hatte schon seit drei Tagen kein Wort mehr gesprochen. Clayton sah, dass es mit ihr zu Ende ging. So schrecklich auch der Gedanke war, so hoffte er doch, dass sie das Opfer, das Thuran oder er bringen müsste, wieder zu Kräften bringen würde, und so war er mit dem Vorschlag des Russen einverstanden.

Sie zogen wieder auf dieselbe Weise wie vor einigen Tagen, aber jetzt konnte es nur noch ein Ergebnis geben: Clayton zog den Franc von 1875.

Wann soll es passieren? fragte er.

Der Russe hatte schon sein Taschenmesser herausgezogen und war im Begriff, es zu öffnen.

Jetzt! knurrte er, und seine begierigen Augen stierten den Engländer an.

Können Sie nicht warten, bis es dunkel ist? fragte Clayton. Miss Porter braucht es doch nicht zu sehen. Wie Sie wissen, wollten wir heiraten.

Thurans Gesicht zeigte seine Enttäuschung.

Gut, antwortete er zögernd. Es ist ja nicht mehr lange bis zur Nacht. Ich habe tagelang gewartet – nun kann ich auch noch ein paar Stunden warten.

Ich danke Ihnen, mein Freund, murmelte Clayton. Jetzt will ich zu ihr gehen und bei ihr bleiben, solange es geht. Ich möchte noch ein oder zwei Stunden bei ihr bleiben, bevor ich sterbe.

Als Clayton an die Seite seiner Braut gelangt war, lag sie bewusstlos da. Er sah, dass sie im Sterben lag, und er war glücklich, dass sie die furchtbare Tragödie, die sich bald abspielen sollte, nicht mehr sehen würde. Er nahm ihre Hand und führte sie an seine gerissenen und geschwollenen Lippen. Lange Zeit liebkoste er die abgemagerten Finger, die einst die schöne, tadellos weiße Hand der jungen Dame aus Baltimore gewesen war.

Inzwischen wurde es dunkel, ohne dass er es bemerkte, aber eine Stimme holte ihn in die schreckliche Gegenwart zurück.

Es war der Russe, der ihn an sein Schicksal erinnerte.

Ich komme, Herr Thuran! antwortete er.

Dreimal versuchte er auf Händen und Füßen weiter zu kommen, um dem Tod entgegen zu schleichen, aber in den wenigen Stunden, die er neben Jane gelegen hatte, war er zu schwach geworden, um sich zu Thuran zu schleppen.

Sie müssen schon zu mir kommen, Herr Thuran, sagte er mit schwacher Stimme. Ich habe nicht mehr genug Kraft, um meine Hände und meine Beine zu benützen.

Verdammt! fluchte Thuran. Sie wollen wohl versuchen, unsere Vereinbarung zu brechen!

Clayton hörte, wie der Mann sich abmühte, auf dem Boden des Bootes vorwärts zu kriechen. Schließlich hörte er nur noch ein verzweifeltes Knurren. Ich kann nicht mehr weiter, hörte er den Russen jammern. Es ist zu spät. Du hast mich betrogen, Du gemeiner englischer Hund!

Ich habe Sie nicht betrogen! erwiderte Clayton. Ich habe alles versucht, um aufzustehen, aber ich will es nochmals versuchen und wenn Sie es auch tun wollen, kann jeder den halben Weg kriechen, und dann sollen Sie Ihren Willen bekommen.

Wieder versuchte Clayton, seine letzten Kräfte anzustrengen, und er hörte, dass Thuran das gleiche tat. Aber erst nach ungefähr einer Stunde gelang es dem Engländer, sich auf Händen und Knien aufzurichten, doch bei der ersten Bewegung nach vorne fiel er auf das Gesicht.

Einen Augenblick später hörte er den Russen erleichtert sagen: Ich komme.

Wieder versuchte Clayton seinem Schicksal entgegenzugehen, aber wieder stürzte er der ganzen Länge nach auf den Boden, und so sehr er sich auch bemühte, es gelang ihm nicht mehr, sich zu erheben. Durch seine letzte Bewegung kam er auf den Rücken zu liegen, und so lag er nun da, nach den Sternen hinaufschauend, während er hinter sich das immer näherkommende Stöhnen und Schnaufen des Russen hörte.

Er musste wohl schon eine Stunde lang dagelegen und auf das Herannahen des Mannes gewartet haben, der seinem Elend ein Ende bereiten sollte. Er war jetzt ganz nahe, aber die Pausen zwischen seinen Anstrengungen, vorwärts zu kommen, wurden immer länger, und es schien dem Engländer, als ob die Vorwärtsbewegungen kaum noch merkbar wären.

Schließlich merkte er, dass Thuran ganz nahe bei ihm war. Er hörte ein Gekicher und fühlte, dass sein Gesicht berührt wurde, dann verlor er das Bewusstsein.

Die Stadt des Goldes

In derselben Nacht, als Tarzan Häuptling der Waziri wurde, lag das Mädchen, das er liebte, zweihundert Meilen westlich von ihm sterbend in einem kleinen Boot, das auf dem Atlantischen Ozean umherschaukelte ...

Eine Woche später galt es, die Manyuema an die Nordgrenze des Waziri-Gebietes zu geleiten, da Tarzan ihnen versprochen hatte, für ihre sichere Rückkehr zu sorgen. Ehe er sie verließ, forderte er von ihnen die Zusage, dass sie in Zukunft keinen Raubzug mehr gegen die Waziri unternehmen würden. Es war nicht schwer, dieses Versprechen zu bekommen, denn sie hatten keinerlei Verlangen, jemals wieder zurück zu kommen.

Bald nach der Rückkehr in das Dorf begann Tarzan mit den Vorbereitungen für eine Reise zu den Ruinen der Goldstadt, die der alte Waziri ihm beschrieben hatte. Er wählte fünfzig der stärksten Krieger seines Stammes aus, die bereit waren, den mühsamen Marsch mit ihm zu unternehmen und die Gefahren einer unbekannten, vielleicht feindlichen Gegend auf sich zu nehmen.

Die märchenhaften Reichtümer der fabelhaften Stadt beschäftigten ihn ständig, seit der verstorbene Waziri die seltsamen Abenteuer der früheren Expedition – die zufällig auf die gewaltigen Ruinen gestoßen war – erzählt hatte. Die Lust nach Abenteuern trieb Tarzan ebenso zu der Reise, wie das Gold, denn er hatte bei den zivilisierten Menschen gesehen, welche Möglichkeiten sich dem Besitzer dieses zauberhaften gelben Metalls boten. Was er allerdings im Dschungel Afrikas mit einem Vermögen genau anfangen wollte, wusste er selbst nicht.

So brach der neue Waziri, König der Waziri, an einem herrlichen Morgen an der Spitze von fünfzig wohlgebauten, ebenholzschwarzen Kriegern zur Suche nach Abenteuern und Reichtümern auf.

Sie folgten dem Weg, den der alte Waziri ihm beschrieben hatte. Tagelang marschierten sie flussaufwärts, dann über ein

Gebirge, danach an einem anderen Fluss abwärts und an einem dritten wieder aufwärts, bis sie am Ende des fünfundzwanzigsten Tages am Abhang eines Berges lagerten, von dessen Gipfel sie zum ersten Mal auf die wunderbare Stadt der Schätze hinunterblicken würden.

Früh am nächsten Morgen erstiegen sie die fast senkrechten Felsen und es war beinahe Mittag, als Tarzan an der Spitze der Krieger den letzten Gipfel erklommen hatte und nun auf der kleinen, flachen Kuppe der Bergspitze stand. Von hier hatte er eine großartige Aussicht auf die Landschaft.

Auf beiden Seiten der engen Schlucht vor ihnen – durch die sie in das verbotene Tal gelangen sollten – erhoben sich mächtige Felswände. Hinter ihnen lag das bewaldete Tal, durch das sie viele Tage marschiert waren, und dahinter begrenzte die niedrigere Bergkette, die die Grenze des Waziri-Gebietes bildete, den Horizont.

Aber es war natürlich vor allem die Landschaft vor ihm, die seine Aufmerksamkeit fesselte. Ein flaches, enges Tal mit verkümmerten Bäumen und vielen großen Felsblöcken, an dessen Ausgang eine mächtige Stadt mit hohen Mauern, Türmchen und Kuppeln lag.

Tarzan war noch zu weit entfernt, um zu erkennen, dass die Stadt verfallen war. Ihm schien sie eine Stadt von wunderbarer Schönheit zu sein, und er stellte sich ihre breiten Straßen und riesigen Tempel mit einer Menge glücklicher, fleißiger Menschen vor.

Die kleine Expedition rastete eine Stunde auf dem Bergkegel, dann führte Tarzan sie ins Tal hinunter. Es war kein Pfad vorhanden, aber der Weg hinunter war weniger mühsam als der hinauf. Als sie unten angekommen waren, kamen sie schneller voran, so dass es noch hell war, als sie vor der gewaltigen Mauer der alten Stadt Halt machten.

Die Mauer war an den Stellen, wo sie nicht verfallen war, noch fünfzehn Meter hoch, und soweit man sehen konnte, waren nirgends mehr als drei bis fünf Meter davon abgebröckelt. Es war also immer noch eine starke Wehr.

Verschiedene Male hatte Tarzan den Eindruck, dass sich hinter den Mauerlücken etwas bewegte. Manchmal kam es ihm vor, als ob ihn unsichtbare Augen beobachteten, aber er konnte nicht entscheiden, ob es Einbildung oder Realität war.

Die Nacht über lagerten Tarzan und seine Krieger vor der Stadt. Um Mitternacht wurden sie plötzlich durch einen gellenden Schrei, der über die große Mauer klang, geweckt. Zuerst war der Schrei sehr laut, dann wurde er allmählich leiser, bis er mit einem grässlichen Stöhnen endete. Die Schwarzen waren vor Schrecken fast gelähmt. Es verging eine Stunde, bis die Leute sich wieder hinlegten.

Am nächsten Morgen war die Wirkung des Schreies noch immer spürbar, denn die Waziri warfen noch immer ängstliche Blicke auf das massive, unfreundliche Bauwerk, das vor ihnen emporragte.

Es kostete Tarzan viel Mühe, die Schwarzen davon abzuhalten, umzudrehen. Als er aber zuletzt drohte, er werde allein in die Stadt gehen, willigten sie ein, ihn zu begleiten.

Eine Viertelstunde marschierten sie an der Mauer entlang, bis sie eine Stelle fanden, an der sie hineingelangen konnten. In einer Spalte von kaum einem halben Meter Breite sahen sie eine Reihe zerbröckelter Stufen, die im Laufe der Jahrhunderte ausgetreten worden waren und nach einer scharfen Biegung einige Meter weiter oben aufhörten.

Tarzan ging durch die enge Gasse hinauf, aber das war bei seinen breiten Schultern nicht leicht, er musste sich schräg hindurchwinden. Hinter ihm folgten die schwarzen Krieger. An der Ecke, wo die Stufen aufhörten, war der Pfad eben, aber er wand und drehte sich schlängelnd, bis er plötzlich nach einer scharfen Biegung in einen engen Hof mündete. Dort war eine innere Mauer, die ebenso hoch war wie die äußere. Diese Mauer war mit kleinen runden Türmen besetzt, die mit spitzen Obelisken abwechselten. Stellenweise waren die Türme und die Mauer verfallen, aber im Ganzen war dieser innere Wall besser erhalten als der äußere.

Auch durch diese Mauer führte ein enger Gang hindurch. An dessen Ende traf Tarzan mit seinen Kriegern auf eine breite Straße, doch waren auch hier keine Menschen zu finden.

Auf der gegenüberliegenden Seite sah man dunkle, unheimliche Gebäude aus behauenem Granit, die aber offenbar schon verfallen waren. Aus dem Schutt an den Vorderseiten der Häuser waren Bäume gewachsen und in den leeren Fenstern wucherten wilde Pflanzen.

Gegenüber stand ein Gebäude, das besser erhalten zu sein schien. Es war ein massiver Bau, mit einer riesigen Kuppel. Auf beiden Seiten des Haupteingangs standen Reihen hoher Säulen, von denen jede mit einem mächtigen, sonderbaren Vogel gekrönt war, der aus dem Stein der Säulen gehauen worden war.

Während der Affenmensch und seine Begleiter mit wachsendem Erstaunen diese alte Stadt betrachteten, kam es ihnen vor, als ob sie im Innern der Gebäude eine Bewegung bemerkt hätten. Dunkle Schatten schienen sich im Halbdunkel zu bewegen, aber man konnte ja nicht annehmen, dass in dieser geisterhaften, toten Stadt, die einer längst untergegangenen Welt angehörte, noch irgendein lebendes Wesen sein könnte.

Tarzan erinnerte sich daran, dass er in einer Pariser Bibliothek etwas über ein ausgestorbenes Volk gelesen hatte, das nach den Überlieferungen von Eingeborenen im Herzen Afrikas gelebt haben soll. Er fragte sich, ob das nicht die letzten Überreste dieser Zivilisation wären. War es möglich, dass jetzt noch Nachfahren dieses Volkes hier wohnten? Wieder glaubte er eine Bewegung in dem großen Tempel zu bemerken.

Kommt! sagte er zu seinen Waziri. Wir wollen sehen, was sich hinter diesen verfallenen Mauern befindet!

Die Leute wollten ihm nicht folgen, aber als sie sahen, dass er mutig durch das düstere Portal schritt, folgten sie einige

Schritte hinter ihm, zu einer dichten Gruppe zusammengedrängt und vor Angst zitternd. Wenn jetzt ein solcher Schrei erschollen wäre, wie sie ihn in der vergangenen Nacht gehört hatten, wären sie alle davongelaufen.

Als Tarzan in das Gebäude trat, hatte er wieder das Gefühl, es seien Augen auf ihn gerichtet. Da war ein Rascheln im Dunkel eines nahen Ganges, und er hätte schwören können, dass er an einem Fenster eine menschliche Hand gesehen hatte.

Der Boden des Raumes war zementiert, die Mauern aus glattem Granit mit seltsamen Menschen- und Tiergestalten. An manchen Stellen waren Tafeln aus gelbem Metall in den Mauern eingelassen. Als Tarzan sie näher betrachtete, sah er, dass sie aus Gold waren und wundersame Schriftzeichen aufwiesen.

Auf diesen Raum folgten noch andere Zimmer und hinter diesen weitete sich der Bau zu gewaltigen Flügelbauten aus.

Tarzan schritt durch mehrere Zimmer und fand überall Beweise vom fabelhaften Reichtum der Erbauer dieser Stadt. In einem Raum befanden sich sieben Pfeiler aus purem Gold und in einem anderen bestand sogar der Fußboden aus diesem kostbaren Metall.

Der Affenmensch ging neugierig umher und die Schwarzen folgten ihm, während sonderbare Gestalten über, vor und hinter ihnen umherschwebten, aber sie waren nicht nahe genug, um von ihnen bemerkt zu werden.

Die Waziris waren so aufgeregt, dass sie Tarzan baten, doch ins Sonnenlicht zurückzukehren. Sie meinten, die Ruinen würden sicher von den Geistern der Toten, der einstigen Bevölkerung bewohnt.

Sie lauern auf uns, Tarzan! flüsterte Busuli. Sie warten, bis wir in das Innerste ihres Bollwerks eingedrungen sind, und dann fallen sie über uns her und zermalmen uns mit ihren Zähnen. Das ist die Gewohnheit der Geister. Der Onkel meiner Mutter, der ein großer Zauberer ist, hat mir das schon vor langer Zeit erzählt.

Tarzan lachte. Geht hinaus ins Sonnenlicht! sagte er. Ich komme wieder, wenn ich diese alte Ruine von oben bis unten durchsucht und das Gold gefunden habe – oder überzeugt davon bin, dass kein weiteres mehr da ist. Auf alle Fälle können wir diese Tafeln von den Wänden nehmen, die Säulen sind zu schwer zum Mitnehmen. Aber vielleicht finden sich ja noch ganze Kammern mit Gold gefüllt, und das können wir leicht auf unserem Rücken mitnehmen. Geht ruhig raus an die frische Luft, wenn es euch da besser gefällt!

Einige Krieger wollten dieser Aufforderung sofort folgen, aber Busuli und einige andere zögerten, ihren Häuptling zu verlassen. Sie schwankten zwischen der Treue zu ihrem Anführer und der abergläubischen Furcht vor dem Unbekannten. Dann aber geschah etwas, was jede weitere Überlegung unnötig machte: aus der Stille der Tempelruine erscholl, ganz in ihrer Nähe, derselbe hässliche Schrei, den sie in der vorigen Nacht gehört hatten, und mit entsetztem Gebrüll drehten sich die Krieger um und flüchteten aus der Halle.

Nur Tarzan blieb stehen und wartete mit einem grimmigen Lächeln auf den Lippen auf das, was da kommen sollte. Jetzt war es wieder still, das einzige, was er zu hören glaubte, war das Geräusch nackter Füße.

Tarzan ging weiter in den Tempel hinein. Er schritt von einem Raum in den andern, bis er zu einem Zimmer kam, das durch eine Tür verschlossen war. Er versuchte sie zu öffnen und stieß mit den Schultern dagegen, als plötzlich wieder dieser Schrei erscholl – dicht hinter ihm. Offenbar wollte man ihn warnen, diesen Raum zu betreten. Vielleicht lag auch gerade hier das Geheimnis des verborgenen Schatzes?

Die Tatsache, dass die unsichtbaren Wächter dieser verwunschenen Stadt offensichtlich verhindern wollten, dass er den Raum betrat, bestärkte Tarzan nur darin, genau das zu tun.

Während der Schrei noch immer ertönte, drückte er mit seinen Schultern so stark gegen die Tür, bis sie schließlich krachend nachgab.

Drinnen war es dunkel wie in einem Grab. Es gab kein Fenster, und da der Gang, der zu dem Zimmer führte, im Halbdunkel lag, drang auch durch die offene Tür kaum ein Lichtstrahl hinein. Tarzan tastete mit seinem Speer den Boden ab und betrat den finsteren Raum. Plötzlich wurde die Tür hinter ihm zugeschlagen und von allen Seiten packten ihn Hände aus der Dunkelheit.

Der Affenmensch wehrte sich mit seiner ganzen Kraft, aber so viel er auch um sich schlug, es waren zu viele Hände. Schließlich drückte man ihn zu Boden und er wurde an Händen und Füßen gefesselt.

Außer dem schweren Atem seiner Feinde und dem durch den Kampf verursachten Geräuschen hatte Tarzan keinen Laut vernommen. Er wusste nicht, was für Geschöpfe ihn gefangen genommen hatten, aber da sie ihn gefesselt hatten, mussten es wohl Menschen sein.

Jetzt hoben sie ihn vom Boden hoch und brachten ihn halb schleppend, halb stoßend aus der schwarzen Kammer durch eine andere Tür in den Innenhof des Tempels.

Hier sah er seine Bezwinger. Es mussten wohl an die hundert Männer sein, kurze, stämmige Männer mit langen Bärten, die über ihre haarige Brust fielen. Ihr dickes, wirres Haar hing weit über ihre fliehende Stirn, über Schultern und Rücken. Ihre krummen Beine waren kurz und schwer, ihre Arme lang und muskulös. Um die Lenden trugen sie Felle von Leoparden und Löwen. Ihre Arme und Beine waren mit massiven Goldreifen verziert. Bewaffnet waren sie mit schweren Knüppeln, in ihren Gürteln steckten lange Messer.

Aber was Tarzan am meisten auffiel, war ihre helle Haut. In ihrem ganzen Aussehen erinnerte nichts an die Schwarzen, die er kannte. Mit ihrer zurückweichenden Stirn, ihren kleinen, halbgeschlossenen, bösen Augen und ihren gelben Zähnen war ihr Äußeres nicht sehr einnehmend.

Während des Kampfes im dunklen Zimmer und während des Transportes in den Innenhof war kein Wort gesprochen worden. Jetzt hoben sie ihn wieder vom Boden auf und brachten ihn in einen anderen Teil des Tempels hinter dem Hof.

Als Tarzan hier auf dem Rücken lag, sah er, dass der Tempel den ganzen Hof umgab und auf allen Seiten hohe Mauern emporragten. Ganz oben erblickte er ein kleines Stück des blauen Himmels, und durch eine Fensteröffnung waren grüne Blätter zu sehen.

Um den Hof stiegen offene Galerien empor und hin und wieder schaute ein Kopf mit struppigem Haar und breiten Augen von dort auf ihn herunter.

Vorsichtig prüfte der Affenmensch die Stärke der Fesseln, mit denen man ihn gebunden hatte. Es schien ihm, dass sie seinen Muskeln kaum widerstehen würden, wenn eine Gelegenheit gekommen war, in der er sich befreien konnte.

So lag er mehrere Stunden da, bis die ersten Sonnenstrahlen direkt in den Hof hereindrangen. Gleichzeitig hörte er in den Gängen das Trippeln nackter Füße, und einen Augenblick später waren die Galerien mit Gesichtern gefüllt. Gleichzeitig traten etwa zwanzig Mann in den Hof ein.

Einen Augenblick lang waren alle Augen auf die Mittagssonne gerichtet, dann stimmte das Volk auf den Galerien und im Hof einen leisen, geisterhaften Gesang an. Darauf fingen die Leute um Tarzan an zu tanzen. Sie umringten ihn langsam, und die Art ihres Tanzes ähnelte dem schwerfälliger Bären. Sie schauten aber nicht auf ihn, sondern hinauf zur Sonne.

Zehn Minuten lang dauerte ihr Gesang und Tanz, dann drehten sie sich mit einem Mal zu ihrem Opfer, wobei sie die Keulen erhoben und ein Geheul anstimmten.

Im selben Augenblick tauchte inmitten der tobenden Menge eine weibliche Gestalt auf und trieb die wütenden Männer mit einer goldenen Keule auseinander.

La'a

Tarzan dachte einen Augenblick, er sei gerettet, aber als er bemerkte, mit welch spielerischer Leichtigkeit die junge Frau die gorillaähnlichen Männer zurückgewiesen hatte, und als er gleich darauf sah, wie diese ihren Tanz wieder aufnahmen, war er überzeugt, dass das alles nur Teil der Zeremonie war, bei der er im Mittelpunkt stand.

Nach einigen Augenblicken zog die Frau ein Messer aus dem Gürtel und zerschnitt die Fesseln von Tarzans Füßen. Als die Männer darauf mit dem Tanz aufhörten und nähertraten, befahl sie Tarzan mit einer Handbewegung, aufzustehen. Sie legte ihm das Seil, das seine Füße gefesselt hatte, um den Hals und führte ihn so durch den Hof weg. Die Männer folgten paarweise.

Durch gewundene Gänge ging es immer weiter, bis in den entlegensten Bereich des Tempels. Schließlich kamen sie in einen großen Saal, in dem ein Altar stand. Nun konnte Tarzan sich die seltsamen Zeremonien erklären, die der Ankunft in diesem Allerheiligsten vorangegangen waren.

Er war in die Hände der Nachkommen der alten Sonnenanbeter gefallen. Seine scheinbare Errettung durch eine Geweihte der Hohepriesterin der Sonne war nur ein Teil ihrer heidnischen Gebräuche: die Priesterin kam aus dem inneren Tempel, um ihn vor den entweihten Händen der Menschen zu retten und der Sonnen-Gottheit als Opfer darzubringen.

Weitere Gewissheit für seine Vermutung brachten braunrote Flecken, die den Steinaltar und den Fußboden ringsum bedeckten, und die menschlichen Schädel, die aus ungezählten Mauernischen hervorschauten.

Die Priesterin führte ihr Opfer zu den Stufen des Altars. Wieder füllten sich die Galerien mit Zuschauern, während aus einem gewölbten Eingang am Ostende des Saales eine Prozession von Frauen langsam hereinschritt. Ebenso wie die Männer, trugen sie nur Tierfelle, die um ihre Lenden mit einem Gürtel aus roher Haut oder mit goldenen Ketten festgehalten wurden. Die schwarze Masse ihres Haares war von einem herrlichen goldenen Kopfschmuck bedeckt.

Die Frauen waren schöner als die Männer. Ihre Gesichter waren edler, die Form ihres Kopfes und ihre breiten sanften dunklen Augen verrieten eine größere Intelligenz und Menschlichkeit.

Jede Priesterin trug zwei goldene Becher, und während sie sich in Reihen auf der einen Seite des Altars aufstellten, taten die Männer das gleiche auf der anderen Seite und traten auf die Frauen zu, um je einen Becher von ihnen in Empfang zu nehmen. Dann begann der Gesang von neuem, und nun kam eine andere Frau aus einem dunklen, hinter dem Altar liegenden Raum.

Das ist die Hohepriesterin, dachte Tarzan. Es war eine junge Frau mit intelligentem, ansprechenden Gesicht. Ihr Schmuck war ähnlich dem der übrigen Priesterinnen, aber feiner gearbeitet und zum Teil mit Diamanten besetzt. Ihre nackten Arme und Beine waren von massiven, juwelenverzierten Schmucksachen bedeckt, während ihr Leopardenfell von einem Gürtel gehalten wurde, der aus goldenen Ringen bestand, die mit Figuren aus unzähligen kleinen Diamanten verziert waren. Im Gürtel steckte ein langes, mit Diamanten besetztes Messer, und in der Hand hielt sie an Stelle einer Keule einen dünnen Stab.

Als sie sich dem Altar näherte, hörte der Gesang auf. Die Priester und Priesterinnen knieten vor ihr nieder, während sie ihren Stab über sie hielt und ein langes, eintöniges Gebet sprach. Ihre Stimme war sanft und klangvoll, und Tarzan konnte sich nicht vorstellen, dass sich dieselbe Frau einen Augenblick später durch die fanatische Ekstase ihres religiösen Wahnes in eine wilde, blutdürstige Henkerin verwandeln würde.

Sie hatte ihr Gebet beendet und ließ ihre Augen auf Tarzan ruhen. Man sah, dass sie ihn mit größter Aufmerksamkeit von Kopf bis Fuß musterte.

Die Priester fingen nun wieder an, wie wahnsinnig zu tanzen, bis sie auf einen Befehl der am Altar stehenden Priesterin, die unablässig auf Tarzan geschaut hatte, aufhörten.

Auf ein Zeichen von ihr stürzten sich die Priester auf den Affenmenschen. Sie hoben ihn hoch und legten ihn auf den Altar. Dann stellten sich die Priesterinnen in zwei Reihen auf und hielten ihre goldenen Becher bereit, um das Opferblut aufzufangen, sobald das Messer sein Werk vollendet hatte.

In der Reihe der Priester entstand eine Auseinandersetzung darüber, wer den ersten Platz einnehmen sollte. Ein plumper Mensch versuchte einen kleineren an die zweite Stelle zu stoßen, aber dieser beschwerte sich bei der Priesterin, die den größeren in barschem Ton an das Ende der Reihe schickte. Tarzan hörte, wie er sich knurrend dem Befehl fügte.

Dann fing die Priesterin an etwas zu murmeln, was Tarzan wie eine Anrufung erschien, wobei sie ihr dünnes, scharfes Messer aus der Scheide zog. Die Zeit, in der sie ihr Messer anhob und es hoch über seiner Brust hielt, kam dem Affenmenschen endlos lange vor.

Sie senkte es ab, erst langsam, dann in demselben Maß schneller, wie sie auch die Worte der Beschwörung schneller sprach.

Tarzan hörte noch immer das Gemurmel des Priesters am Ende der Reihe der sich über die Zurückweisung ärgerte. Die Stimme des Mannes wurde immer lauter, und eine Priesterin sprach in scharfem, tadelnden Ton dagegen. Jetzt war das Messer nahe an Tarzans Brust, aber es hielt einen Augenblick an, weil die Hohepriesterin die gotteslästerliche Störung nicht mehr zulassen konnte.

Plötzlich entstand eine Bewegung am Ende der Schlange und Tarzan hob gerade noch rechtzeitig seinen Kopf, um zu sehen, wie sich der zurechtgewiesene Priester auf die Priesterin stürzte und mit seiner schweren Keule wie wahnsinnig auf sie einschlug. Es geschah, was Tarzan schon hundertmal bei Kerschak, Tublat, Terkop und bei einem Dutzend anderer Affen seines Stammens gesehen hatte. Der Priester war in seiner rasenden Wut völlig enthemmt und stürzte sich nun mit seiner schweren Keule auf seine Kollegen.

Sein Wutgeschrei war entsetzlich. Die Hohepriesterin stand noch immer mit dem gezücktem Messer da, ihre Augen voller Entsetzen auf die wahnsinnige Szene gerichtet, die Tod und Verderben unter ihren Jüngern anrichtete.

Wer konnte, lief fort, so dass in dem Raum nur noch die Toten und Sterbenden, das Opfer auf dem Altar, die Hohepriesterin und der Wahnsinnige zurückblieben.

Als die irren Augen des Wütenden auf die Frau fielen, lachte er plötzlich auf. Leise ging er auf die zu und flüsterte ihr etwas zu. Er drohte ihr und sie versuchte ihn zu beruhigen, obwohl sie sah, dass ihre Autorität dahin war. Jetzt griff der Wütende nach ihr.

Tarzan zerrte an den Fesseln, mit denen seine Arme auf dem Rücken festgebunden waren. Als der verrückte Priester direkt neben Tarzan stand, um über die Hohepriesterin herzufallen, fiel er vom Altar auf den Steinboden. Als er auf die Füße sprang, fielen auch die Fesseln von seinen Armen, und im selben Augenblick bemerkte er, dass er allein im Tempel war: die Hohepriesterin und der wahnsinnige Priester waren verschwunden.

Dann aber drang ein dumpfer Schrei aus der dunklen Öffnung hinter dem Opferaltar, durch die die Priesterin vorhin hereingekommen war. Ohne an seine eigene Sicherheit oder an die Möglichkeit der Flucht zu denken, sprang er zu dem Eingang und eilte die alte Treppe hinunter, ohne zu wissen, wohin sie führte.

Bei dem schwachen Licht, das von oben kam, sah er, dass es ein großes niedriges Gewölbe mit mehreren Türen war, aber er brauchte gar nicht zu suchen, denn vor ihm lag die sich verzweifelt wehrende Hohepriesterin, die der Wahnsinnige mit beiden Händen an der Gurgel gepackt hielt.

Als er Tarzans schwere Hand auf seiner Schulter spürte, ließ er von seinem Opfer ab und wandte sich ihm zu. Mit Schaum auf den Lippen stürzte er sich mit der Kraft eines Wahnsinnigen auf Tarzan. Er war zu einem wilden Tier geworden, aber er fand jetzt einen Gegner, der ihm mehr als ebenbürtig war. Tarzan hatte ihn ergriffen, und sie fielen beide, wie zwei große Affen ringend, auf den Boden, während die Priesterin an die Wand gedrückt dastand und mit weitgeöffneten Augen auf die wütend Kämpfenden zu ihren Füßen starrte.

Sie sah, wie der Fremde seine mächtige Hand an die Gurgel seines Gegners legte und ihn erwürgte.

Einen Augenblick später stieß er den Kerl von sich, stand auf und schüttelte sich wie ein Löwe. Er setzte seinen Fuß auf seinen Gegner, erhob den Kopf, und wollte gerade den Siegesruf seines Stammes anstimmen, als sein Blick auf den Eingang des Tempels fiel.

Die junge Frau, die bei dem Kampf der beiden Männer wie gelähmt dagestanden hatte, dachte darüber nach, was jetzt wohl passieren werde. Zwar hatte sie den Wahnsinnigen nun nicht mehr zu fürchten, doch befand sie sich jetzt in der Gewalt eines Mannes, den sie noch vor wenigen Augenblicken hatte töten wollen. Sie suchte nach einer Möglichkeit zu fliehen. Die dunkle Öffnung eines Seitenganges war nahe, aber gerade, als sie sich dorthin umdrehen wollte, fielen die Augen des Affenmenschen auf sie, und mit einem Sprung war er neben ihr, ergriff ihre Hand und sagte in der Sprache von Kerschaks Stamm:

Warten Sie!

Erstaunt sah die junge Frau ihn an und fragte ihn flüsternd: Sie sprechen die Sprache der ersten Menschen? Wer sind Sie?

Ich bin Tarzan, der bei den Affen war, antwortete er wieder in der Sprache der Menschenaffen.

Was verlangen Sie von mir? fuhr sie fort. Weshalb haben Sie mich vor Tha gerettet?

Ich kann nicht zusehen, wie einer Frau ein Leid geschieht.

Was werden Sie jetzt mit mir tun? fuhr sie fort.

Nichts! antwortete er, aber Sie können etwas für mich tun: Sie können mich hinausführen.

Er sagte dies, ohne wirklich damit zu rechnen, dass sie dies tun würde.

Die Priesterin betrachtete ihn eine Weile.

Sie sind ein wundervoller Mann, sagte sie. Sie sind ein Mann, wie ich ihn in meinen Träumereien als junges Mädchen gesehen habe. Ich stelle mir vor, dass die Vorfahren meines Volkes solche Männer wie Sie gewesen sind, eines Volkes, das diese große Stadt im Herzen einer wilden Welt erbaut hat, um aus dem Innern der Erde die fabelhaften Reichtümer zu gewinnen, denen zuliebe sie ihre Kultur in einem weit entfernten Land aufgegeben haben.

Ich kann nicht verstehen, dass Sie mir vorhin zu Hilfe gekommen sind, und jetzt kann ich nicht verstehen, weshalb Sie sich nicht an mir rächen wollen, wo Sie mich in Ihrer Hand haben – nachdem ich Sie dem Tode geweiht hatte und beinahe mit meiner eigenen Hand geopfert hätte.

Ich nehme an, antwortete Tarzan, dass Sie nur den Gesetzen Ihrer Religion gefolgt sind. Dafür kann ich Sie nicht tadeln. Aber wer sind Sie? Zu welchem Volk gehören Sie?

Ich bin La'a, die Hohepriesterin des Tempels der Sonne in der Stadt Opar. Wir sind Nachkommen eines Volkes, das vor mehr als zehntausend Jahren auf der Suche nach Gold in diese Gegend kam. Seine Städte reichten von einem großen Meer in dem die Sonne aufgeht bis zu einem großen Meer, in dem die Sonne untergeht, um nachts ihr flammendes Gesicht darin zu kühlen. Das Volk war reich und mächtig, aber es lebte jedes Jahr nur wenige Monate hier in großen Palästen; die übrige Zeit verbrachte es in seinem Ursprungsland, das weit, weit im Norden lag.

Manche Schiffe fuhren zwischen dieser neuen und der alten Welt hin und her. Während der Regenzeit blieben nur wenige Bewohner hier, die Aufseher in den Bergwerken, wo schwarze Sklaven arbeiteten, die Kaufleute, die des Geschäftes wegen hierblieben, und die Soldaten, die die Städte und Bergwerke bewachten.

In jener Zeit kam das große Unglück über unser Volk. Als die Jahreszeit da war, wo Tausende zurückzukommen pflegten, blieben diese aus. Wochenlang wartete man auf sie. Dann sandte man eine große Galeere aus, um zu erfahren, weshalb keiner aus dem Mutterland zurückkam, aber obwohl die Kundschafter monatelang umherfuhren, fanden sie keine Spur von dem mächtigen Land mehr, es war im Meer versunken!

An jenem Tag begann der Niedergang unseres Volkes. Entmutigt und unglücklich wurde es bald Beute der aus Norden und Süden hereinbrechenden schwarzen Horden. Eine Stadt nach der andern wurde verlassen oder verfiel. Die Überlebenden waren schließlich gezwungen, Schutz in dieser letzten Bergfestung zu suchen. Langsam haben wir abgenommen an Macht, an Kultur, an Geistesstärke, an Zahl, so, dass wir jetzt nicht viel mehr sind als ein kleiner Stamm wilder Affen.

Und tatsächlich leben die Affen mit uns, wie sie es schon vor vielen Zeitaltern getan haben. Wir nennen sie die ersten Menschen, wir sprechen ihre Sprache so gut wie unsere eigene. Nur bei den Zeremonien im Tempel halten wir an unserer Muttersprache fest. Aber es wird eine Zeit kommen, wo diese vergessen sein wird und wo wir nur noch die Sprache der Affen sprechen werden. Es wird eine Zeit kommen, wo die Männer unseres Volkes, die gemeinsam mit den Affen leben, diese nicht länger fernhalten können, und so werden wir allmählich wieder zu Affen werden, von denen unsere Vorfahren wohl auch abstammen.

Aber wie kommt es, dass Sie menschlicher sind als die Männer? fragte Tarzan.

Aus verschiedenen Gründen sind die Frauen nicht so schnell in die Wildheit zurückversunken wie die Männer. Das mag daher kommen, dass in der Zeit des großen Unglücks nur die Diener hier geblieben waren, während in den Tempeln die gebildetsten Töchter unseres Volkes geblieben waren. Meine weiblichen Vorfahren waren schon immer Hohepriesterinnen, denn das heilige Amt geht von der Mutter auf die Tochter über. Unsere Männer werden unter den in geistiger und körperlicher Hinsicht tüchtigsten Männern ausgesucht, nur sie können Hohepriesterinnen heiraten.

Unter den Männern, die ich hier sah, bemerkte Tarzan etwas spöttisch, haben Sie keine große Auswahl.

Die junge Frau sah ihn einen Augenblick lächelnd an.

Begehen Sie keine Gotteslästerung, sagte sie. Es sind heilige Männer – es sind Priester.

Dann sehen die andern wohl besser aus? fragte er.

Die andern sind viel hässlicher als die Priester, antwortete sie.

Tarzan schauderte bei dem Gedanken an das Schicksal der jungen Frau, denn schon im Halbdunkel des Gewölbes hatte er ihre Schönheit erkannt.

Aber was soll aus mir werden? fragte er plötzlich. Werden Sie mich in die Freiheit führen?

Sie wurden vom Sonnengott als Opfer ausgewählt, antwortete sie feierlich. Ich hätte nicht die Macht, Sie zu retten. Aber ich werde nicht dazu beitragen, dass man Sie hier findet. Sie haben Ihr Leben gewagt, um das meinige zu retten, ich will für Sie dasselbe tun. Es wird allerdings nicht leicht sein, und es kann tagelang dauern. Aber ich glaube, ich kann Sie bis außerhalb der Mauern bringen. Kommen Sie! Man wird nach mir suchen, und wenn man uns findet, sind wir beide verloren. Man würde auch mich töten, weil man annähme, dass ich meinem Gott untreu geworden bin.

Ich werde Sie verstecken und alleine zurückkehren. Ich werde sagen, dass ich lange ohnmächtig war, nachdem Sie Tha getötet hatten, und nicht wüsste, wohin Sie entkommen seien.

Und so führte sie ihn durch gewundene dunkle Gänge, bis sie zuletzt in eine kleine Kammer kamen, in die nur ein schwacher Lichtschein fiel.

Dies ist die Totenkammer, sagte sie. Niemand wird auf den Gedanken kommen, Sie hier zu suchen. Das wird keiner wagen. Ich kehre zurück, sobald es dunkel ist. Bis dahin werde ich einen Plan für Ihre Flucht gefunden haben.

Sie ging, und nun war Tarzan allein in der Totenkammer mitten in der toten Stadt Opar.

Die Schiffbrüchigen

Clayton träumte, er tränke Wasser – reines, köstliches, frisches Wasser. Er machte eine Bewegung und erwachte dabei. Da bemerkte er, dass er ganz durchnässt war! Durchnässt von strömendem Regen, ein schwerer Tropenschauer ging gerade nieder.

Er öffnete den Mund und trank.

Das erfrischte ihn so, dass er sich kräftiger fühlte und bald wieder imstande war, sich auf den Händen aufzurichten. Über seinen Beinen lag Thuran. Einige Fuß weiter lag Jane Porter wie ein Häuflein Elend auf dem Boden des Bootes zusammengekauert. Clayton sagte sich, sie sei wohl schon tot.

Mit unendlicher Mühe gelang es ihm, seine Beine unter Thurans Körper hervorzuziehen, und mit erneuten Anstrengungen kroch er bis zu Jane. Er hob ihren Kopf hoch.

Vielleicht war doch noch Leben in dieser armen, abgemagerten Gestalt? Er ergriff ein mit Regen getränktes Tuch und drückte die kostbaren Tropfen zwischen ihre geschwollenen Lippen aus.

Eine Zeitlang war kein Lebenszeichen bemerkbar, aber zuletzt wurden seine Bemühungen doch von Erfolg gekrönt: ein leises Zucken bewegte ihre geschlossenen Lider. Er rieb ihre dünnen Hände und ließ noch einige Tropfen Wasser in ihre vertrocknete Kehle fallen.

Das Mädchen öffnete die Augen und schaute lange zu ihm empor, bevor sie sich ihrer Lage wieder bewusst wurde.

Wasser? flüsterte sie. Sind wir gerettet?

Es regnet, erklärte er ihr. Wir können jetzt wenigstens trinken.

Was ist mit Thuran? fragte sie. Er hat dich nicht getötet. Ist er tot?

Ich weiß es nicht, antwortete Clayton. Wenn er noch am Leben ist und der Regen ihn wieder stärkt ...

Hier hielt er inne, denn er sagte sich – wenn auch zu spät – er dürfe die Schrecken, die das arme Mädchen erlitten hatte, nicht noch weiter vergrößern.

Aber sie erriet, was er hatte sagen wollen.

Wo ist er? fragte sie.

Clayton wies mit dem Kopf zur ausgestreckten Gestalt des Russen.

Eine Weile herrschte Schweigen.

Ich will sehen, ob ich ihn wiederbeleben kann, sagte Clayton endlich.

Nein! flüsterte sie, ihre abgemagerte Hand nach ihm ausstreckend. Tu das nicht – er wird dich töten, wenn der Regen ihn wieder gestärkt hat. Wenn er am Sterben ist, lass ihn sterben. Lass mich nicht mit einer solchen Bestie alleine.

Clayton zögerte. Seine Ehre verlangte, dass er Thuran helfen musste, und dann war es ja auch möglich, dass der Russe sich menschlich zeigte. Man konnte es wenigstens annehmen.

Während Clayton im Inneren mit sich kämpfte, schweiften seine Blicke über das Meer und plötzlich fiel er mit einem leisen Freudenschrei vor die Füße seiner Braut.

Land, Jane! Gott sei Dank, Land! stießen seine Lippen hervor.

Das Mädchen schaute auf. In der Tat sah sie, nicht einmal hundert Meter entfernt, gelben Strand und dahinter die üppige Pflanzenwelt eines tropischen Dschungels.

Jetzt kannst du ihn wiederbeleben, sagte Jane Porter, denn sie hatte sich schon Gewissensbisse darüber bekommen, dass sie ihn sterben lassen wollte.

Es dauerte eine halbe Stunde, bis es gelang, den Russen soweit wieder zur Besinnung zu bringen, dass er wenigstens die Augen öffnen konnte, und bald darauf konnte man ihm auch die glückliche Wendung ihres Schicksals begreiflich machen.

Inzwischen war das Boot langsam auf sandigen Boden getrieben. Clayton war durch das erfrischende Wasser, das er getrunken hatte, und durch den neu erwachten Mut so gestärkt, dass er durch das seichte Wasser bis zum Strand waten konnte. Dabei zog er ein am Boot festgebundenes Seil mit sich, das er an einem Baum des Ufers befestigte. Es war gerade Hochwasser, und er fürchtete, sobald Ebbe einträte, könnte das Boot wieder vom Land weggetrieben werden, zumal er ziemlich sicher war, dass er vor Verlauf einiger Stunden nicht stark genug wäre, um Jane Porter zu holen.

Das Nächste, was er tat, war, zu dem nahen Dschungel zu kriechen, wo er tropischer Früchte bemerkt hatte. Bei seinem früheren Aufenthalt im Dschungel hatte er von Tarzan gelernt, was dort essbar ist. Nach einem fast einstündigen Aufenthalt kehrte er mit einem Arm voller Früchte zum Strand zurück.

Der Regen hatte aufgehört, und die heiße Sonne schien so drückend, dass Jane Porter darauf drängte, einen Versuch zu machen, an Land zu gehen.

Auch Thuran wurde durch die Früchte soweit gestärkt, dass alle drei glaubten, sie wären imstande, bis zu dem kleinen Baum zu gelangen, an dem das Boot festgebunden war.

Der Versuch gelang, und da alle drei völlig erschöpft waren, legten sie sich in den Schatten des Baumes und schliefen bis tief in die Nacht hinein.

~~~

Einen Monat lang lebten die drei Schiffbrüchigen auf dem flachen Strand verhältnismäßig sicher.

Sowie sie wieder zu Kräften kamen, erbauten die beiden Männer eine einfache Hütte in den Ästen eines Baumes, so hoch,
~~~

dass sie vor Angriffen auch großer Raubtiere sicher sein konnten.

Tagsüber sammelten sie Früchte und kleine Tiere; in der Nacht kauerten sie sich unter ihr Schutzdach, während die wilden Bewohner des Dschungels ihr hässliches Geheul hören ließen.

Sie schliefen auf einem Lager von Dschungelgras. Jane Porter hatte nur die alte Jacke als Decke, die Clayton seinerzeit auf der denkwürdigen Fahrt durch Wisconsins Wälder auf der Eisenbahnstation beinahe hatte liegen lassen. Clayton hatte eine dünne Trennwand aus Ästen in ihrer Unterkunft angebracht, so dass der Raum in zwei Hälften geteilt war, von denen die eine für das Mädchen, die andere für ihn und Thuran bestimmt war.

Schon bald hatte der Russe seinen wahren Charakter gezeigt: Selbstsucht, Grobheit, Anmaßung, Feigheit und zügellose Begehrlichkeit. Schon zweimal war Clayton wegen Thurans Benehmen gegenüber dem Mädchen handgreiflich geworden. Er wagte es nicht, ihn auch nur einen Augenblick mit Jane alleine zu lassen. So lebten der Engländer und seine Braut in fortwährender Aufregung, aber sie hofften immer noch auf Befreiung.

Jane Porters Gedanken kehrten oft zu ihrem früheren Leben an der wilden Küste zurück. Ach, wenn doch nur der Waldgott, dessen Tod sie so sehr betrauerte, bei ihnen wäre! Dann bräuchte sie sich nicht mehr vor den Raubtieren und dem furchtbaren Russen zu fürchten. Clayton beschützte sie mit knapper Not, aber wie anders wäre Tarzan aufgetreten, wenn er nur einen Augenblick dem düsteren, drohenden Thuran gegenübergestanden hätte!

Einmal, als Clayton nur bis zu dem kleinen Wasserlauf gegangen war und Thuran wieder unverschämt zu ihr gewesen war, verriet sie ihre Gedanken.

Sie können von Glück reden, Herr Thuran, sagte sie, dass der arme Herr Tarzan, der von Ihrem Schiff stürzte, nicht hier ist.

Sie kennen das Schwein? fragte Thuran.

Ich kenne den Herrn, erwiderte sie. Er ist der einzige wirkliche Mann, den ich bisher kennen gelernt habe.

Im Ton ihrer Stimme lag etwas, was den Russen erkennen ließ, dass sie für seinen Feind wohl mehr als nur Freundschaft hegte, und deshalb machte es ihm Freude, dessen Andenken zu beschmutzen.

Er war schlimmer als ein Schwein! schrie er. Er war ein gemeiner Feigling! Um sich dem gerechten Zorn des Mannes einer von ihm belästigten Frau zu entziehen, war er so ehrlos, die Frau zu belasten. Da ihm das nicht gelang, floh er aus Frankreich, um einem Duell mit dem Ehemann zu entgehen. Deshalb war er auf dem Schiff, auf dem Miss Strong und ich nach Kapstadt fuhren. Ich weiß, was ich sage, denn die Frau, um die es sich handelt, ist meine Schwester. Und ich kann Ihnen noch etwas verraten, was ich bisher niemandem gesagt habe: Ihr toller Herr Tarzan sprang aus Todesangst über Bord, als ich ihn wiedererkannte und darauf bestand, dass er mir am nächsten Morgen Genugtuung leisten sollte.

Jane Porter lachte.

Sie werden sich doch nicht einen Augenblick einbilden, dass jemand, der Herrn Tarzan und Sie kennt, diese Geschichte glauben wird?

Weshalb reiste er dann unter falschem Namen? fragte Thuran gehässig.

Ich glaube Ihnen kein Wort! rief Jane voller Ärger.

Aber die Saat des Misstrauens gesät, denn Jane wusste von Hazel, dass Tarzan unter dem Namen John Caldwell gereist war.

~~~

Kaum fünf Meilen nördlich von der Stelle, wo Jane mit Clayton und Thuran lebte, lag die hübsche kleine Hütte Tarzans.
~~~

Aber wenn die Entfernung auch nicht groß war, so wusste doch keiner von ihnen etwas davon, und damit war es genau so, als wenn sie tausende von Meilen davon entfernt gewesen wären.

Weiter an der Küste hinauf, einige Meilen von der Hütte, in einfachen, aber wohlgebauten Schutzhütten, lebte eine Gesellschaft von achtzehn Personen. Es waren die anderen früheren Passagiere der »Lady Alice«, deren Rettungsboote von Claytons Boot getrennt worden waren.

In weniger als drei Tagen waren sie über das ruhige Meer zum Festland gerudert. Sie hatten nichts von den Schrecken des Schiffbruchs erfahren, und wenn sie auch von dem Missgeschick der Jacht schmerzlich berührt waren und unter den ungewohnten Härten ihres neuen Daseins zu leiden hatten, so war ihnen doch weiter nichts geschehen.

Alle waren der festen Hoffnung, dass das vierte Boot gefunden worden sei und bald eine Nachforschung nach den Insassen der restlichen drei Boote veranlasst würde.

Da genügend Feuerwaffen und Munition in Lord Tenningtons Boot gebracht worden waren, war die Gesellschaft gut gerüstet und konnte auch große Tiere erlegen.

Professor Archimedes Q. Porter war ihre einzige unmittelbare Sorge. Er war überzeugt, dass seine Tochter von einem vorüberfahrenden Dampfer aufgenommen worden war. Er war deshalb über ihr Schicksal nicht sehr besorgt und verwandte seinen ganzen Scharfsinn wieder für die wissenschaftlichen Probleme, mit denen sich – seiner Meinung nach – ein Mann von seiner Bildung beschäftigen sollte.

Nie, sagte der erschöpfte Samuel T. Philander zu Lord Tennington, nie war Herr Professor Porter so schwierig; es ist unmöglich, mit ihm zurande zu kommen. Heute Morgen, nachdem ich ihn kaum eine halbe Stunde allein gelassen hatte, war er bei meiner Rückkehr verschwunden. Und wo glauben Sie wohl, habe ich ihn entdeckt? Eine halbe Meile draußen auf dem Ozean in einem der Rettungsboote, wo er nach Herzenslust am Rudern war! Ich weiß nicht, wie er es überhaupt fertiggebracht hat, soweit aufs Meer hinaus zu kommen, denn er hatte nur ein Ruder, mit dem er glückselig im Kreis herumfuhr!

Als mich einer der Matrosen in einem anderen Boot zu ihm hinausbrachte, war der Professor ganz entrüstet, weil ich ihm zuwinkte, er solle an Land zurückkehren.

Wie, Mr. Philander, sagte er, ich bin überrascht, dass Sie, ein Mann von Bildung, die Kühnheit besitzen, den Fortschritt der Wissenschaft so unterbrechen zu wollen. Aus gewissen astronomischen Erscheinungen, die ich in den letzten tropischen Nächten beobachtete, habe ich eine völlig neue Nebelfleck-Hypothese aufgestellt, mit der ich die wissenschaftliche Welt überraschen werde. Ich will dazu nur noch eine hervorragende Monographie über Laplaces Hypothese, die sich in einer privaten Büchersammlung New Yorks befindet, einsehen. Ich wollte gerade hinrudern, um mir die Broschüre zu holen, und jetzt kommen Sie, Mr. Philander, und stören mich bei meinem Vorhaben.

Nur mit größter Mühe gelang es mir, ihn zur Rückkehr zur Küste zu bewegen – sonst hätte ich Gewalt anwenden müssen.

Miss Strong und ihre Mutter verhielten sich trotz der ständigen Angst vor den Angriffen wilder Tiere sehr tapfer. Sie waren allerdings nicht davon überzeugt, dass Jane, Clayton und Thuran von einem Dampfer aufgenommen worden seien.

Jane Porters Dienerin Esmeralda schimpfte ohne Unterbrechung über das grausame Schicksal, das sie von ihrem »armen kleinen Herzchen« getrennt hatte.

Lord Tennington war immer noch derselbe vornehme, großherzige Mensch, dessen Charakter sich in keiner Weise verändert hatte. Heiter, wie immer, bemühte er sich auch jetzt noch, alles für die Bequemlichkeit und Unterhaltung seiner Gäste zu tun. Der Mannschaft seiner Jacht gegenüber war er immer noch derselbe gerechte, aber strenge Befehlshaber. Im

Dschungel gab er ebenso wenig von seiner Autorität ab, wie er es auf der »Lady Alice« getan hatte, wo er über alle wichtigen Fragen zu entscheiden hatte; in allen Lagen bewies er dieselben kühlen, klugen Führungseigenschaften.

Hätte diese gut organisierte und verhältnismäßig sichere Gesellschaft von Schiffbrüchigen das zerlumpte und ängstliche Trio einige Meilen südlich von ihnen gesehen, hätten sie diese wohl kaum wiedererkannt.

Clayton und Thuran waren fast nackt, so sehr waren ihre Kleider durch die Dornbüsche und Schlingpflanzen zerrissen, durch die sie sich immer wieder hindurchwinden mussten, als die Beschaffung von Nahrung schwieriger wurde.

Jane Porter hatte zwar an diesen mühevollen Expeditionen nicht teilgenommen, aber auch ihr Äußeres war in einem recht schlechten Zustand.

Clayton hatte aus Mangel an besserer Beschäftigung die Häute der von ihm erlegten Tiere sorgfältig bearbeitet und aufbewahrt. Er hatte sie über Baumstämme gespannt und fleißig abgekratzt. So waren sie in gutem Zustand geblieben, und da seine Hose so zerrissen war, dass sie seine Blöße nicht mehr bedecken konnte, machte er sich aus den Häuten ein einfaches Gewand, wobei er einen starken Dorn als Nadel und feste Grashalme und Tiersehnen als Nähfaden benützte.

Das Ergebnis war ein ärmelloses Gewand, das ihm fast bis an die Knie ging. Da es aus zahlreichen kleinen Häuten zusammengesetzt war und deshalb einen sehr merkwürdigen Anblick bot und da es zudem einen äußerst widerlichen Geruch verbreitete, war es nicht gerade eine sehr angenehme Ergänzung seiner Kleidung. Aber die Zeit kam, wo er es aus Anstandsgründen anziehen musste. Als Jane ihn zum ersten Mal darin sah, musste sie, trotz ihrer elenden Lage, herzhaft lachen.

Später war auch Thuran gezwungen, sich eine solche primitive Bekleidung anzufertigen, und so sahen die beiden mit ihren nackten Beinen und ihren reichlich gewachsenen Vollbärten wie zwei vorgeschichtliche Menschen aus. Besonders Thuran stand diese Rolle ganz gut.

So waren fast zwei Monate vergangen, als sie ein neues Unglück traf. Voraus ging ein Ereignis, das zweien von ihnen beinahe ganz plötzlich ein Ende bereitet hätte.

Thuran lag mit einem Fieberanfall auf seinem Lager. Clayton war auf Nahrungssuche einige hundert Meter weit in den Dschungel eingedrungen. Als er wiederkam, war ihm Jane Porter entgegengekommen. Und hinter ihm schlich ein alter, zerzauster Löwe her. Seit drei Tagen waren seine alten Beine nicht mehr imstande gewesen, ihre Dienste zu tun, und sein Magen war deshalb leer. Seit Monaten schon hatte die Anzahl seiner Mahlzeiten abgenommen, und er hatte sein bisheriges Jagdgebiet immer weiter ausdehnen müssen, um leichter zu erlegende Beute zu finden, denn bei seiner Schwäche war er nicht mehr imstande, sich an solche Tiere heranzuwagen, die er früher mit Leichtigkeit erlegt hatte. Nun hatte er einen Menschen gefunden, der das schwächste Geschöpf der Natur ist und sich am wenigsten verteidigen kann. So hoffte der alte Numa, in wenigen Augenblicken satt zu werden.

Clayton ahnte nicht, dass der Tod hinter ihm her schritt. Er kam gerade aus dem Dickicht und ging auf Jane zu. Als er einige Schritte auf sie zugegangen war, sah sie hinter ihm den braungelben Kopf und die drohenden gelben Augen aus dem Gras herausleuchten.

Beim Anblick des wilden Tieres erfasste sie ein solches Entsetzen, dass sie nicht imstande war, einen Ton herauszubringen, aber ihre starren, weit geöffneten Augen sagten mehr als alle Worte. Clayton warf einen Blick hinter sich und erkannte sofort die Hoffnungslosigkeit ihrer Lage.

Der Löwe war kaum dreißig Schritte von ihnen entfernt, und ungefähr genauso weit waren sie noch von ihrer kleinen Hütte entfernt.

Clayton war mit einem dicken Knüppel bewaffnet, aber er wusste, dass eine solche Waffe gegen einen hungrigen Löwen wirkungslos war.

Dieser riss seinen Rachen weit auf und brüllte laut.

Lauf, Jane! rief Clayton, schnell auf den Baum!

Aber ihre Muskeln waren gelähmt, und sie stand nur stumm und starr da.

Als Thuran das schreckliche Brüllen hörte, war er an die Öffnung der Baumhütte getreten, und als er die Szene sah, die sich ihm jetzt darbot, sprang er vor Erregung auf und rief ihnen auf Russisch zu:

Lauft, lauft, sonst bleibe ich alleine an diesem schrecklichen Ort!

Dann brach er zusammen und fing an zu weinen.

Einen Augenblick lang lenkte seine Stimme die Aufmerksamkeit des Löwen auf ihn, der Löwe starrte den Baum hinauf.

Clayton drehte dem Löwen den Rücken zu, vergrub seinen Kopf in den Armen und wartete.

Das Mädchen sah ihn entsetzt an. Weshalb tat er nichts? Wenn er sterben musste, weshalb nicht tapfer wie ein Mann? Er konnte doch wenigstens mit seinem Knüppel auf das Tier einschlagen. Das hätte Tarzan sicher getan, er wäre wenigstens heldenhaft gestorben.

Jetzt setzte der Löwe zum Sprung an. Jane Porter sank auf ihre Knie und betete; sie schloss die Augen, um den letzten hässlichen Augenblick nicht sehen zu müssen. Thuran war, durch das Fieber geschwächt, ohnmächtig geworden.

Die Sekunden wurden zu Minuten, endlos langen Minuten. Noch war das Tier nicht gesprungen. Clayton war durch die Todesangst fast bewusstlos, seine Knie zitterten und er brach beinahe zusammen.

Jane Porter konnte das nicht länger aushalten. Sie öffnete die Augen. Doch, was war das? Träumte sie?

William, flüsterte sie, schau!

Clayton strengte sich an, den Kopf zu heben und auf den Löwen zu schauen. Ein Ausruf der Überraschung kam aus seinem Mund.

Vor ihren Füßen lag das Tier in Todeszuckungen. Ein schwerer Kriegsspeer stak in seinem braungelben Fell. Er war in die rechte Schulter eingedrungen, durch den ganzen Körper gegangen und hatte das Herz durchbohrt.

Jane Porter war wieder aufgestanden, und als Clayton sich wieder zu ihr umdrehte, schwankte sie vor Schwäche.

Er ergriff ihren Arm, um sie festzuhalten, und während er näher an sie herankam, drückte er ihren Kopf an seine Schulter und wollte sie küssen.

Sie aber wies ihn sanft ab.

Lass William, sagte sie. In den wenigen Augenblicken eben habe ich tausend Jahre durchlebt. Ich will dich wirklich nicht mehr verletzen als es nötig ist, aber ich kann das Leben in dieser Situation, in die ich durch ein unüberlegt gegebenes Versprechen gekommen bin, nicht länger ertragen.

Die letzten wenigen Sekunden meines Lebens haben mir gezeigt, dass es unanständig von mir wäre, dich – und mich selbst – weiterhin zu belügen und zu denken, dass ich deine Frau werden könnte, sollten wir je wieder in die zivilisierte Welt zurückkehren.

Wie, Jane, rief er, was willst du damit sagen? Was hat unsere Errettung durch die Vorsehung mit der Änderung deiner Gefühle für mich zu tun? Du bist erschöpft – morgen wirst du wieder wie früher denken.

Ich bin sicherer als damals vor einem Jahr, erwiderte sie. Was wir jetzt erlebt haben, hat mir lebhaft in Erinnerung gerufen, dass der tapferste Mann, der je gelebt hat, mir seine Liebe schenkte. Ich glaubte nicht, dass ich sie erwidern könnte, und so wies ich ihn ab.

Jetzt ist er tot, und deshalb will ich überhaupt nicht mehr heiraten. Ich könnte keinen andern, wenn auch noch so tapferen Mann heiraten, ohne immer ein gewisses Gefühl der Verachtung für ihn zu haben. Verstehst Du mich?

Ja! antwortete er mit gesenktem Kopf.

Die Schatzgewölbe von Opar

Es war schon völlig dunkel, als La'a, die Hohepriesterin, mit Speise und Trank zu Tarzan in die Totenkammer zurückkehrte. Sie trug kein Licht, sondern tastete mit den Händen an den zerbröckelten Mauern entlang, bis sie die Kammer erreichte. Durch ein Gitter in der Decke wurde das Innere vom Mondschein schwach erhellt.

Tarzan, der sich im Schatten des hintersten Winkels verborgen hatte, kam La'a beim Herannahen ihrer Schritte entgegen.

Sie sind wütend! waren ihre ersten Worte. Noch nie ist ein Menschenopfer dem Altar entflohen. Fünfzig Mann sind schon unterwegs, um Sie zu verfolgen. Sie haben den ganzen Tempel durchsucht, alle Räume – bis auf diesen hier.

Was? fragte er, fürchten sie sich wirklich so sehr, hier hereinzukommen?

Es ist die Totenkammer! Hierher kehren die Toten zurück, um zu beten. Sehen Sie diesen Altar? Hier opfern die Toten die Lebenden – wenn sie hier ein Opfer finden. Deshalb meiden alle dieses Zimmer.

Und Sie? fragte er.

Ich bin Hohepriesterin. Ich bin gegen den Tod geschützt. Ich bin es, die dem Tod hin und wieder ein menschliches Opfer bringt. Ich kann hier sicher eintreten.

Warum hat der Tod mich nicht ergriffen? fragte er, um über diesen sonderbaren Glauben zu spotten.

Sie sah ihn einen Augenblick lächelnd an. Dann sagte sie:

Es ist die Pflicht einer Hohepriesterin, die Glaubenssätze, die andere, Weisere als sie selbst, niedergelegt haben, zu lehren und auszulegen, aber in diesen Glaubenssätzen ist nicht gesagt, dass sie diese selbst glauben muss. Je mehr einer von einer Religion weiß, desto weniger glaubt er davon. Kein Lebender kennt meine Religion besser als ich.

Sie fürchten also nur deshalb bei meiner Flucht behilflich zu sein, weil ihre Glaubensgenossen Ihre Zwiespältigkeit entdecken könnten?

Die Toten sind tot. Sie können uns nichts mehr zuleide tun und uns auch nicht helfen. Wir müssen uns ganz auf uns selbst verlassen, und je eher wir handeln, desto besser. Ich habe viel Mühe gehabt, die Leute zu täuschen, aber jetzt bringe ich Ihnen wenigstens etwas zu Essen. Es wäre allerdings Wahnsinn, wenn ich versuchen würde, dies täglich zu tun. Deshalb folgen Sie mir! Wir wollen sehen, wie weit ich Sie der Freiheit entgegenbringen kann, bevor ich wieder zurück muss.

Sie führte ihn in die Kammer unter dem Altarraum zurück. Von dort bog sie in einen der verschiedenen Gänge ein. In der Dunkelheit konnte Tarzan nichts erkennen.

Zehn Minuten lang tappten sie in einem gewundenen Gang umher, bis sie zuletzt vor eine verschlossene Tür kamen. Hier hörte er sie mit einem Schlüssel nach dem Schlüsselloch tasten, und jetzt vernahm er das Krachen eines zurückgeschobenen Riegels. Die Tür öffnete sich quietschend, und sie traten ein.

Hier werden Sie bis morgen Abend sicher sein, sagte sie.

Dann ging sie hinaus und verschloss die Tür.

In dem Raum, in dem sich Tarzan nun befand, war es völlig dunkel. Nicht einmal seine scharfen Augen konnten etwas sehen. Vorsichtig bewegte er sich vorwärts, bis seine ausgestreckte Hand die Mauer berührte. Dann wanderte er langsam an den vier Wänden des Zimmers entlang.

Es hatte etwa sieben Meter im Quadrat. Der Boden war aus Steinmörtel, aber die Mauern bestanden aus rohen Steinen, die ohne Mörtel aufeinandergelegt waren, wie auch die anderen Mauern, die er draußen gesehen hatte. Granitstücke von verschiedener Größe waren in das Mauerwerk eingefügt.

Tarzan kam es merkwürdig vor, dass der Raum kein Fenster und nur eine Tür enthalten sollte. Noch einmal ging er an der ganzen Mauer entlang, aber es war kein Irrtum möglich.

An der Wand gegenüber der Tür blieb er stehen. Es schien ihm, als ob hier frische Luft hereinkäme, obwohl er keine Öffnung entdecken konnte.

Noch einmal tastete er die Wände ab. Schließlich blieb er wieder an der Stelle, die seine Neugier erregt hatte, stehen. Es war kein Zweifel möglich! Nur an dieser Stelle war deutlich frische Luft zu spüren, die zwischen den Steinen hereinzog.

Tarzan befühlte sorgfältig die Granitstücke, die hier in die Mauer eingefügt waren, und fand schließlich eins, das sich bewegen ließ. Er nahm es heraus und versuchte nun dasselbe mit den nächsten Steinen. Auch diese ließen sich leicht herausnehmen.

Allem Anschein nach bestand die Mauer hier ganz aus solchen gleichförmigen Steinen. In kurzer Zeit hatte er mehrere Dutzend herausgenommen, und nun griff er in das Loch hinein, um festzustellen, was sich hinter der Mauer befand. Zu seiner Überraschung fühlte er nichts mehr dahinter. Soweit er mit dem Arm reichen konnte, war nichts mehr zu spüren.

Nun war es nur noch das Werk einiger Minuten, soviel Steine aus der Mauer zu entfernen, dass er mit seinem Körper durch die Öffnung hindurchklettern konnte.

Vorsichtig bewegte er sich auf Händen und Knien weiter, bis er plötzlich fühlte, dass vor ihm kein Boden mehr war. Soweit er tasten konnte, fühlte er nichts, und er konnte auch nicht sehen, wie tief der Abgrund war, vor dem er sich befand.

Er schaute in die Höhe und erblickte ein kleines, rundes Stück des Sternenhimmels. Er befand sich also in einem Schacht.

Als schließlich der Mond aufging und seinen Silberschein herunter sandte, sah er nicht weit vor sich in der Tiefe Wasser glänzen.

Als er die Mauer entlang schaute, entdeckte er auf der anderen Seite eine Öffnung. Vielleicht konnte er dort hinausgelangen.

Zuerst sagte er sich, wäre es sicherer, das Loch in der Mauer, durch das er herausgekommen war, wieder zuzumachen, denn wenn er nicht rechtzeitig ins Freie käme, könnte man durch dieses Loch den von ihm eingeschlagenen Weg erraten. So holte er die Steine aus dem Zimmer und fügte sie von außen wieder in die Öffnung. Der dichte Staub, der auf den Steinen lag, hatte ihm gezeigt, dass die jetzigen Bewohner des Tempels diesen geheimen Durchgang nicht kannten.

Als Tarzan das Loch wieder ausgefüllt hatte, ging er zu der Öffnung, die er auf der anderen Seite in der Mauer gesehen hatte. Es war ein enger Durchgang, und Tarzan musste sich mit äußerster Vorsicht fortbewegen, da er nicht wissen konnte, ob sich nicht irgendwo ein weiterer Abgrund auftat.

Er war einige hundert Schritte weit gegangen, als er zu einer Treppe kam, die abwärts in völlige Dunkelheit führte. Er ging etwa zwanzig Stufen hinunter und kam nun wieder auf den flachen Boden des Ganges. Aber schon nach wenigen Schritten stand er vor einer schweren Holztür, die durch starke Balken gesichert war. Aus dieser Tatsache schloss er, dass dies die innere Seite war, die Tür also ins Freie führen musste.

Auf den Balken lag ebenfalls dicker Staub, ein Zeichen, dass die Tür lange nicht mehr benützt worden war. Als Tarzan die schweren Balken wegnahm, konnte er die Tür öffnen, aber sie quietschte in ihren Angeln, als ob sie gegen diese ungewohnte Störung protestieren wollte.

Einen Augenblick wartete er, ob vielleicht jemand das Geräusch gehört hätte. Aber es blieb alles ruhig, und er ging weiter.

Als er sich vorsichtig weitertastete, erkannte er, dass er sich in einem großen Saal befand. Entlang der Wände und auf dem Boden lagen Barren von seltsamer und gleicher Form. Sie waren schwer, aber bei dieser ungeheuren Anzahl konnten sie unmöglich aus Gold sein, das wäre ein unvorstellbares Vermögen! Es war sicher irgendein anderes Metall, aber um sicher zu gehen, nahm er einen Barren mit.

Am anderen Ende des Saales fand er eine andere Tür, die auf ähnliche Weise verschlossen war.

Er öffnete die Tür in derselben Weise wie die andere, und als er wieder draußen war, führte der Weg nun geradeaus weiter. Er war überzeugt, dass er sich jetzt außerhalb der Außenmauer des Tempels befand.

Wenn er nur gewusst hätte, in welche Richtung er jetzt gehen musste! Er entschied sich, nach Westen zu gehen und nach einer halben Stunde kam er an eine Treppe.

Als er sie hinaufging, spürte er an seinen nackten Füßen, dass es andere Stufen waren. Sie waren jetzt aus Granit, und er stellte fest, dass sie offenbar in den Felsen gehauen worden waren.

Die Treppe ging spiralförmig nach oben, bis Tarzan sich nach einer plötzlichen Wendung an einer engen Stelle zwischen Felsgestein befand. Über ihm der Sternenhimmel und vor ihm weitere Stufen. Tarzan stieg den schmalen Pfad hinauf und gelangte dann auf die Spitze eines hohen Granitfelsens.

Eine Meile weit hinter ihm lagen jetzt die Ruinen von Opar im sanften Mondschein.

Jetzt betrachtete Tarzan den mitgebrachten Barren genauer: der Barren war aus reinem Gold.

Der Felsblock, auf Tarzan stand, lag auf der Höhe zwischen der Stadt und den entfernteren Felsspitzen, die Tarzan am vorigen Morgen mit seinen schwarzen Kriegern bestiegen hatte.

Der Abstieg im Dunklen war sehr mühevoll und gefährlich. Im Tal unten angekommen, warf er noch einmal einen Blick zurück nach Opar, und ging dann gutgelaunt auf die vor ihm aufsteigenden Felsenhöhen zu.

Die Sonne ging gerade auf, als er bei den Kuppen des westlich liegenden Abhanges ankam.

In der Ferne sah er am Fuß der bewaldeten Hügel eine dünne Rauchfahne zwischen den Baumgipfeln aufsteigen.

Menschen! murmelte er. Ob es wohl die fünfzig sind, die mich verfolgen?

Schnell stieg er den Abhang hinunter und kam in eine enge Schlucht, die in Richtung Wald und Rauchfahne führte.

Als er bis auf ungefähr eine Viertelstunde vor dem Rand des Waldes und der Rauchsäule angekommen war, stieg er auf einen Baum und setzte seinen Weg in der Höhe fort.

Vorsichtig näherte er sich der Stelle, wo das Feuer brannte, und war erstaunt, als sein Blick auf seine fünfzig schwarzen Waziri-Krieger fiel, die um das Feuer saßen.

Vom Baum herab rief er ihnen in ihrer Sprache zu:

Steht auf, meine Krieger und grüßt euren Häuptling!

Mit Ausrufen des Erstaunens und der Furcht sprangen die Krieger auf, sie wussten erst nicht, ob sie davonlaufen sollten oder nicht.

Dann aber sahen sie Tarzan, der sich ganz gemütlich von einem überhängenden Ast in ihre Mitte herunterließ.

Als sie ihn erkannten, waren sie ganz verrückt vor Freude.

Wir waren Feiglinge, oh Waziri, rief Busuli. Wir liefen davon und überließen dich deinem Schicksal. Als unser Schrecken vorbei war, schworen wir, zu dir zurückzukehren und dich zu retten oder deinen Mord zu rächen. Wir bereiteten uns gerade vor, die Hügel zu ersteigen und durch das trostlose Tal wieder zur Stadt zurückzugehen.

Habt ihr fünfzig hässliche Männer von den Hügeln in diesen Wald herunterkommen sehen? fragte Tarzan.

Ja, Waziri! antwortete Busuli. Gestern gingen sie an uns vorüber. Sie verstehen nichts von der Jagd, wir hörten sie kommen – schon eine Meile bevor wir sie sahen. Wir zogen uns in den Wald zurück und ließen sie vorübergehen. Sie watschelten schnell auf ihren kurzen Beinen vorbei, es waren in der Tat fünfzig grässliche Männer, Waziri!

Als Tarzan seine Abenteuer erzählt und von dem gelben Metall berichtet hatte, lehnte niemand seinen Vorschlag ab, in der Nacht zurückzugehen und von dem ungeheuren Schatz so viel mitzuschleppen, wie sie tragen konnten.

Und so kam es, dass – als die Dunkelheit über das trostlose Tal von Opar hereinbrach – fünfzig ebenholzschwarze Krieger in strammem Schritt durch das trockene staubige Tal und die Felshöhen vor der Stadt hinaufeilten.

Von der Spitze aus führte Tarzan sie denselben Weg zurück, den er in der Nacht hergekommen war.

Sie gelangten ungestört in die Schatzkammer. Hier wurde jeder mit zwei Barren, etwa achtzig Pfund, beladen, und so traten sie den Rückweg an.

Um Mitternacht stand die Gruppe wieder am Fuß der Felsspitze, aber wegen ihrer schweren Last verging der halbe Vormittag, bis sie endlich den Gipfel erreicht hatten.

Von da ging es nur langsam vorwärts, denn die Krieger waren nicht gewohnt, schwere Lasten zu tragen. Sie beklagten sich aber nicht, und nach dreißig Tagen waren sie wieder in der Nähe ihres Dorfes.

Aber anstatt nun nach Nordwesten direkt auf ihr Dorf weiterzugehen, führte Tarzan sie fast gerade nach Westen. Am nächsten Morgen bat er sie dann, alleine aufzubrechen und in ihr Dorf zurückzukehren, wobei sie das Gold dort lassen sollten, wo sie es in der vorigen Nacht aufgestapelt hatten.

Und du, Waziri? fragten sie.

Ich bleibe noch einige Tage hier, antwortete er. Und nun eilt zu euren Frauen und Kindern zurück!

Als seine Krieger weg waren, lud Tarzan zwei der Barren auf, sprang auf einen Baum, wanderte ein paar hundert Meter weit durch das dichte Geäst und gelangte schließlich zu einer runden Lichtung, um die herum Riesenbäume wie Wachen standen. In der Mitte dieses natürlichen Amphitheaters war ein kleiner flachgeschlagener Erdhügel.

Tarzan war schon hunderte Male an diesem verborgenen Ort gewesen, der von Dornbüschen und Schlingpflanzen so dicht umwachsen war, dass nicht einmal Sheeta, der Leopard, sich bis dorthin durchschlängeln konnte.

Fünfzigmal musste Tarzan hin- und herwandern, bis er sämtliche Barren innerhalb des Amphitheaters niedergelegt hatte.

Dann holte er aus einem alten Baum den Spaten, mit dem er früher einmal die Kiste von Professor Archimedes Q. Porter vergraben hatte, hervor. Damit grub er ein langes und tiefes Loch und legte das Gold hinein.

In dieser Nacht schlief er im Amphitheater, und früh am nächsten Morgen machte er sich auf den Weg, um noch einmal seine Hütte zu besuchen, bevor er zu den Waziri zurückkehren wollte.

Da er dort noch alles in gewohnter Ordnung vorfand, ging er in den Dschungel auf die Jagd. Er wollte mit seiner Beute in die Hütte zurückkehren, sie dort verspeisen und sich einmal gemütlich die Nacht über ausruhen.

Etwa fünf Meilen nach Süden streifte er am Ufer eines schönen Flusses entlang, der etwa sechs Meilen von seiner Hütte entfernt ins Meer floss. Er war etwa eine halbe Meile landeinwärts gegangen, als seine feine Nase plötzlich einen feinen Geruch wahrnahm: Menschen.

Der Wind blies vom Meer her, so wusste der Affenmensch, dass sich die Menschen westlich von ihm befinden mussten. Und er roch noch mehr: Numa.

Mensch und Löwe!

Ich muss mich beeilen, dachte Tarzan.

Als er durch die Bäume an den Rand des Dschungels kam, sah er eine Frau, die betend niederkniete, und vor ihr einen wild aussehenden weißen Mann, der sein Gesicht mit seinen Armen verdeckte. Da der Mann ihm den Rücken zukehrte und die Frau den Kopf zum Gebet gesenkt hatte, konnte er ihre Gesichter nicht erkennen.

Jetzt setzte Numa zum Sprung an. Er durfte keine Sekunde mehr verlieren. Tarzan hatte keine Zeit mehr, seinen Bogen zu spannen und einen vergifteten Pfeil auf die gelbe Bestie abzuschießen. Er war auch zu weit entfernt, um mit dem Messer auf ihn loszugehen. Es blieb nur eines übrig, und so schnell wie ihm dieser Gedanke kam, handelte er auch.

Sein muskulöser Arm schleuderte seinen schweren Speer auf den Löwen, den er durchbohrte. Ohne einen Laut von sich zu geben, rollte das Tier vor die Füße der Menschen, die es schon als seine Beute betrachtet hatte. Der Löwe war tot.

Einen Augenblick lang bewegte sich weder der Mann noch die Frau. Dann hob sie ihren Kopf und sah zu ihrem Erstaunen, dass die Bestie tot hinter ihrem Begleiter ausgestreckt dalag.

Als sie nach oben schaute, war Tarzan sprachlos. War er verrückt? Das konnte doch nicht seine geliebte Jane sein! Und doch war sie es!

Nun sah er, wie sie aufstand und wie der Mann sie in seine Arme nahm, um sie zu küssen. Da wurde dem Affenmenschen plötzlich rot vor Augen, und die alte Narbe auf seiner Stirn glänzte wie Scharlach auf seinem braunen Gesicht. Es lag ein schrecklicher Ausdruck auf seinem Antlitz, als er einen Pfeil in seinen Bogen steckte. Ein unheimliches Feuer leuchtete aus seinen grauen Augen, als er auf den Rücken des Mannes unter ihm zielte.

Einen Augenblick schaute er an dem glatten Schaft entlang, zog die Bogenschnur an ...

Aber er schoss den todbringenden Pfeil nicht ab. Er zog ihn zurück und hängte den Bogen wieder um. Die Narbe auf seiner Stirn verlor ihre Farbe wieder. Mit gesenktem Kopf drehte Tarzan sich um und kehrte in den Dschungel zurück.

Die fünfzig grässlichen Männer

Einige Minuten lang standen Jane Porter und Clayton da und betrachteten schweigend den toten Körper des wilden Löwen, dessen Pranken sie durch eine wunderbare Fügung entronnen waren.

Jane war die erste, die nach dem Ausbruch ihrer Entrüstung über Claytons Mangel an männlichem Mut wieder zu sprechen begann.

Wer kann das wohl gewesen sein? flüsterte sie.

Gott weiß es ...

Wenn es ein Freund ist, weshalb zeigt er sich nicht? fuhr Jane fort. Sollen wir ihn nicht herbeirufen, damit wir ihm wenigstens danken können?

Aus Höflichkeit rief Clayton nach dem Unbekannten, aber es kam keine Antwort.

Jane Porter schauderte. Dieser geheimnisvolle Dschungel, murmelte sie, der furchtbare Dschungel! Selbst Zeichen der Freundschaft erschrecken hier!

Wir gehen am besten zu unserer Hütte zurück, meinte Clayton. Dort werden wir etwas sicherer sein – auch wenn ich Dich dort nicht richtig beschützen kann, fügte er mit bitterem Unterton hinzu.

Sag das nicht, William, antwortete sie, denn es tat ihr leid, dass ihre Worte ihn verletzt hatten. Du hast getan, was Du konntest. Es ist nicht Deine Schuld, dass Du kein Übermensch bist. Unter den Männern, die ich kenne, gibt es nur einen, der mehr hätte tun können als Du. Meine Worte waren in der Aufregung schlecht gewählt – ich wollte Dich nicht verletzen. Das einzige, was ich wünsche, ist, dass wir uns ein für alle Mal darüber klarwerden, dass ich Dich nicht heiraten kann. Eine solche Ehe würde nicht glücklich werden.

Ich verstehe, erwiderte er, aber wir wollen nicht mehr darüber sprechen, bis wir in die zivilisierte Welt zurückgekehrt sind.

Am nächsten Tag ging es Thuran schlechter. Sie konnten nichts tun, um ihm zu helfen. Clayton war auch nicht sonderlich bemüht, etwas für ihn zu tun. Wegen des Mädchens fürchtete er den Russen, und im Grunde seines Herzens wünschte er, der Mann würde sterben. Der Gedanke, dass sie – sollte ihm etwas passieren – alleine in der Gewalt dieses Menschen zurückbleiben würde, ängstigte ihn mehr, als die Möglichkeit, selbst alleine in der Wildnis übrig zu bleiben.

Der Engländer hatte den schweren Speer aus dem Körper des Löwen gezogen, und besaß jetzt zum ersten Mal eine Waffe, die ihm das Gefühl größerer Sicherheit gab. Deshalb wagte er sich jetzt bei der Nahrungssuche auch weiter in den Wald hinein.

Um vor den Übergriffen des noch immer im Fieber liegenden Russen sicher zu sein, war Jane Porter aus dem Baumhaus heruntergestiegen und hatte sich an den Fuß des Baumes gesetzt.

Von dort aus schaute sie auf das Meer hinaus, denn sie hoffte noch immer, dass einmal ein Schiff in Sicht kommen würde. Sie saß mit dem Rücken zum Dschungel, und so sah sie nicht, wie sich hinter ihr das hohe Gras teilte und ein Gesicht daraus hervorschaute. Kleine, blutunterlaufene Augen beobachteten sie und schauten von Zeit zu Zeit zum Strand, ob dort andere Menschen zu sehen wären.

Da tauchte noch ein Kopf auf und dann noch einer und noch einer. Oben in der Baumhütte fing der Russe wieder an, laut zu phantasieren, und sofort verschwanden die Köpfe wieder. Bald aber merkten sie, dass das Mädchen sich durch das aus dem Baum kommende Gewimmer nicht stören ließ, und nun tauchten die Köpfe wieder auf, um das nichtsahnende Mädchen weiter zu beobachten.

Da zog ein leises Geräusch Janes Aufmerksamkeit auf sich. Sie drehte sich um, und beim Anblick der grässlichen Gesichter erschrak sie so sehr, dass sie laut aufschrie.

Nun fielen die Männer über sie her. Mit langen gorillaähnlichen Armen hob einer sie auf und trug sie in den Dschungel. Eine schmutzige Hand hielt ihr den Mund zu, um sie am Schreien zu hindern.

Jane war ohnmächtig geworden, denn nach all den in der letzten Zeit überstandenen Qualen war ein solcher Schrecken für sie zu viel.

Als sie wieder zu Bewusstsein kam, lag sie im Dickicht des Urwaldes. Es war Nacht. Ein großes Feuer brannte in der Lichtung, in der sie lag. Rings um das Feuer herum hockten fünfzig grässliche Männer mit struppigem Haar und Bart. Ihre langen Arme lagen auf den Knien ihrer kurzen, krummen Beine, über dem Feuer hing ein Topf, und von Zeit zu Zeit nahm einer mit einem spitzen Stock ein Stück Fleisch heraus und verzehrte es gierig.

Als die Männer sahen, dass ihre Gefangene wieder bei Bewusstsein war, warf ihr einer von ihnen etwas von dem wenig appetitlichen Essen zu. Es fiel neben ihr nieder, aber voll Ekel schloss sie die Augen.

Tagelang musste sie nun mit den Männern durch den dichten Wald marschieren. Dabei war es heiß, und sie war so erschöpft, dass sie sich kaum weiterschleppen konnte. Oft schwankte sie und wurde dann einfach weitergestoßen. Stolperte oder fiel sie hin, versetzte ihr ein Nebenmann solche Stöße, dass sie weitergehen musste.

Lange bevor sie an ihr Ziel gelangten, waren ihre Schuhe zerrissen. Die Sohlen waren durchgetreten. Ihr Kleid war zerfetzt, und ihre einst so weiße, zarte Haut war von den Dornen und dem Gestrüpp zerkratzt.

An den beiden letzten Tagen der Wanderung war Jane so erschöpft, dass alle Drohungen und Fußtritte sie nicht mehr zwingen konnten, sich auf ihren armen, blutigen Füßen aufrecht zu halten. Sie war völlig am Ende ihrer Kräfte und konnte nicht mehr stehen noch gehen.

Als die Unmenschen sie mit Fäusten, Keulen und Fußtritten anzutreiben versuchten, lag sie mit geschlossenen Augen da und bat um einen gnädigen Tod, der ihrem Leiden ein Ende bereiten würde. Schließlich sahen die fünfzig Männer ein, dass ihre Gefangene nicht mehr imstande war, zu gehen. So blieb ihnen nichts Anderes übrig, als sie aufzuheben und zu tragen.

Spät am Nachmittag erblickte Jane die verfallenen Mauern einer mächtigen Stadt, aber sie war so schwach, dass sie nicht das geringste Interesse dafür hatte. Wohin man sie auch bringen würde, sie würde dieser Bestien nicht entkommen.

Zuletzt führte der Weg durch zwei große Mauern, und dann kam man in das Innere der zerfallenen Stadt. Man brachte sie in ein kahles großes Gebäude, und hier sah sie sich auf einmal von Hunderten ähnlicher Geschöpfe umringt. Es waren aber auch Frauen darunter, die nicht ganz so schrecklich aussahen wie die Männer.

Bei deren Anblick stieg in Jane eine schwache Hoffnung auf. Aber das dauerte nicht lange, denn die Frauen zeigten keinerlei Mitleid, wenn auch keine von ihnen sie beschimpfte oder misshandelte.

Als die Geschöpfe sie zur Genüge betrachtet hatten, brachte man sie in ein dunkles Zimmer in den unteren Gewölben. Man legte sie auf den nackten Boden und reichte ihr eine Metallschale mit Wasser und eine andere mit Essen.

Eine Woche lang sah Jane nur die Frauen, die ihr Nahrung und Wasser brachten. Ihre Kräfte kamen nur langsam zurück, und es war ein Glück, dass sie nicht wusste, welches Schicksal ihr bevorstand. Man wartete nämlich nur darauf, dass sie genügend wiederhergestellt wäre, um sie dem Sonnengott zu opfern ...

~~~
~~~

Nachdem Tarzan William Clayton und Jane Porter durch seinen Speerwurf vor den Zähnen Numas gerettet hatte, ging er langsam durch den Dschungel weiter. Er dachte nur noch an den Schmerz, den die wieder geöffnete Wunde ihm bereitete.

Jetzt war er froh, dass er seiner Eifersucht nicht nachgegeben hatte. Es hätte nur des Bruchteils einer Sekunde bedurft, um Clayton den sicheren Tod zu bringen.

Die Frau, die er umworben hatte, seine Frau, seine Genossin, hatte er in den Armen eines anderen gesehen.

Er verspürte nun keine Lust mehr, zu den Waziri zurückzukehren. Er wollte überhaupt kein menschliches Wesen mehr sehen. Er musste eine Zeitlang den Dschungel alleine durchstreifen, bis sein Schmerz etwas gelindert war. Ähnlich wie die wilden Tiere wollte er alleine und schweigend leiden.

Diese Nacht verbrachte er wieder im Amphitheater der Affen, und mehrere Tage ging er von dort aus auf die Jagd; die Nächte verbrachte er dort.

Am Nachmittag des dritten Tages kehrte er früh zurück. Kaum hatte er sich einige Augenblicke im weichen Gras ausgestreckt, als er weit im Süden ein bekanntes Getöse hörte. Es war offenbar eine ganze Bande großer Affen, die durch den Dschungel brachen.

Einige Minuten lang lauschte er. Sie kamen auf das Amphitheater zu.

Tarzan erhob sich missmutig und reckte sich. Sein scharfes Ohr vernahm jede Bewegung des heranrückenden Stammes. Da sie mit dem Wind kamen, konnte er auch am Geruch erkennen, dass er sich nicht getäuscht hatte.

Als sie sich dem Amphitheater näherten, stieg Tarzan auf der anderen Seite auf einen Baum, und erwartete hier die Ankunft der Gesellschaft.

Er brauchte nicht lange zu warten, denn schon tauchte in den unteren Zweigen ihm gegenüber ein wildes, haariges Gesicht auf. Die kleinen Augen warfen einen Blick über die Arena, dann drehte sich der Affe um, und erstattete den Nachfolgenden schnatternd Bericht. Er sagte, die Luft sei rein und man könne ruhig herkommen.

Erst ließ sich der Anführer langsam in das weiche Gras nieder, dann folgten die andern Menschenaffen einer nach dem andern, wohl an die hundert Tiere. Es waren große schwere Affen, aber auch einige Junge darunter. Einzelne ganz kleine Junge klammerten sich an den zottigen Nacken ihrer Mütter.

Tarzan erkannte viele Mitglieder der Gruppe wieder. Es war derselbe Stamm, in dem er als kleiner Junge aufgewachsen war. Manche von den großen Affen waren in seiner Kindheit noch klein gewesen. In diesem Dschungel hatte er während ihrer kurzen Kindheit mit ihnen gespielt. Er fragte sich, ob sie ihn wohl wiedererkennen würden, denn manche Affen haben kein gutes Gedächtnis, und drei Jahre sind für sie eine Ewigkeit.

Aus dem Gespräch, das die Affen führten, erfuhr er, dass sie hierhergekommen waren, um einen neuen König zu wählen. Ihr letzter Anführer hatte ein frühes Ende gefunden, als ein Ast unter ihm brach und er dreißig Meter tief herunterfiel.

Tarzan rückte bis ans Ende eines überhängenden Astes vor, wo er von allen gesehen werden konnte. Die scharfen Augen eines Weibchens sahen ihn zuerst. Mit einem bellenden Kehllaut machte die Äffin die anderen auf ihn aufmerksam. Einige der großen Affen richteten sich auf, um den Eindringling besser sehen zu können. Zähnefletschend und mit gesträubtem Haar gingen sie langsam auf ihn zu, wobei sie dumpfe, brummende Töne als Drohung ausstießen.

Karnath, ich bin es – Tarzan, der Affenmensch! rief Tarzan in der Sprache des Stammes. Du erinnerst dich sicher an mich. Als wir noch kleine Affen waren, ärgerten wir Numa, indem wir ihn mit Stöcken und Nüssen aus sicherem Hinterhalt bewarfen.

Der Affe, mit dem er sprach, stand mit einem stumpfsinnigen Ausdruck der Verwunderung auf seinem Gesicht da. Aus seinem Blick konnte man aber erkennen, dass er Tarzans Worte wenigstens halb verstand.

Und Magor, fuhr Tarzan fort, indem er sich an einen anderen Affen wandte, erinnerst du dich nicht mehr an euren früheren König, der den mächtigen Kerschak erschlug? Sieh mich an! Bin ich nicht Tarzan, der mächtige Jäger, der unüberwindliche Kämpfer, den ihr alle lange Jahre kanntet?

Die Affen kamen jetzt alle neugierig heran.

Sie murmelten einige Augenblicke miteinander, dann fragte Karnath:

Was willst du von uns?

Nur Frieden! antwortete der Affenmensch.

Abermals beratschlagten die Affen, und endlich ergriff Karnath das Wort wieder:

Dann komm in Frieden, Affen-Tarzan!

Tarzan ließ sich gewandt auf das Gras mitten in der wilden Gruppe herunter.

Da gab es kein Begrüßen, wie es unter Menschen nach einer dreijährigen Trennung üblich gewesen wäre. Die meisten Affen gingen einfach wieder ihren Beschäftigungen nach, die das Erscheinen Tarzans unterbrochen hatte, und man schenkte ihm nicht mehr Beachtung, als wenn er den Stamm nie verlassen hätte.

Ein oder zwei junge Männchen, die nicht alt genug waren, um sich an ihn zu erinnern, schlichen sich auf allen Vieren heran, um ihn zu beschnuppern, einer zeigte ihm die Zähne und knurrte drohend. Hätte Tarzan nachgegeben, wäre das junge Männchen wahrscheinlich zufrieden gewesen, aber der Affenmensch konnte sich das nicht gefallen lassen.

Er trat nicht zurück, sondern erhob seine große, starke Hand und versetzte dem jungen Männchen eine solche Ohrfeige, dass es taumelnd zu Boden fiel.

Sofort war der Affe wieder auf den Beinen und ging auf Tarzan los. Dieses Mal war es ernst, beide umfassten, kratzten und bissen sich, bis die Finger des Affenmenschen an die Gurgel seines Angreifers gelangten. Da gab das junge Männchen den Kampf sehr schnell auf.

Tarzan ließ von ihm ab und stand auf. Er wollte den jungen Affen nicht töten, sondern ihm nur eine Lehre erteilen und zugleich den andern zeigen, wo sein Rang war.

Es erfüllte den Zweck, denn danach gingen die jungen Affen Tarzan aus dem Weg, wie es sich für junge Affen gehört, wenn ältere und angesehene Mitglieder des Stammes in der Nähe sind, und auch die alten Männchen versuchten nicht, Tarzans Stellung in Frage zu stellen.

Mehrere Tage verhielten sich die Äffinnen mit ihren Jungen ihm gegenüber misstrauisch, und wenn er zu nahe an sie herankam, stürzten sie mit Gebrüll auf ihn los. Dann war Tarzan so verständig, zur Seite zu springen und ihnen nichts zuleide zu tun, denn so ist es Brauch bei den Affen; nur verrückte Männchen greifen eine Mutter an. Nach einiger Zeit gewöhnten sich die Weibchen an ihn.

Wie damals ging Tarzan nun wieder mit den Affen auf die Jagd, und als sie fanden, dass er klüger war als sie, weil er sie zu den besten Futterquellen führte und mit seiner geschickten Schlinge schmackhaftes Wild fing, schauten sie allmählich wieder zu ihm auf wie damals, wo er ihr König gewesen war.

So kam es, dass er, als sie das Amphitheater verließen und ihre Wanderungen wieder aufnahmen, abermals ihr erwählter Führer war.

Der Affenmensch war mit seinem neuen Los zufrieden. Glücklich war er allerdings nicht – das konnte er nie mehr sein – aber er war wenigstens soweit wie möglich von allem entfernt, was ihn an seinen Kummer erinnerte. Schon lange hatte er die Absicht aufgegeben, zur Zivilisation zurückzukehren, und jetzt war er auch entschlossen, seine schwarzen Waziri-Freunde nicht wiederzusehen. Er hatte der Menschheit für immer abgeschworen. Als Affe hatte er sein Leben begonnen, und als Affe wollte er es auch beschließen.

Nur etwas konnte er nicht aus seinem Gedächtnis verbannen, nämlich, dass die Frau, die er liebte, nicht weit von seinem Stamm entfernt war. Auch konnte er nicht verdrängen, dass sie wohl ständig in Gefahr war. Wie schlecht sie beschützt wurde, hatte er ja in dem Augenblick gesehen, wo Clayton sich so jämmerlich benahm. Je mehr Tarzan daran dachte, desto mehr regte sich sein Gewissen.

Er machte sich schließlich Vorwürfe, dass er in seinem selbstsüchtigen Kummer und in seiner Eifersucht nicht an Jane Porters Sicherheit gedacht hatte.

Von Tag zu Tag regte sich dieser Gedanke immer mehr in ihm, und schließlich war er schon fast entschlossen, zur Küste zurückzukehren, als er eine Nachricht erhielt, die alles änderte und ihn nach Osten trieb, ohne dass er auf irgendwelche Gefahren achtete.

Bevor Tarzan zu den Affen zurückgekehrt war, war ein junger Affe, der in seinem Stamm keine Gefährtin gefunden hatte, der Sitte gemäß durch den Dschungel gewandert, um eine Braut aus irgendeinem Nachbarvolk für sich zu gewinnen und heimzuführen.

Er war gerade mit seiner Braut zurückgekehrt und erzählte seine Abenteuer.

Unter anderem berichtete er von einem großen Stamm von wunderlich aussehenden Affen, die er unterwegs gesehen hatte. Es waren lauter haarige Männer, sagte er, und es war nur ein Weibchen darunter, sogar noch heller als dieser Mensch. Dabei zeigte er mit dem Daumen auf Tarzan.

Der Affenmensch hörte aufmerksam zu, dann stellte er einige Fragen, die der junge Affe kaum schnell genug beantworten konnte.

Waren die Männer kurz, mit krummen Beinen?

So waren sie.

Trugen sie um ihre Lenden Felle von Numa und Sheeta und trugen sie Stöcke und Messer?

Ja.

Und hatten sie viele gelbe Ringe um ihre Arme und Beine?

Ja.

Und das Weibchen, war es klein und sehr weiß?

Ja.

Schien es eine von deren Stamm zu sein oder eine Gefangene?

Sie schleppten es manchmal am Arm, manchmal auch an dem langen Haar fort, das auf ihrem Kopf wuchs, und immer stießen und schlugen sie sie.

Oh Gott! murmelte Tarzan.

Wo hast du sie gesehen und welchen Weg gingen sie? fuhr der Affenmensch fort.

Sie waren bei dem großen Wasser hinter uns, und dabei zeigte er nach Süden.

Als sie an mir vorüberkamen, gingen sie gegen Morgen, bergauf, am Wasser entlang.

Wann war das? fragte Tarzan.

Vor einem halben Mond.

Ohne ein weiteres Wort sprang Tarzan auf einen Baum und verschwand in der Richtung auf die tote Stadt Opar.

Wie Tarzan wieder nach Opar kam

Als Clayton zur Baumhütte zurückkehrte, und Jane Porter nicht mehr vorfand, geriet er in Angst und Schrecken. Thuran war wieder bei Sinnen, das Fieber war plötzlich wieder verschwunden. Der Russe war aber noch schwach und lag ruhig auf der Grasdecke ihrer Baumhütte.

Als Clayton ihn nach Jane Porter fragte, schien er überrascht zu sein, dass sie nicht da war.

Ich habe nichts Ungewöhnliches gehört, sagte er. Allerdings war ich die meiste Zeit ohnmächtig.

Wenn der Mann nicht offensichtlich zu schwach gewesen wäre, hätte Clayton ihn im Verdacht gehabt, dass er schuld am Verschwinden des Mädchens war, aber er sah, dass der Russe nicht genügend Kraft hatte, um ohne Hilfe auch nur hinunterzusteigen. In diesem Zustand konnte er dem Mädchen jedenfalls nichts zuleide getan haben.

Solange es noch hell war, suchte der Engländer den nahegelegenen Teil des Dschungels ab. Aber obwohl die von den fünfzig Männern hinterlassenen Spuren so deutlich waren, dass jeder Dschungel-Bewohner sie erkannt hätte, ging Clayton mehrmals daran vorbei, ohne zu bemerken, dass vor wenigen Stunden viele Männer hier durchgekommen sein mussten. Während der Suche rief er immer wieder laut den Namen des Mädchens, aber das einzige, was er damit erreichte, war, dass er Numa, den Löwen, anlockte.

Glücklicherweise bemerkte er, wie sich dessen Gestalt einen Weg durch das Gebüsch bahnte, und so hatte er gerade noch genug Zeit, auf einen Baum zu klettern, bevor das Tier ihn erreichte.

Das machte Claytons weiteren Nachforschungen für den Nachmittag ein Ende, denn der Löwe lauerte unter dem Baum, und es war nicht daran zu denken, wieder herunterzuklettern.

Nach Eintritt der Nacht entfernte sich der Löwe, aber Clayton wagte es nicht, in das schreckliche Dunkel des Waldes hinunterzusteigen, und so verbrachte er weitere schreckliche Stunden auf dem Baum.

Erst als es wieder hell geworden war, kam er herunter und ging zum Strand. Da Jane nicht zurückgekehrt war, gab er die Hoffnung, sie retten zu können, auf.

In der folgenden Woche gewann Thuran seine Kräfte zurück. Er lag oben auf dem Baum, während Clayton sich bemühte, für sie beide Nahrung zu suchen. Der Russe sprach nur das Allernotwendigste.

Clayton benutzte jetzt den Teil der Hütte, der für Jane Porter bestimmt gewesen war, und sah den Russen nur, wenn er ihm Essen oder Wasser brachte, oder wenn er ihm die anderen kleinen Dienste leistete, die die Menschlichkeit erforderte.

Als Thuran wieder imstande war, herunterzusteigen und auf Nahrungssuche zu gehen, wurde Clayton vom Fieber befallen. Tagelang lag er bewusstlos und von Schmerzen geplagt da, aber nicht ein einziges Mal kam der Russe zu ihm.

Clayton mochte zwar nichts essen, aber er hatte furchtbaren Durst. Zwischen den Fieberanfällen versuchte er eines Tages, so schwach er auch war, herunterzusteigen und sich zum Bach zu schleppen.

Bei solchen Gelegenheiten schaute Thuran ihm mit boshafter Schadenfreude zu. Clayton hatte ihn, so sehr er ihn auch verachtete, während seiner Krankheit verpflegt.

Zuletzt wurde der Engländer so schwach, dass er nicht mehr imstande war, herunterzusteigen. Einen Tag lang ertrug er den Durst, ohne den Russen in Anspruch zu nehmen, aber schließlich konnte er die Qual nicht länger aushalten und bat ihn, ihm etwas zu trinken zu geben.

Der Russe kam an den Eingang von Claytons Raum, eine Schale Wasser in der Hand. Sein Gesicht hatte einen mürrischen Ausdruck.

Hier ist Wasser! sagte er. Aber zuvor will ich Sie daran erinnern, dass Sie mich bei dem Mädchen schlechtgemacht haben, dass Sie es auf die Seite geschafft haben, weil Sie es nicht mit mir teilen wollten ...

Hören Sie auf! unterbrach ihn Clayton. Was für ein Dummkopf war ich doch, Sie am Leben zu lassen. Sie verdienen nicht einmal, in diesem elenden Land zu leben!

Hier ist Ihr Wasser! sagte der Russe, und dabei setzte er die Schale selbst an den Mund und trank. Was übrig blieb, verschüttete er. Dann drehte er sich um und überließ den Kranken seinem Schicksal.

Clayton legte die Arme über das Gesicht und gab den Kampf auf.

Am folgenden Tag entschloss sich Thuran, an der Küste entlang nordwärts zu gehen, weil er überzeugt davon war, dass er dort irgendwann auf zivilisierte Menschen stoßen müsse. Schließlich konnte es ihm auf dem Marsch nicht schlechter ergehen als hier, und dazu kam, dass die Anfälle des sterbenden Engländers ihm auf die Nerven gingen.

So nahm er Claytons Speer und machte sich auf den Weg.

Schon am ersten Tag kam er zu einer kleinen Hütte am Strand und fasste neue Hoffnung, weil er überzeugt war, dass dies der Vorposten einer nahen Siedlung sei müsse. Hätte er gewusst, wem die Hütte gehörte und dass der Eigentümer nur wenige Meilen landeinwärts war, hätte Nikolas Rokoff diesen Platz wie die Pest gemieden. Aber er hatte keine Ahnung davon, und so blieb er einige Tage dort, da er in der Hütte sicher war und dort mancherlei Bequemlichkeiten genoss. Dann setzte er seine Wanderung in nördlicher Richtung fort.

~~~

In Lord Tenningtons Lager schickte man sich an, eine feste Unterkunft zu errichten und dann eine Expedition von einigen Mann nach Norden zu schicken, um Hilfe zu suchen.
~~~

Als die Tage verstrichen, ohne dass man eine Nachricht von der Außenwelt erhielt, begann die Hoffnung zu schwinden, dass Jane Porter, Clayton und Thurau gerettet worden seien. Niemand sprach mehr mit Professor Porter darüber, und dieser war zu seinem Glück in seinen wissenschaftlichen Träumereien so versunken, dass er gar nicht merkte, wie die Zeit verging.

Gelegentlich sagte er, in wenigen Tagen werde sicherlich ein Dampfer an der Küste eintreffen und dann würden sie alle wieder glücklich vereint sein. Ein anderes Mal sprach er von dem Eintreffen eines Zuges, falls dieser nicht durch einen Schneesturm aufgehalten würde.

Wenn ich den lieben alten Herrn nicht so gut kennen würde, sagte Lord Tennington zu Miss Strong, würde ich glauben, er sei nicht mehr ganz richtig im Kopf.

Wenn es nicht so ernst wäre, könnte man darüber lachen, antwortete Miss Strong. Ich habe ihn mein Leben lang gekannt, und ich weiß, wie abgöttisch er Jane liebt. Andere könnten glauben, ihr Schicksal sei ihm gleichgültig. Er ist so unpraktisch, dass er gar nicht an die Möglichkeit ihres Todes glauben kann.

Raten Sie, was mir gestern mit ihm widerfahren ist, fuhr Lord Tennington fort. Ich kam von einer kleinen Jagdstreife zurück, als ich ihn traf, wie er eilig dem Pfad, den die wilden Tiere durch das Dickicht getreten haben, folgte. Er hielt die Hände hinter seinen langen Rockschößen und schaute vor sich auf den Boden, während er vorwärts eilte. Er hätte einem Raubtier direkt in den Rachen laufen können. Wohin gehen Sie, Herr Professor? fragte ich ihn.

Ich gehe in die Stadt, Lord Tennington, sagte er ernst, um mich bei der Post über die schlechte Zustellung zu beschweren. Denken Sie, mein Herr, ich habe seit Wochen keine Post bekommen! Es müssen doch einige Briefe von Jane für mich da sein. Da muss sofort eine Beschwerde nach Washington gerichtet werden!

Und glauben Sie, Miss Strong, fuhr Lord Tennington fort, ich hatte die größte Mühe, dem alten Mann begreiflich zu machen, dass es hier keine Post und keine Stadt gibt, und dass er weder auf demselben Festland noch auf derselben Halbkugel wie Washington sei.

Als ihm das endlich klar wurde, fing er an, sich wegen seiner Tochter zu ängstigen. Ich glaube, es war das erste Mal, dass er einsah, in welcher Lage wir uns hier befinden, und dass seine Tochter vielleicht nicht gerettet worden ist.

Ich möchte gar nicht daran denken, sagte Miss Strong.

Wir wollen das Beste hoffen, meinte Lord Tennington. Sie selbst haben sich so tapfer gehalten, denn auch Sie haben ja einen großen Verlust erlitten.

Ja, antwortete sie. Wenn Jane Porter meine eigene Schwester gewesen wäre, hätte ich sie nicht mehr lieben können.

Lord Tennington war sehr erstaunt über diese Antwort, ließ sich aber nichts merken. Er hatte gar nicht auf ihre Freundschaft mit Jane Porter anspielen wollen.

Seit dem Untergang der »Lady Alice« war er viel mit Miss Strong zusammen gewesen und hatte allmählich bemerkt, dass er zu dieser feinen Tochter Marylands mehr Zuneigung fühlte, als es für seine Seelenruhe gut war, denn er erinnerte sich immer wieder daran, dass Thuran ihm seine heimliche Verlobung mit ihr mitgeteilt hatte. Er fragte sich aber, ob Thuran wirklich die Wahrheit gesagt habe, bei der jungen Dame hatte er Thuran gegenüber nie mehr als einfache Freundschaft bemerkt.

Um der Sache auf den Grund zu kommen, fuhr er fort:

Und wenn die drei Personen wirklich verloren sind, werden Sie in Mister Thuran einen besonders schweren Verlust erleiden.

Sie sah ihn überrascht an.

Herr Thuran, sagte sie, war mir ein lieber Freund. Ich konnte ihn gut leiden, aber ich kannte ihn noch wenig.

Sind Sie denn nicht mit ihm verlobt?

Himmel, nein! rief sie. Das wäre mir im Traum nicht eingefallen!

Nun hätte Lord Tennington Hazel Strong ein Geständnis ablegen sollen, aber so sehr es ihn auch drängte, die Worte blieben ihm im Hals stecken.

Er ging einige Mal auf und ab, wobei er ganz rot im Gesicht wurde, aber schließlich sagte er, er hoffe, die Hütten würden bis zum Beginn der Regenzeit fertig werden.

Hazel aber hatte, ohne dass er es merkte, seine wahre Absicht erraten, und das machte sie glücklich, glücklicher als sie je in ihrem Leben gewesen war.

Die weitere Unterhaltung wurde durch das Auftauchen einer furchtbar aussehenden Gestalt unterbrochen.

Lord Tennington und Miss Strong sahen den Mann gleichzeitig. Der Engländer griff nach seinem Revolver, aber als der halbnackte, bärtige Mensch seinen Namen laut herüberrief und herangelaufen kam, steckte er die Waffe wieder ein und ging ihm entgegen.

Niemand hätte in dieser schmutzigen, abgemagerten Gestalt in diesem seltsamen Anzug den eleganten Thuran wiedererkannt, den man zuletzt an Bord der »Lady Alice« gesehen hatte.

Lord Tennington und Miss Strong fragten ihn sofort nach seinen Leidensgefährten.

Sie sind alle tot, erwiderte Thuran. Die drei Matrosen starben, bevor wir an Land kamen. Miss Porter wurde von irgendeinem Raubtier in den Dschungel fortgeschleppt, als ich im Fieber-Delirium lag. Clayton ist vor ein paar Tagen am Fieber gestorben. Und wenn ich bedenke, dass wir all diese Zeit nur wenige Meilen voneinander entfernt waren – kaum einen Tagesmarsch – es ist schrecklich!

~~~

Jane Porter wusste nicht, wie lange sie in dem dunklen Gewölbe gelegen hatte. Eine Zeitlang hatte sie Fieber gehabt, aber als dieses vorüber war, kam sie allmählich wieder zu Kräften.

Jeden Tag gab ihr die Frau, die ihr das Essen brachte, durch Zeichen zu verstehen, sie solle aufstehen, aber tagelang konnte Jane nur den Kopf schütteln, um ihr anzudeuten, dass sie dazu zu schwach sei.

Erst allmählich konnte sie sich wieder auf den Beinen halten, dann versuchte sie einige Schritte zu gehen, wobei sie sich mit der Hand an der Mauer festhielt.

Die Wilden betrachteten sie jetzt mit zunehmendem Interesse. Ihr Opfer gewann wieder Kraft, und der bestimmte Tag nahte.

Endlich war er da. Eine junge Frau, die Jane Porter zuvor noch nie gesehen, kam mit einigen anderen Frauen in ihr Verließ. Sie führten einige Zeremonien aus, die offenbar religiöser Natur waren.

Sie fasste deshalb wieder Zuversicht und freute sich, wenigstens in die Hände eines Volkes gefallen zu sein, auf das die Religion einen Einfluss ausübte. Sie durfte deshalb wohl annehmen, dass sie menschlich behandelt würde.

Als man sie nun aus ihrem Kerker holte und durch lange, dunkle Gänge und über eine Treppe in einen hellerleuchteten Hof führte, folgte sie bereitwillig, beinahe glücklich. Mochten sie auch von dem höchsten Wesen eine andere Vorstellung haben als sie selbst, so genügte ihr doch die Tatsache, dass die Leute an einen Gott glaubten, um anzunehmen, sie seien menschlich und gütig. Als sie aber in der Mitte des Hofes einen steinernen Altar erblickte und dunkelbraune Flecken auf dem Boden sah, wurde sie stutzig und fing an zu zweifeln.
~~~

Als man sich über sie beugte und ihr die Füße und Hände fesselte, ergriff sie eine schreckliche Angst.

Einen Augenblick später wurde sie emporgehoben und auf dem Rücken quer über den Altar gelegt.

Nun war all ihre Hoffnung geschwunden, und sie zitterte vor Todesangst.

Während des grotesken Priestertanzes, der nun folgte, lag sie vor Schrecken wie gelähmt da. Sie wagte nicht, das scharfe Messer anzusehen, das die Hohepriesterin über ihr hielt.

Als die Hand anfing, sich zu senken, schloss Jane Porter die Augen und sandte ein stilles Gebet zu ihrem Schöpfer, dem sie nun bald gegenübertreten würde. Dann erlagen ihre Nerven der ungeheuren Aufregung, und sie wurde ohnmächtig.

~~~

Tag und Nacht war Tarzan durch den Urwald geeilt, um zur Stadt der Ruinen zu gelangen, denn er war überzeugt, dass seine Geliebte dort gefangen gehalten wurde, wenn sie nicht schon tot war.

In einem Tag und einer Nacht legte er dieselbe Entfernung zurück, für die die fünfzig Männer fast eine Woche gebraucht hatten, denn Tarzan schlug den Weg in halber Baumhöhe ein, weit über dem Gestrüpp, das das Fortkommen so erschwert.

Aus der Geschichte, die der junge Affe ihm erzählt hatte, war ihm klar geworden, dass das »Weibchen« Jane Porter sein musste, denn sie war die einzige Weiße im Dschungel. Die Männer waren, nach der Beschreibung zu urteilen, offensichtlich die Bewohner von Opar.

Das Schicksal des Mädchens konnte er sich aus eigener Erfahrung vorstellen. Man würde sie sicherlich auf den Altar legen und opfern, aber wann, das konnte er nicht wissen.

Auf alle Fälle war höchste Eile geboten. Der Weg schien ihm endlos lang, aber schließlich erreichte er die Felsen, die sich
~~~

vor dem trostlosen Tal auftürmten, und vor ihm lagen die gespensterhaften Ruinen von Opar.

Würde er noch rechtzeitig kommen?

Es war beinahe Mittag, als er bei dem großen Felsen ankam, auf dessen Spitze der geheime Durchgang zur Stadt endete. Wie eine Katze kletterte er hinauf, und bald eilte er durch den langen, geraden, dunkeln Gang, der zu dem Schatzgewölbe führte. Sobald er dieses durchschritten hatte, kam er zu dem brunnenartigen Schacht nahe an dem Verließ, aus dem er durch die Mauer ausgebrochen war.

Plötzlich glaubte er von oben etwas zu hören. Er hielt einen Augenblick an und lauschte: es waren die Klänge des Totentanzes, die das Opferritual einleiten und der Singsang der Hohepriesterin. Er konnte sogar ihre Stimme heraushören.

Sollte die Zeremonie schon so weit fortgeschritten sein? Er erschrak - vielleicht kam er nur eine Minute zu spät!

Wie ein gehetztes Tier sprang er über den Abgrund, der sich vor ihm auftat. An der Stelle, wo er die Mauer durchbrochen hatte, räumte er die Steine so weit weg, dass er sich mit seinen mächtigen Schultern hindurchzwängen konnte. Hinter ihm stürzten lose Steine polternd herab.

Mit einem Satz war er an der Tür, die zum Glück nicht verschlossen war.

Nun gelangte er auf dem ihm bekannten Weg in den Innenhof, aber der war leer. Aber Im Opferhof hörte er die Stimme La'as.

Der Tanz hatte aufgehört. Jetzt musste sich das Messer herabsenken. Schnell rannte er zu der Seite, von wo die Stimme der Priesterin kam.

Er fand auch gleich die richtige Tür. Zwischen ihm und dem Altar standen die langen Reihen der Priester und Priesterinnen und warteten mit ihren goldenen Bechern.

La'as Messer senkte sich gerade langsam auf die Brust des armen Geschöpfes, das ruhig auf dem Altar ausgestreckt lag.

Tarzans stöhnte auf, als er sah, dass es tatsächlich Jane war, die da lag. Dann färbte sich die Narbe auf seiner Stirn in flammendes Scharlach, ihm wurde rot vor Augen, und mit dem entsetzlichen Brüllen eines wütenden Riesenaffen sprang er wie ein Löwe unter die Priester.

Dem erstbesten entriss er die Keule und rannte – wild um sich schlagend – auf den Altar zu.

Beim ersten Lärm hatte La'as Hand innegehalten. Als sie den Urheber der Störung sah, wurde sie blass. Sie hatte nie erraten, wie es dem rätselhaften weißen Mann gelungen war, aus dem Verließ, in das sie ihn eingeschlossen hatte, herauszukommen. Sie hatte nicht gedacht, dass er Opar je wieder verlassen würde, denn sie hatte auf seine riesige Gestalt und sein schönes Gesicht mit den Augen einer Frau, nicht einer Priesterin, geschaut.

In ihrem klugen Kopf hatte sie sich schon einen Plan zurechtgelegt. Sie wollte ihrem Volk erzählen, der Feuergott habe ihr den Befehl erteilt, diesen weißen Fremden als seinen Gesandten aufzunehmen. Sie wusste, dass das Volk von Opar das glauben würde, und sicher würde der merkwürdige Mann lieber bei ihr bleiben, als auf den Opferaltar zu sterben.

Als sie aber zu ihm ging, um ihm diesen Plan darzulegen, war er verschwunden, obwohl die Tür noch genauso verschlossen war, wie sie selbst sie verriegelt hatte! Und jetzt war er wieder da! Sein Geist hatte also wieder Körpergestalt angenommen, und nun erschlug er ihre Priester wie Schafe!

Einen Augenblick vergaß sie ihr Opfer, und ehe sie sich wieder fassen konnte, stand der große Mann vor ihr und hielt die Frau, die auf dem Altar lag, in seinen Armen.

Zur Seite, La'a! rief er. Sie haben mich einmal gerettet, und deshalb will ich Ihnen nichts zuleide tun, aber versuchen sie nicht, uns aufzuhalten, sonst muss ich auch Sie töten!

Dabei schritt er mit Jane auf den Armen an ihr vorbei.

Wer ist sie? fragte die Hohepriesterin.

Sie ist mein! antwortete Tarzan.

Einen Augenblick stand die Jungfrau von Opar mit weitgeöffneten Augen da und starrte ins Leere. Dann seufzte sie und Tränen traten ihr in die Augen. Mit einem Schrei sank sie auf den Boden, während die Männer an ihr vorbeistürmten, um den Eindringling zu verfolgen.

Tarzan war durch denselben dunklen Gang geeilt, durch den La'a ihn das erste Mal geführt hatte, und er war schnell in dem Gemach verschwunden, wo er wusste, dass man ihn nicht suchen würde. Da die Männer von Opar den geheimen Weg, den er gekommen war, nicht kannten, konnten sie gar nicht wissen, wie er geflüchtet war.

Allerdings hörte er Lärm in dem großen Gebäude: offenbar suchte man nach ihm, und sicherlich würde man ihn verfolgen. Aber nachdem es ihm geglückt war, seine Geliebte vor dem Opfertod zu retten, musste er auch weiterhin auf seine Stärke und seine Klugheit vertrauen, um sie auch in Sicherheit zu bringen.

Er war fest überzeugt, dass ihm dies gelingen würde. Als er die Mauer durch den geheimen Durchgang durchquert hatte, legte er Jane, die noch immer bewusstlos war, draußen auf den Boden und fügte die Steine wieder in die Mauer, damit der geheime Durchgang und auch die Schatzkammer geheim blieben. Nachdem er Jane wieder aufgehoben hatte, lief er durch die Gänge, kam durch die erste Tür und das Schatzgewölbe, dann durch die zweite Tür und betrat wieder den langen, geraden Gang, der zu dem hochgelegenen geheimen Ausgang in die Stadt führte.

Auf dem Gipfel hielt er an, und warf einen Blick auf die Stadt zurück. Im Tal sah er einen Trupp der Männer von Opar. Einen Augenblick zögerte er. Sollte er weitergehen oder sollte er sich hier verstecken, bis es dunkel wurde? Er brauchte nur einen Blick auf das bleiche Gesicht des Mädchens zu werfen, und schon war sein Entschluss gefasst. Er konnte sie nicht hierlassen. Anderseits musste er mit der Möglichkeit rechnen, dass Feinde ihm auch durch den Gang folgen würden. Wenn er aber Feinde vor sich und im Rücken hatte, ging er einer sicheren Gefangenschaft entgegen, denn mit dem bewusstlosen Mädchen konnte er sich keinen Weg durch den Feind erkämpfen.

Es war nicht möglich, den steilen Felsabhang mit Jane Porter auf den Armen hinunterzuklettern, und so entschloss er sich, sie mit dem Grasseil, das er mitgenommen hatte, auf dem Rücken festzubinden. So gelang ihm der Abstieg.

Ein kleiner Hügel erhob sich zwischen ihm und seinen Verfolgern, und so gelang es Tarzan, beinahe eine Meile zurückzulegen, ehe die Männer von Opar um den Granitberg herumkamen und die Fliehenden vor sich sahen.

Sie stießen ein wildes Freudengeschrei aus und fingen an wie verrückt zu laufen. Offensichtlich dachten sie, dass sie den mit dem Mädchen beladenen Fremden bald einholen würden, doch sie unterschätzten die Schnelligkeit und die Kraft des Affenmenschen.

Von Zeit zu Zeit warf er einen Blick auf das Gesicht des Mädchens, das er jetzt wieder auf den Armen trug. Das arme müde Gesicht war so weiß und so verzerrt, dass, wenn er nicht den schwachen Schlag ihres Herzens gespürt hätte, er bezweifeln musste, ob sie überhaupt noch lebte.

Nun gelangte er zu dem flachen Bergkegel und zu den Felsspitzen. Während der letzten Meile war Tarzan wie ein Reh gelaufen, um genug Zeit zu haben, den Abhang hinunterzugelangen, bevor die Männer von Opar den Gipfel erreichten und ihm Felsstücke nachschleudern konnten. So war er schon eine halbe Meile weit den Abhang hinunter, als die wilden Menschen keuchend auf der Höhe anlangten.

Vor Wut und Enttäuschung schrien sie laut auf und schlugen mit den Knüppeln um sich. Sie kamen aber nicht nach, dieses

Mal wollten sie die Verfolgung nicht über die Grenze ihres Gebiets hinaus fortsetzen.

Vielleicht erinnerten sie sich an frühere, lange und vergebliche Verfolgungen, vielleicht gaben sie aber auch die Hoffnung auf, nachdem sie gesehen, wie schnell der Affenmensch war.

Als Tarzan den Wald erreichte, der am Fuße des Hügels begann, machten die Wilden kehrt und schlugen den Rückweg nach Opar ein.

Durch den Urwald

Im Wald angekommen, legte Tarzan Jane im Gras nieder. Dann ging er zu einem nahen Bach und holte Wasser, mit dem er ihr Gesicht und Hände anfeuchtete. Das belebte sie aber nicht wieder, und mit einem Seufzer nahm er Jane wieder auf seine starken Arme und eilte mit ihr nach Westen.

Erst spät am Nachmittag kam sie langsam zur Besinnung. Zuerst erinnerte sie sich an den Altar, die schreckliche Priesterin und das herabsinkende Messer. Sie schauderte, denn sie dachte, sie sei tot.

Als sie schließlich allen Mut zusammennahm und die Augen öffnete, bestätigte der Anblick ihre Befürchtungen, denn sie sah, dass sie in den Armen ihres toten Geliebten durch ein grünes Paradies getragen wurde. Wenn dies der Tod ist, murmelte sie, dann danke ich Gott, dass ich tot bin!

Sie sprechen, Jane, rief Tarzan. Sie sind also wieder zu sich gekommen!

Ja, Tarzan, antwortete sie, und zum ersten Mal seit Monaten leuchtete ein Lächeln des Friedens und des Glückes über ihr Gesicht.

Gott sei Dank! rief der Affenmensch, als sie eben in eine kleine Lichtung am Fluss kamen. Es war aber auch höchste Zeit.

Wieso, höchste Zeit? Was meinen Sie?

Es war Zeit, Sie vor dem Tod auf dem Altar zu retten, mein Liebling! erwiderte er. Erinnerst Du Dich nicht?

Mich vor dem Tod zu retten? fragte sie verblüfft. Sind wir denn nicht beide tot, mein Tarzan?

Er hatte sie auf das Gras gesetzt und mit dem Rücken an einen Baum gelehnt. Auf ihre Frage trat er etwas zurück, um ihr besser ins Gesicht sehen zu können.

Tot! wiederholte er, und dann lachte er. Du bist nicht tot, Jane, und wenn Du nach Opar zurückkehren willst und die Leute dort befragen, dann wird man Dir sagen, dass ich noch vor ein paar Stunden nicht tot war. Nein, meine Liebe, wir sind beide noch am Leben.

Aber Hazel und Herr Thuran haben mir doch erzählt, Du wärst viele Meilen vom Land entfernt in den Ozean gefallen. Beide sagten mir, es gäbe keinen Zweifel daran, dass Du es gewesen bist und es sei auch ausgeschlossen, dass Du gerettet worden wärst.

Wie kann ich Dich überzeugen, dass ich kein Geist bin? fragte er lächelnd. Ich war es allerdings, den der köstliche Herr Thuran über Bord geworfen hat, aber ich bin nicht untergegangen – ich werde Dir das alles später erzählen – und hier bin ich wirklich wieder ganz derselbe wilde Mensch, den Du früher gekannt hast, Jane.

Sie stand langsam auf und kam auf ihn zu.

Ich kann es noch immer nicht glauben, murmelte sie. Ein solches Glück ist doch nicht möglich nach all den schrecklichen Dingen, die ich in den furchtbaren Monaten seit dem Untergang der »Lady Alice« erlebt habe.

Sie kam näher an ihn heran und legte leise und zitternd eine Hand auf seinen Arm.

Ich muss wohl träumen – küsse mich, ehe mein Traum für immer verfliegt!

Tarzan ließ sich das nicht zweimal sagen. Er nahm die Geliebte in seine Arme und küsste sie nicht nur einmal. Sie konnte kaum noch atmen, aber als er aufhörte, schlang sie ihre Arme um seinen Hals und drückte ihre Lippen wieder auf die seinigen.

Ist es Wirklichkeit oder träume ich? fragte er nun.

Wenn du nicht mehr am Leben bist, antwortete sie, dann bete ich, dass ich so sterben möchte.

Eine Weile schwiegen beide, wobei sie sich in die Augen schauten, als ob sie sich immer noch von ihrem Glück überzeugen müssten. Die Vergangenheit mit all ihren hässlichen Enttäuschungen und Schrecken war vergessen. An die Zukunft dachten sie vorerst nicht, aber die Gegenwart – die gehörte ihnen, und niemand konnte sie ihnen nehmen!

Jane war es, die zuerst das Schweigen brach.

Wohin gehen wir, Geliebter? fragte sie. Und was sollen wir jetzt tun?

Wohin willst Du gehen? fragte er, und was willst du am liebsten tun?

Ich gehe, wohin du gehst, mein Mann, und ich tue, was Du tun willst! antwortete sie.

Aber Clayton? fragte er. Er hatte ganz vergessen, dass sie nicht alleine auf der Welt waren. Wir haben nicht an Deinen Gatten gedacht!

Ich bin nicht verheiratet, Tarzan! rief sie. Und ich bin auch nicht mehr mit William verlobt. Am Tag, bevor diese schrecklichen Menschen mich entführt haben, sprach ich mit ihm über meine Liebe zu dir, und da sah er ein, dass ich das unglückliche Versprechen, das ich ihm gegeben hatte, nicht halten könne. Wir waren eben auf wundersame Weise vor dem Angriff eines Löwen gerettet worden.

Plötzlich hielt sie inne und sah mit leuchtenden Augen zu ihm hinauf.

Tarzan, rief sie, Du warst es, der den Löwen getötet hat! Das kann kein anderer gewesen sein!

Er senkte die Augen, denn er war beschämt.

Wie konntest Du nur fortgehen und mich im Stich lassen? fragte sie vorwurfsvoll.

Sei nicht böse, Jane! bat er. Sei nicht böse! Du begreifst nicht, wie sehr ich deshalb seither gelitten habe, zuerst in wütender Eifersucht und dann wegen des Schicksals, das ich nicht verdient hatte. Ich kehrte zu den Affen zurück und wollte nie mehr ein menschliches Wesen sehen.

Dann erzählte er ihr von seinem Leben seitdem er in den Dschungel zurückgekehrt war, wie er von einem zivilisierten Pariser zu einem wilden Waziri-Krieger wurde und sich schließlich wieder mit den Affen anfreundete.

Sie richtete etliche Fragen an ihn, vor Allem bezüglich der Dinge, die Thuran ihr erzählt hatte, nämlich über die Frauen in Paris. Er erzählte ihr viele Einzelheiten über sein zivilisiertes Leben, und ließ nichts dabei aus, denn er brauchte sich nicht zu schämen, da sein Herz immer aufrichtig ihr gehört hatte.

Als er geendet hatte, saß er da und schaute sie an, als ob er ihren Urteilsspruch erwartete.

Ich wusste, dass Thuran nicht die Wahrheit sagte, versicherte sie. Was ist er doch für ein Scheusal!

Du bist mir also nicht böse? fragte er.

Ihre Antwort war echt weiblich.

Ist Olga de Coude schön? fragte sie.

Tarzan lachte und küsste sie wieder.

Sie stieß einen kleinen Seufzer aus und legte ihren Kopf wieder auf seine Schulter. Da wusste er, dass sie ihm vergeben hatte.

Für die Nacht richtete Tarzan ein hübsches Nest hoch auf den Ästen eines riesigen Baumes und dort schlief die todmüde Jane, während er sich eine Stufe tiefer sein Lager bereitete, wo er sich hinlegte, stets bereit, sie auch im Schlaf zu beschützen.

Ihre Wanderung zur Küste dauerte viele Tage. War der Weg gut, gingen sie Hand in Hand. War aber das Unterholz zu dicht, nahm er sie auf seine großen Arme und trug sie durch die Bäume.

Die Tage erschienen ihnen zu kurz, denn sie waren wirklich glücklich. Hätten sie sich nicht beeilen müssen, um Clayton zu Hilfe zu kommen, hätten sie das Vergnügen dieser wundervollen Wanderung endlos ausdehnen mögen.

Am letzten Tag, bevor sie die Hütte erreichten, witterte Tarzan den Geruch von Menschen.

Er hielt Jane zurück und gab ihr ein Zeichen zu schweigen. Es gibt wenig Freunde im Dschungel, sagte er leise.

Nach einer halben Stunde trafen sie auf eine kleine Gruppe schwarzer Krieger, die nach Westen zogen. Als Tarzan sie sah, stieß er einen Freudenschrei aus.

Es war ein Trupp seiner Waziri.

Busuli war darunter und auch einige andere, die ihn nach Opar begleitet hatten.

Als sie ihn sahen, tanzten und schrien sie in überschwänglicher Freude. Wochenlang suchten sie ihn schon, wie sie ihm erzählten.

Die glücklichen Waziri begleiteten sie lachend und tanzend bis zu dem Baum, wo sie Clayton zu finden hofften.

Sie sahen nirgendwo einen Lebenden, und auf ihre Rufe erhielten sie keine Antwort.

Tarzan stieg hinauf, um in die kleine Baumhütte hineinzuschauen. Gleich darauf kam er wieder zum Vorschein.

Er hatte eine leere Blechbüchse in der Hand und warf sie Busuli zu: er solle Wasser holen.

Dann winkte er Jane Porter, sie möchte heraufkommen.

Als sie sich über den abgemagerten Menschen beugte, der einst ein englischer Edelmann gewesen war, schossen ihr Tränen in die Augen. Das junge, einst so schöne Gesicht war durch die eingefallenen Wangen, die hohlen Augen und die Züge des Leidens gänzlich entstellt.

Er lebt noch, sagte Tarzan. Wir wollen alles tun, was wir können, aber ich fürchte, es ist zu spät.

Als Busuli das Wasser brachte, schüttete Tarzan einige Tropfen zwischen die gerissenen und geschwollenen Lippen. Er befeuchtete ihm auch die Stirn und die Arme.

Jetzt öffnete Clayton die Augen.

Ein schwaches Lächeln erhellte sein Gesicht, als er Jane über sich gebeugt sah. Als er Tarzan erblickte, war er sehr erstaunt.

Wie geht es, William? sagte der Affenmensch. Wir haben Sie gerade noch rechtzeitig gefunden. Jetzt wird es Ihnen bald besser gehen, wir werden Sie wieder auf die Beine bringen.

Der Engländer schüttelte den Kopf.

Es ist zu spät, flüsterte er. Aber es ist auch gut so. Es ist besser, wenn ich sterbe.

Wo ist Thuran? fragte Jane.

Er verließ mich, als das Fieber schlimmer wurde. Er ist ein Teufel. Als ich ihn um Wasser bat, weil ich zu schwach war, um es mir selbst zu holen, trank er vor meinen Augen, schüttete den Rest aus und lachte mir ins Gesicht.

Bei dem Gedanken an diese Teufelei regte sich noch ein letzter Rest von Lebenskraft in ihm. Ja, sagte er plötzlich. Ich will noch leben, wenigstens solange, bis ich ihn finde und diese Bestie erschlage!

Diese kurze Anstrengung hatte ihn so erschöpft, dass er auf das trockene Gras zurückfiel.

Seien Sie wegen Thuran unbesorgt, sagte Tarzan, wobei er die Hand beruhigend auf Claytons Stirn legte. Das ist meine Sache!

Clayton lag lange ganz still. Mehrere Male legte Tarzan sein Ohr an seine eingesunkene Brust, um zu hören, ob das Herz noch schlug.

Gegen Abend kam Clayton wieder etwas zu Bewusstsein.

Jane, flüsterte er, und das Mädchen beugte sich über ihn, um seine schwache Stimme zu hören. Ich habe Dir Unrecht getan – und ihm. Dabei zeigte er auf Tarzan. Ich liebe Dich so sehr, und ich konnte den Gedanken nicht ertragen, Dich aufgeben zu müssen. Ich bitte Dich nicht um Verzeihung. Ich will jetzt nur tun, was ich vor mehr als einem Jahr hätte tun sollen.

Er suchte in der Decke etwas, und zog ein verknittertes Blatt Papier heraus. Er reichte es Jane, dann ließ er seinen Arm auf die Brust sinken. Sein Kopf fiel zurück, er atmete noch ein letztes Mal ...

Tarzan bedeckte das Gesicht des Toten mit der Decke.

Die beiden knieten einen Augenblick nieder. Die Lippen des Mädchens bewegten sich in einem stillen Gebet. Auch Tarzan hatte Tränen in den Augen.

Mit feuchten Augen las Jane die Botschaft, die auf dem gelben Stück Papier stand, und als sie es las, weiteten sich ihre Augen immer mehr.

Zweimal las sie diese unglaublichen Worte, bis sie den Sinn verstand:

Fingerabdrücke beweisen, dass Sie Greystoke sind.
Glückwunsch, D'Arnot

Sie reichte Tarzan das Blatt. Und das hat er all die Zeit gewusst, sagte sie, und hat Dir nichts davon gesagt?

Ich kenne das Telegramm, erwiderte er. Ich wusste nicht, dass William es gefunden hat. Ich muss es wohl in jener Nacht auf der Bahnstation in Wisconsin verloren haben.

Und danach hast Du uns erzählt, Deine Mutter sei eine Äffin und Du hättest deinen Vater nie gekannt!

Titel und Reichtum bedeuteten mir nichts ohne Dich, erwiderte er. Und wenn ich sie ihm genommen hätte, hätte ich die Frau beraubt, die ich liebe. Verstehst Du es jetzt, Jane?

Es war, als ob er versuchte, einen Fehler zu entschuldigen.

Sie streckte ihm ihre Arme entgegen und legte ihre Hände in die seinigen.

Und ich habe eine solche Liebe von mir gewiesen! schluchzte sie.

Ein Wiedersehen

Am nächsten Morgen brachen sie zu Tarzans Hütte auf. Vier Waziri trugen die Leiche des Engländers. Tarzan hatte vorgeschlagen, Clayton an der Seite des früheren Lord Greystoke neben der Hütte am Rand des Dschungels zu begraben.

Jane Porter war damit einverstanden, und im Innersten ihres Herzens wunderte sie sich über das Feingefühl dieses wunderbaren Menschen, der zwar bei wilden Tieren aufgewachsen war, aber die echte Ritterlichkeit besaß, die man sonst nur der Zivilisation zuschreibt.

Von den fünf Meilen bis zu Tarzans Hütte hatte man schon etwa drei zurückgelegt, als die Waziri, die vorausmarschiert waren, plötzlich anhielten und ganz erstaunt auf eine merkwürdige Gestalt hinwiesen, die vom Strand herkam. Es war ein Mann mit einem glänzenden Seidenhut, der mit gesenktem Kopf langsam daherkam und die Hände hinter seinen langen schwarzen Rockschößen hielt.

Als Jane Porter ihn sah, stieß sie einen Freudenschrei aus und lief ihm eilig entgegen.

Der alte Herr schaute auf, als er ihre Stimme hörte, und als er sah, wer da vor ihm stand, schrie er auch vor Staunen und Freude auf. Als Professor Archimedes Q. Porter seine Tochter in seinen Armen fühlte, rannen ihm Tränen über sein runzliges Gesicht, und es dauerte mehrere Minuten, bis er wieder sprechen konnte.

Als er Tarzan erkannte, musste Jane ihn davon überzeugen, dass er noch bei Sinnen war, denn wie die anderen Mitglieder der Gesellschaft war er davon überzeugt, dass der Affenmensch tot war.

Über Claytons Tod war der Professor sehr betrübt.

Ich kann das nicht verstehen, sagte er. Als Herr Thuran zu uns kam, versicherte er uns, Clayton sei schon einige Tage vorher gestorben.

Ist Thuran bei Ihnen? fragte Tarzan.

Ja, kürzlich hat er uns gefunden und führte uns zu Ihrer Hütte. Wir lagerten nur wenig nördlich davon. Er wird erfreut sein, Sie beide wiederzusehen!

Und überrascht! fügte Tarzan hinzu.

Bald darauf kam man an die Lichtung, wo die Hütte des Affenmenschen stand.

Es waren eine Menge Leute da, die kamen und gingen, und einer der ersten, die Tarzan sah, war sein Freund d'Arnot!

Paul! rief er ihm zu, um Himmelswillen, was machen Sie hier?

Die Sache klärte sich sehr bald auf. D'Arnots Schiff hatte vor der Küste patrouilliert und dort auf den Vorschlag des Leutnants hin dort Anker geworfen, weil er die Hütte und den Dschungel, in dem er vor drei Jahren aufregende Abenteuer erlebt hatte, wiedersehen wollte.

Bei der Landung hatte man die Gesellschaft der Schiffbrüchigen angetroffen, und es waren schon Vorbereitungen getroffen worden, um sie alle am nächsten Morgen an Bord zu nehmen und in die zivilisierte Welt zurückzubringen.

Hazel Strong und ihre Mutter, Esmeralda und Mr. Samuel T. Philander waren über Jane Porters Rückkehr überglücklich. Dass sie gerettet worden war, kam ihnen wie ein Wunder vor, und alle waren sich darin einig, dass kein anderer als Tarzan dieses Werk vollbringen konnte. Sie lobten den bescheidenen Affenmenschen derart und überhäuften ihn mit so viel Aufmerksamkeiten, dass er sich bald in das Amphitheater der Affen zurückwünschte.

Alle interessierten sich auch für die Waziri, die sich wiederum über die Geschenke, die sie von den Freunden ihres Königs erhielten, freuten. Als sie aber erfuhren, dass Tarzan mit den anderen auf dem großen Boot übers Meer fortfahren wollte, wurden sie sehr traurig.

Die Neuankömmlinge erfuhren, dass Lord Tennington und Thuran am frühen Morgen auf die Jagd gegangen und noch nicht zurückgekehrt seien.

Dieser Mann, den du Rokoff nennst, wird überrascht sein, dich wiederzusehen, meinte Jane zu Tarzan.

Die Überraschung wird nicht lange dauern, versicherte der Affenmensch grimmig, und der Ton, in dem er das sagte, beunruhigte sie. Was sie in seinem Gesicht las, bestätigte ihre Befürchtungen. Sie legte ihre Hand auf seinen Arm und riet ihm, den Russen den französischen Gerichten zu überlassen.

Mein Liebster, sagte sie zu ihm, im Herzen des Dschungels, wo keine andere Form des Rechtes besteht als die rohe Muskelkraft, wärest du berechtigt, dem Mann das Schicksal zu erteilen, das er verdient. Aber sobald der starke Arm einer zivilisierten Regierung zu deiner Verfügung steht, wäre es Mord, wenn du ihn umbringen würdest. Selbst deine Freunde wären gezwungen, dich zu verhaften, und wenn du ihnen Widerstand leisten würdest, würdest du uns alle ins Elend stürzen. Ich kann es nicht ertragen, dich wieder zu verlieren, Tarzan. Versprich mir, dass du den Russen Kapitän Dufranne übergeben und dem Gesetz seinen Lauf lassen wirst. Die Bestie ist es nicht wert, dass wir unser Glück dafür zerstören.

Tarzan sah die Richtigkeit dieses Ratschlages ein, und versprach, ihm zu folgen.

Eine halbe Stunde später tauchten Lord Tennington und Rokoff aus dem Dschungel auf. Der Lord war der erste, der die Anwesenheit des Fremden im Lager bemerkte.

Er sah, dass schwarze Krieger sich mit den Matrosen des Kreuzers unterhielten und dann fiel ihm ein brauner Riese auf, der sich im Gespräch mit Leutnant D'Arnot und Kapitän Dufranne befand.

Wer ist das? fragte Tennington. Als der Russe den Affenmenschen sah, fuhr er zusammen und wurde totenblass.

Verdammt! rief Rokoff, und bevor Lord Tennington seine Absicht erraten hatte, riss Rokoff das Gewehr von der Schulter und legte auf Tarzan an. Der Lord stand aber so dicht neben ihm, dass er ihm im selben Augenblick, wo Rokoff abdrückte, einen Stoß versetzen konnte, so dass die Kugel an Tarzans Kopf vorbeiflog.

Bevor der Russe nochmals schießen konnte, war der Affenmensch auf ihn zugesprungen und hatte ihm das Gewehr entrissen.

Kapitän Dufranne, Leutnant D'Arnot und ein Dutzend Matrosen waren auf den Schuss hin herbeigeeilt, und nun übergab Tarzan ihnen den Russen, ohne ein Wort zu sagen. Er hatte dem französischen Kommandanten schon vor der Rückkehr Rokoffs den Sachverhalt erklärt, und nun gab der Offizier sofort den Befehl, den Russen zu fesseln und ihn an Bord des Kreuzers zu bringen.

Bevor die Wache den Gefangenen in das kleine Boot brachte, das ihn zu dem Kreuzer bringen sollte, bat Tarzan um die Erlaubnis, ihn durchsuchen zu dürfen, und fand zu seiner Freude in Rokoffs Tasche die gestohlenen Papiere wieder.

Der Schuss hatte auch Jane Porter und die andern veranlasst, aus der Hütte zu eilen, und kurz, nachdem die erste Aufregung sich gelegt hatte, begrüßte sie den erstaunten Lord Tennington.

Als Tarzan die Papiere eingesteckt hatte, kam er auch heran. Jane Porter stellte ihn Lord Tennington vor: John Clayton, Lord Greystoke, mein Herr!

Der Engländer war so verblüfft, dass er trotz aller Bemühung, höflich zu erscheinen, sein Erstaunen kaum verbergen konnte.

Bei Sonnenuntergang begrub man William Cecil Clayton neben den Gräbern, in denen sein Onkel und seine Tante, die früheren Lord und Lady Greystoke, ruhten.

Auf Tarzans Wunsch wurden drei Salven über der letzten Ruhestätte eines tapferen Mannes, der dem Tod tapfer standhielt, abgefeuert.

Professor Porter, der in jüngeren Jahren Geistlicher gewesen war, hielt die Trauerfeier ab. Es war eine seltsame Gesellschaft, die gesenkten Hauptes an dem offenen Grab stand, als die letzten Sonnenstrahlen langsam im Meer versanken: Offiziere, Matrosen, zwei Lords, Amerikaner und eine Schar wackerer afrikanischer Schwarzer.

Nach dem Begräbnis bat Tarzan Kapitän Dufranne, die Abreise des Kreuzers um ein paar Tage zu verschieben, weil er »seine Sachen«, die einige Meilen landeinwärts lägen, noch holen wolle. Der Offizier entsprach seinem Wunsch gerne.

Spät am Nachmittag des folgenden Tages kehrten Tarzan und seine Waziri mit der ersten Ladung seiner »Sachen« zurück, und als die Gesellschaft die alten Barren reinen Goldes sah, bestürmte man ihn und stellte tausend Fragen, aber er wehrte alle lächelnd ab.

Ich habe noch tausend dieser Barren zurückgelassen, und habe nur diese wenigen mitgenommen, aber wenn diese verbraucht sind, kehre ich zurück und hole mir mehr.

Am nächsten Tag kehrte er mit den übrigen Barren zurück, und als sie alle an Bord des Kreuzers verstaut waren, meinte Kapitän Dufranne, er komme sich wie der Kommandant einer alten spanischen Galione vor, die mit den Schätzen der Azteken beladen zurückkehre. Ich weiß nicht, ob meine Mannschaft mir nicht die Kehle durchschneiden und das Schiff entführen wird, scherzte er.

Am nächsten Morgen, als man sich anschickte, abzulegen, meinte Tarzan zu Jane:

Man behauptet ja, wilde Tiere hätten keine Gefühle, aber trotzdem ist es mein Wunsch, in der Hütte getraut zu werden, in der ich geboren wurde – neben dem Grab meiner Mutter und meines Vaters und umgeben vom wilden Dschungel, der immer meine Heimat war.

Wäre die Heirat gültig? fragte sie. Wenn ja, wüsste auch ich keinen Platz, wo ich meinem Waldgott lieber heiraten würde.

Als sie mit den anderen darüber sprachen, versicherte man ihnen, dass die Trauung gültig und außerdem ein glänzender Abschluss einer höchst romantischen Geschichte wäre.

So versammelte sich die ganze Gesellschaft in der kleinen Hütte, um der zweiten Feier beizuwohnen, die Professor Porter innerhalb dieser drei Tage abhielt.

D'Arnot war der Brautführer, Hazel Strong die Brautjungfer.

In letzter Minute krönte Lord Tennington die Feier durch eine seiner wunderbaren Ideen.

Wenn es Mrs. Strong angenehm ist, sagte er, wobei er die Hand der Brautjungfer in die seinige nahm, glauben Hazel und ich, dass es wunderbar wäre, eine Doppelhochzeit zu feiern!

Am nächsten Tag legte man ab, und als der Kreuzer langsam in See stach, stand ein stattlicher Mann in tadellos weißem Flanell-Anzug und eine reizende junge Frau an der Reling und schauten zum Ufer, wo zwanzig schwarze Waziri-Krieger tanzten, ihre Speere über ihren wuscheligen Köpfen schwangen und ihrem König Abschiedsgrüße hinterherwinkten.

Ich könnte mich nicht an den Gedanken gewöhnen, sagte Tarzan, dass ich den Dschungel jetzt zum letzten Mal sehe – wenn ich nicht wüsste, dass ich mit Dir einer neuen, glücklichen Welt entgegenfahre.

Und er beugte sich über seine junge Frau und küsste sie.

Interessiert, wie Alles begann?

Edgar Rice Burroughs

Tarzan, der Affenmensch

Auf einer Mission für das britische Kolonialamt verschlägt das Schicksal Lord John Greystoke und seine schwangere Frau Alice in einen entlegenen Winkel im afrikanischen Dschungel. Dort wird John Clayton III., Lord Greystoke geboren. Gerade ein Jahr alt, kommen beide Eltern ums Leben und das Kleinkind wächst in der Obhut von Menschenaffen auf. Sie nennen ihn "Tarzan" – Weißhaut.

Er führt ein Leben als "Affenmensch", voller Abenteuer, immer im Kampf ums Überleben und einer anrührenden und gleichzeitig völlig hilflosen Identitätssuche. Doch dann geschieht die dramatische Wende. Nach 20 Jahren verirrt sich ein Schiff in die Bucht, in der schon seine Eltern gestrandet waren ...

Print 978-3-958-70679-8
eBook 978-3-958-70680-4

nexx – WELTLITERATUR NEU INSPIRIERT

Tarzan – die Legende lebt